四川大学文学与新闻学院"2017—2018年度双一流学术出版工程项目"资助出版

基于实际语用的动词重叠量性研究

李宇凤 著

JIYU SHIJI YUYONG DE
DONGCI CHONGDIE LIANGXING YANJIU

四川大学出版社

项目策划：李金兰
责任编辑：李金兰
责任校对：罗　丹
封面设计：墨创文化
责任印制：王　炜

图书在版编目（CIP）数据

基于实际语用的动词重叠量性研究 / 李宇凤著． — 成都：四川大学出版社，2020.7
　ISBN 978-7-5690-3791-3

　Ⅰ．①基… Ⅱ．①李… Ⅲ．①现代汉语－动词－重叠（语言学）－研究 Ⅳ．①H146.2

中国版本图书馆CIP数据核字（2020）第118694号

书名	**基于实际语用的动词重叠量性研究**
著　者	李宇凤
出　版	四川大学出版社
地　址	成都市一环路南一段24号（610065）
发　行	四川大学出版社
书　号	ISBN 978-7-5690-3791-3
印前制作	石　慧
印　刷	四川五洲彩印有限责任公司
成品尺寸	148mm×210mm
印　张	9
字　数	245千字
版　次	2020年11月第1版
印　次	2020年11月第1次印刷
定　价	68.00元

版权所有 ◆ 侵权必究

◆ 读者邮购本书，请与本社发行科联系。
　电话：(028)85408408/(028)85401670/(028)86408023　邮政编码：610065
◆ 本社图书如有印装质量问题，请寄回出版社调换。
◆ 网址：http://press.scu.edu.cn

四川大学出版社
微信公众号

序

  动词重叠的语法意义,历来有尝试、少量、短时等不同说法,近年来的研究显示,不管哪一种说法,都无法概括全部事实,而且在教学实践中难以避免偏误。要解决这个问题,一是要概括出一个更好的说法,让所有语法事实都得到合理的解释;二是要给出相应的教学建议,能让使用者相对准确地把握动词重叠的主要用法。李宇凤著的《基于实际语用的动词重叠量性研究》就是针对这样的目的而做的一项研究。

  现代汉语语法用法纷乱、难以概括的现象,有的是因为发展出了新的用法,突破了常规,有的则是历史来源方面本来就存在一定的混乱。相对来说,新的用法是怎么发展的,容易看清;历史来源造成的复杂性,往往习焉不察,动词重叠式就属于后者。作者李宇凤花了很大气力寻绎动词重叠产生的历史脉络,理据就在这里。前人和时贤为了讲清动词重叠的意义,对其来源做了种种假设,宇凤的《基于实际语用的动词重叠量性研究》一书详细讨论了两种主要来源假说的理据,重点观察了元代至清代实际语料里的用法消长走势,得出了她自己的看法,为总结概括性的语义打下了牢靠的基础。《基于实际语用的动词重叠量性研究》一书的后半部分是对动词重叠在现代汉语里各种疑难用法的考察和解释,对限定与非限定、现实与非现实等基本区分做了阐释,比较合理地解释了看似不好统一解释的复杂现象。

  李宇凤对动词重叠式"量"意义的来历有自己的看法。她用实例证明了动词重叠不是对无界量的"给量"操作,而是对

i

无所谓量的抽象动作类型的"附量"操作，即将抽象意义的动词事件类型具体化为具备某种"量"的现实事件。动词重叠体现的是"有界量化"的语法意义。动词重叠本质上不受事件情状的限制，所谓"短时少量""轻松随意"等语感是"有界量化"所附带出来的。我觉得这个观点是有深刻理论价值的。沈家煊先生提出，重叠是汉语中重要的形态手段之一，它横跨了名、动、形这几个词类。也就是说，名词、动词、形容词的基础形式其实都是普通的指称性质，它们的重叠形式则是它们主观摹状性的实现，这是汉语里最主要的语法对立。重叠的实现是不分名、动、形哪一类的，同样，在动词里也是不分事件情状类型的，宇凤的研究进一步证明了这个重要论断。

　　李宇凤从事汉语语法的研究与教学已有数年，发表过不少有独到见解的文章。2005年，她考入社科院，跟随我攻读博士学位，很快我就发现她思考和研究问题有两个主要的特点：一是重来历，二是看实用。那时她已完成了硕士学位论文，并发表了一篇关于程度副词句法语用特点的调查研究文章。那篇文章注重实用的特色贯串了她语法研究的始终。攻读博士学位期间，她重点研究有特殊语用价值的疑问句，在测度问等单项研究中，她几乎是一头扎进历史材料里，为的是从来历上弄清用法。眼前这本《基于实际语用的动词重叠量性研究》既注重历史发展的梳理，又注重现实用法的辨析，两方面工作都做得相当扎实，对人们认清动词重叠的发展历程、了解动词重叠的现实用法都有实实在在的贡献。

　　尽管书中还有一些粗疏之处，我还是支持她拿出来跟读者见面的，因为我作为最早的读者已经从书中的事例与问题讨论中受益。研究与写作难免有遗憾，希望她把这一项研究中的遗憾当作下一项研究的动力，做出更有深度的成果吧。

张伯江

目　录

第一章　绪　论……………………………………… 001
第二章　动词重叠的历史来源辨析…………………… 015
　一、动词重叠的两种可能来源及其争议…………… 015
　二、动词重叠来源的可能的逻辑证据……………… 017
　三、动词重叠来源于像似 VV 与 "V 一 V" 省略合流 020
　四、本章小结………………………………………… 040

第三章　元代 VV、"V 一 V" 的时间表达及形义差异 …… 043
　一、VV 和 "V 一 V" 的时间表达适应性差异………… 044
　二、VV 和 "V 一 V" 的性质差异…………………… 055
　三、本章小结………………………………………… 066

第四章　从元代动量结构比较看 "V 一 V" 的动量性质 …… 069
　一、"V 一 V" 之重叠 V 体现动量词的基本句法特征
　　　……………………………………………………… 070
　二、"V 一 V" 之重叠 V 补足其他动量词的表意功能及
　　　动词限制………………………………………… 078
　三、"V 一 V" 之重复动量 V 与 "短时" 动量词的
　　　相互关系………………………………………… 085
　四、本章小结………………………………………… 092

第五章　元明清时期 VV 与 "V 一 V" 的融合发展………… 094
　一、VV 与 "V 一 V" 的数量关系与功能关系………… 094

二、VV、"V一V"的功能差别与趋同发展 …………… 096
三、VV、"V一V"相似特征的同步发展 ……………… 109
四、本章小结 …………………………………………… 114

第六章　当代动词重叠的语境表现 ……………………………… 116
一、动词重叠的两类基本语境表现 …………………… 117
二、动词重叠的小句语境差别：限定与非限定 ……… 123
三、动词重叠的整体语境差别：现实与非现实 ……… 135
四、本章小结 …………………………………………… 142

第七章　动词重叠的非限定表现：主宾语用法 ………………… 144
一、谓语功能参照：动词重叠主宾语用法之不特殊 … 146
二、动词原形参照：动词重叠主宾语用法之特殊 …… 150
三、双重对比：动词重叠主宾语用法之"抽样类型"
　　特性 …………………………………………………… 154
四、本章小结 …………………………………………… 158

第八章　动词重叠的非限定表现：定语功能 …………………… 159
一、VV、"V一V"作定语的共同表现 ………………… 160
二、VV、"V一V"作定语的差异表现 ………………… 166
三、定语功能与 VV、"V一V"在动词结构系统中的
　　定位问题 ……………………………………………… 170
四、本章小结 …………………………………………… 173

第九章　动词重叠的特殊限定功能："把"字句谓语中心
　　　　…………………………………………………………… 175
一、"把"字句中的动词重叠 VV 与"V一V" ………… 175
二、明确结果的方式差异：共时"把"字句中的 VV
　　与"V一V" …………………………………………… 178
三、表量明确性的互动影响：历时"把"字句中的 VV
　　与"V一V" …………………………………………… 186

四、本章小结………………………………………… 190

第十章　动词重叠的特殊限定功能：已然陈述谓语………… 192
　一、已然陈述动词重叠的语义语境限制………………… 193
　二、已然陈述动词重叠的表量具体性…………………… 198
　三、已然动词重叠的现实陈述本质……………………… 202
　四、本章小结………………………………………… 205

第十一章　动词重叠的非现实表现：直接否定的语境限制
……………………………………………………… 207
　一、意愿否定"不VV"限制体现将然非现实性………… 210
　二、意愿否定"不VV"限制体现疑问非现实性………… 216
　三、情况否定"没VV"限制体现评价非现实性………… 218
　四、本章小结………………………………………… 225

第十二章　动词重叠的现实／非现实系统差异：祈使与陈述
……………………………………………………… 227
　一、重叠动词的特征……………………………………… 228
　二、动词重叠的句法表现………………………………… 237
　三、动词重叠的语体倾向………………………………… 245
　四、本章小结……………………………………………… 247

第十三章　从实际语用到动词重叠的语法意义…………… 249
　一、实际重叠的各类动词………………………………… 252
　二、实际重叠动词的"有界量化"实现………………… 260
　三、动词重叠"有界量化"的语感效应………………… 264
　四、本章小结……………………………………………… 268

结语………………………………………………………… 269

参考文献…………………………………………………… 272

第一章 绪 论

动词重叠问题一直是现代汉语研究的重点和难点。从形式到意义，再到句法功能和语用表现，动词重叠问题都引起了广泛的关注。研究者认真讨论过以下问题：动词重叠形式是VV、"V一V"还是"V了V""V了一V"，其意义是"短时少量"还是"尝试""增强能动性""显量"，其动词选择方面对自主可控动作行为动词有什么要求，其历时来源是"V一V"省略还是VV延续增量重叠，其句法限制作定语、状语等的原因，其语用上对于口语随意的体现，留学生学习过程中容易出现偏误的类型及原因等。学界对上述问题的争论从未停止过，即便多数学者和教师会采用"短时少量"的基本语法意义，接受动词重叠VV式为基本形式，然而实际问题远比权宜折中的看法要复杂。按照"短时少量"的看法，第二语言学习者容易产生母语负迁移，造出如例（1）、例（2）这样的句子。

（1）＊上个星期天，我和同学在学校走走。
（2）＊他病了，我们只有看看他痛苦。

例（1）是将"短时少量"应用于已然表达引起的偏误。例（2）一般认为是动词重叠用于严肃沉重语境的错误，但同样语境下改成"我们只有常去看看他"就可以。根据研究者面对的动词重叠例证的不同和解释的差异，对于相关问题的看法也难以比较评价，更难统一协调。

语法意义和语法形式是动词重叠研究中的核心问题，也是研究者争论最为激烈的问题。我们把问题集中在 VV 式重叠的语法意义上，承认动词重叠是表达动量范畴的一种语法手段（李宇明，1998）。在动量范畴当中，对于动词重叠表达的"量"是多是少、是增是减、是隐是显却有不同的看法。"短时少量"说（朱德熙，1982）因为最简单、最直接、最符合一般语感，接受度最广。问题是，有的时候动词重叠似乎表反复增量（李宇明，1996）。例如：

（3）人老了，养养鸟，种种花，下下棋，聊聊天，管那么多闲事干什么。（李宇明，1996 例）

（4）本来他在街上扫扫地，打发日子。（钱乃荣，2000 例）

也就是说，在惯常动作行为描述中，由于动词重叠所代表的动作行为在现实中多次重复，看起来更像是"长时多量"。"扫街"就一次，"扫扫街"则是多次"扫街"。这样看来，"养鸟、种花、下棋、聊天"都是在不同时段进行反复的多次行为。基于这种动量表义的差异，邵敬敏、唐正大等学者①认为惯常类动词重叠与一般"短时少量"动词重叠应属不同的类别。

动词重叠的内部小类是另一个复杂的问题。对于 VV 动量的参照量的默认模糊理解，让动词 VV 重叠的动量判断存在复杂的争议。通常情况下，人们默认动词 V 的量为动词重叠的参照量。而实际上，V 的量不是默认的也非确定的，不同学者很可能看法不同。再进一步讨论 V 和 VV 的动量差别，分歧就更大了。刘月华（1983）举出"好好谈谈""你可怜可怜自己吧"等动词重叠体现"不可计量"动作行为的例子。朱景松（1998）跟毛修敬（1985）都认为像例（5）、例（6）这样的例子，看不出动词重

---

① 2013 年 11 月在上海复旦大学举办的"语法描写和解释"讨论会上的交流。

叠 VV 与原式 V 之间量的差别。

(5) 鲁四凤：谁？
　　周萍：你猜！
　　鲁四凤：你，你来干什么？！
　　周萍：你猜猜！（毛修敬，1985 例）
(6) 他推开门，看看天上的三星。（朱景松，1998 例）

　　动词重叠显然是表达动量范畴的语法手段，它是表"量"的，无论此"量"的意义具体为何。理论上，原式 V 应该没有确定动量，才会采用动量语法手段 VV。我们在根本上缺乏比较原式 V 和重叠式 VV 量大量小、量增量减的基础。在这一点上，李宇明（1998）"调量"、邵敬敏和吴吟（2000）"显量"的看法是可以成立的。

　　研究者搜集的例证以及对例证的解读不同，对包括动词重叠基本语法意义在内的各种问题的看法也都不一样，且对各种问题的不同观点又相互交叉，最后形成了动词重叠研究纷繁复杂的局面。对于状语修饰和动词选择的问题，同样的状语，同样的可延续、可反复动词的重叠，一般将其看作"短时少量"动词重叠。朱景松（1998）却不这样认为，他举了几个例子进行说明：例（7）说明动词重叠表"过程的延续"，同时说明了如例（3）、例（4）这样的惯常态表达，以及例（8）这种"延续+结束"的例子。朱景松将"减弱动量""过程延续"统一为"增强能动性"的基本意义。

(7) 今天你多睡睡。（朱景松，1998 例）
(8) 让他吐吐就好了。（朱景松，1998 例）

　　对于上述例子，杨平（2003）提出"主观小量"说，以扩大"短时少量"说的概括力，包括以"轻松、闲适"的主观小量来说明惯常体的动词重叠，以及已然/未然等各种情况，并指出

"延续""能动""尝试""反复"等都是动词语义或格式的意义。

同样是基于原式 V 与重叠式 VV 的关系问题,毛修敬(1985)提出动词重叠的本质是"情态",而非"动量"。朱景松(1998)、高增霞(1999)、陈前瑞(2001)、陈立民(2005)等的研究都沿着这条路径发展,试图证明动词重叠是某种"体"。他们想表达的核心概念是动词重叠所表动作行为有过程延续、有界终结,不同之处在于材料的选取和解释的角度。朱景松看到例证的"自主可控""人类肢体动作行为""愿望祈使",得出"能动性"是动词重叠的特殊性。高增霞认为"心理动程"更为根本。陈前瑞着重"体"分类的层次,得出"完整体""特殊活动情状"。陈立民从动词事件角度论证"主控持续后结束"。张旺熹(2006)根据其调查的语料,认为动词重叠以表惯常性为主,所以动词重叠表"无界小量"。不管是语料的主要特征,还是动词重叠的语法意义,此观点都与传统看法大相径庭。顾阳(2008)在一次北京语言大学的讲座中提出了谓词重叠(包括动词和形容词重叠)是复数化操作的观点,即重叠产生的是无界情状(atelic situation)。

不难看出,动词重叠的研究是围绕"动量情状"的阐释和探索展开的。弄清动词重叠的"量"意义,在确定其基本语法意义、形式表现、范围类型、动词选择、句法限制、语用功能等方面具有无可争议的核心价值。我们可以从"量性"角度解释动词重叠的形式意义、历史来源、近义格式比较,以及动词选择、句法成分限制、语境功能等问题。

目前的困境在于,基于语感直觉,按照原式 V 和重叠式 VV 的量对比,我们几乎无法确定动词重叠的"量性"特征,也难以客观评判各位学者对重叠例句的直觉判断,进而难以对相关问题得出有效的结论。为了克服直觉举例带来的困惑和争议,本研究采用实证法，通过对 CCL 语料库（2011 年统计数据）中全部 VV、"V一V"重叠和历史文献中 VV、"V一V"重叠的分析，重新考察动词重叠的量性特征及相关问题，力求得出相对客观的研究结论。

事实上，从实际语用出发研究动词重叠的来源已有一些富于启发性的发现，如王瑛（1996）通过考察唐诗语料发现当时的动词重叠具有"时长量多"的特点，殷晓明（2005）对比《元曲选》中动词重叠 VV 和"V一V"式的对应情况证明 VV 源自"V一V"的省略。这些研究虽然只是从局部语料讨论一个方面的问题，却已体现出实际语料研究的重要实证价值。

本书将实证研究方法运用于历时考察，同时注重共时语用，力图站在动词重叠研究的实证视角，为有争议的问题提供一个相对客观的论证。对于动词重叠是"有界小量"还是"无界小量"的问题，调查表明动词重叠应该是"有界"的，因为历时和共时证据都表明惯常重叠在动词重叠中不占优势。同时，动词重叠确有很多用法无法概括为"短时少量"，特别是未然特征是动词重叠的优势用法，已然表达确实与动词重叠的"短时少量"感密切相关。动词重叠是"有界"量，但其具体性质需结合实际语用详加考察。实际语用中的动词重叠存在着各种"量"的特征，受到各种细节的制约。

动词重叠的用法体现出好计量与不好计量的差别、适合计量与不适合计量的差别、改变动量与不影响动量的不同等情况。例如：

（9）我是说和人来往要分分好坏人。

（10）周旋要画肖像画，你出出手吧。

（11）过去买买旧书的人，大抵都会感到这方法的便利。

（12）批批我、斗斗我算不了什么，你们千万别打仗。

(13) 优化课堂教学，实施快乐教育，减轻学生过重的课业负担，使学生在玩玩、做做、比比、练练中激发学习兴趣，提高教学质量。

(14) "大款"看中的是不少"触不了雷"的好处：吃喝玩乐、游山玩水、报报发票、配备些"办公"设备，等等。

例（9）、例（10）中动词重叠用于抽象事件，相较于具体动作如"擦擦桌子""看看书"等不好计量。例（11）—（14）中动词重叠代表了某种生动的动作行为类型，不适合计量，特别是例（13）。例（14）中，动词重叠所表动作行为跟动词原式并列表达动作行为类型，可见其也不着意于改变动作量。还有一些动词重叠用于瞬时完成的动作行为，也就更难说明重叠对动量的影响了。例如：

(15) 你醒醒。

(16) 来来就来来。

对于动词重叠的各类特征，直觉只能告诉我们动词重叠倾向于未然、祈使、搭配自主可控动作行为动词、表达轻松随意的口语化内容等。实际语用调查能够更清晰地呈现出动词重叠用于已然/未然的细节如何，对句法功能、动词语义等有无限制；动词重叠的祈使感来源于哪些具体的句法结构，它们的语义核心是什么；动词重叠具体及如何选择哪些动词，表达何种一致意义；动词重叠对口语的依赖程度有多大、从何而来，等等。动词重叠选择非自主可控动词的例子如：

(17) 马林生仰起脸，眼镜闪闪，跷着二郎腿，嘿嘿一笑。

(18) 热情而没有行动配备着，不过是冒冒热气而已。

实际语料为我们呈现出很多富于启发性的动词重叠特殊用法。如例（19）、例（20）表明动词重叠所表动作行为可以交替持续或者单独持续。例（21）说明动词重叠在有的结构中的作用并非动量，是强制使用的，因为"你走一步试"不成立。动词重叠的强制性范围是非常值得关注的，对它的研究和掌握不足会直接造成第二语言学习者在使用动词重叠时出现错误。例（22）说明动词重叠可以很口语，但不一定"轻松"。对于动词重叠的"轻松随意""口语化"等相关特征需要弄清其内部关系。例如：

（19）他知道自己装束好，所以一天到晚老在扯扯领子，提提裤子，或正正衣襟。

（20）但王鸣盛说说（说着说着）就说出纰漏来了。

（21）你走一步试试！

（22）人家都在先富起来，你看看报纸，听听广播，心里急得慌。

本书的研究以语料库为基础，从动词重叠的实际语用出发，围绕量性特征研究和阐述动词重叠的来源、发展、构成、语义、语用等各方面特征，发现和证明动词重叠的基本语法意义，即"量性"表达特殊性及其关联的时体、情态、语气等本质属性。我们的研究目标：一是评价考察历时语料和历时研究困境，在更多系统语料的基础上弄清VV、"V一V"的量性异同、句法表现、语义用法、相互作用、来源关系及历时发展过程；二是考察分析当代VV、"V一V"的动词事件情状、句法功能、语境表现等，概括并证明动词重叠的基本量性特征，解释量性特征决定其句法语用表现的原因方式；三是基于历时和共时的研究成果，对动词重叠的形式、范围、语法意义、语用特征等争议问题提出统一阐释。

绪论部分主要从侧面呈现动词重叠研究的基本情况，指出目前研究和讨论的重点难点，并从根本上指出动词重叠研究依赖语感直觉与动词重叠使用面极广泛之间的矛盾，会带来难以解决的争议和以偏概全的困惑。本书对动词重叠问题的探讨可能有所推进的原因在于，我们以实际语用为基础，以量性特征为中心，相对客观地讨论问题。代表性的例证既表明直觉理解的覆盖面不足、理解可能不同，也证明实际语用分析便于解决争议、发现动词重叠研究的新领域、新问题。

本书的第一部分为第二章到第五章，从历时角度讨论动词重叠的来源、发展等相关问题，主要通过 VV、"V—V"的"量"性特征及其句法表现对比和历时消长，证明动词重叠内部构成复杂，其来源具备多样融合的最大可能。

第二章从理论方面和现有研究材料出发，评述重叠 VV 的省略来源说和"多量"来源说，对动词重叠两种来源观的利弊进行了比较，说明动词重叠来源难以简单判定的现实理论局限和历时语料局限，提出动词重叠来源论证需要首先解决动词重叠的内部同一性问题。基于理论和现实的考虑，本章详细讨论了两种来源合流的最大可能性及其相对优势。

第三章采用《全元戏曲》的统计语料，讨论 VV 与"V—V"式的量性特征与时间现实性的相互作用，论证 VV 式的时间依赖和"V—V"式的时间自由性。元代 VV 式都出现在非现实时间当中，如祈使、打算、假设和评价，不用于现实已然情况陈述。"V—V"式则不限制时间，可以用于现实陈述，也可以用于非现实祈使、打算或假设，用于评论的时候极少。VV、"V—V"式在元代都没有出现"周末看看书、打打球"这样的常然描述，只有常然评价用法。VV、"V—V"在现实/非现实时间选择上的差异正是其量性特征的语用体现。元代"V—V"的动量性质还比较显著，其明确计量功能和明确动量结果与时间特征没有冲突，不受时间限制。VV 式的量性特征表现在计量不明确，表量不具体，它应该具有一定的动词形态特征，所以才有时间限制。当然，也可能VV是"V一V"的虚化和分化形式，只不过在"V一V"动量形成阶段，这种虚化和分化似乎比较超前。

第四章主要从量性特征角度讨论动词重叠形成的关键时期，即元代"V一V"与动量结构的相互关系，论证"V一V"的动量性质。元代不仅是动词重叠形成的关键时期，也是很多量词形成的重要时期。"V一V"式及其中的V与很多动量词及动量结构的句法功能相应，又与大多数动量词具有表量功能互补的作用，足见其具备显著的动量性质。所不同的是，"V一V"不是完全专用的动量结构，而是重复动词的动量结构，其作用与"短时"动量的"下、会"等具有相似性。在元代，短时动量词"下、会"等尚未完全形成，其标记动量功能受限，动量"V一V"得以广泛使用并进一步促进了短时动量词特别是"下"的形成。"V一V"的动量性质说明其虚化、抽象程度还不是当代意义上的常见动词重叠，这在一定程度上为证明元代重叠VV式并非完全是"V一V"的省略形式提供了量性语义方面的论证基础。

第五章基于前面三章的数据和讨论，通过元明清时期VV、"V一V"的数量消长变化，进一步论证重叠VV、"V一V"的融合发展。历时研究基本认为VV、"V一V"数量呈此消彼长的趋势，VV越来越多地取代"V一V"。这与语料选择有关，也涉及动词重叠是否内部同一的问题。元代开始，VV、"V一V"在量性用法上就有分歧，到明清时期也有变化。本章从量性细节与功能关系入手，论证VV、"V一V"自元明清以来并非简单地此消彼长，从口语化和结构泛化等句法特征论证VV、"V一V"的同步发展，从而进一步佐证动词重叠来源于VV、"V一V"双向来源和二者融合发展的可能性更高。

本书第二部分为第六章到第十三章，从共时句法语用表现角度论证动词重叠的语境表现、句法语义限制、非现实情态、语法意义等相关问题，最终证明动词重叠表达的是"单纯有界量化"的语法意义，是VV、"V一V"形式功能融合发展的结果。

第六章全面展示动词重叠VV、"V一V"形式的典型句法和语境表现，说明动词重叠实际语用的考察框架：限定性和现实性特征区分。我们从限定/非限定的角度，总结概括出动词重叠常用的句法格式，总结其结构复杂性和语义规律性。从现实/非现实角度对动词重叠进行了讨论，发现动词重叠句法格式的整体特征是展现非现实性，各类非限定用法和限定的将然、未然、常然、假然、否定、疑问等用法都体现了"未实现/可实现"的非现实意义，各类非现实用法可以配合使用，非限定非现实的动词重叠可以搭配各种主句时间。动词重叠VV的各种复杂句法表现和要求大都是对非现实性表达的要求，这可以作为动词重叠语义概括的基础。动词重叠"V一V"的现实用法的相对自由，表明其具有与VV不同的构成部分，需要区别对待。

第七章讨论动词重叠非限定用法中的主宾语用法。通过对动词重叠主宾语用法与谓语功能的对比，说明主宾语用法使用数量多，表达功能完善，与一般谓语动词重叠的语法作用相当。同时主宾语用法的动词重叠都用于非现实表达，带有明显的指称性倾向，动词情态的时间特征弱化，可以与动词原形混搭使用，功能较接近于动词原形。差别在于，主宾语位置的动词重叠是通过抽样代表的方式体现动作行为类型，带有一定的动态性。综合主宾语动词重叠的特殊与不特殊性质，可知动词原形V、重叠VV、"V一V"、短时动量结构构成具体量化增强的序列。

第八章对动词重叠非限定用法中的定语用法进行考察。无论是VV还是"V一V"作定语，都可以分为同位定语和非同位定语。在同位定语中，动词重叠没有特定限制，但是其中心语往往具有意愿性、未然性，如"计划、想法、理想、担心、风险、习惯"等。在非同位定语中，动词重叠或者其中心语必须具备未来指向性或评价性，即体现非现实要求。作为非同位定语，VV、"V一V"的差异表现在VV可以受方式状语修饰、作常然评价定语、单独作评价定语，即重叠VV更能体现动词重叠的非现实特征。

第九章讨论动词重叠的特殊限定用法："把"字句对VV、"V一V"的限制差异与两者的量性差异问题。通常情况下，"V一V"能够比较自由地用于"把"字句，而VV要受到"把"字句要求的"结果明确"的限制。具体的"把"字句语用表现说明"V一V"动量明确，能够适应"把"字句对处置结果明确的要求，而VV动量虚化模糊，结果的明确性依赖于语境中其他结果明确化成分的帮助。结合历时VV、"V一V"用于"把"字句的情况，"V一V""把"字句对相应的VV"把"字句有明显影响。同一语料中，"把"字句"V一V"常用，相应的VV"把"字句相对自由常用；能够明确理解为"V一V"的VV在"把"字句中较可能单用；表"短时少量"的肢体动作动词在"V一V"和VV"把"字句中都能单独使用。"把"字句中"V一V"和VV的使用限制差异说明VV、"V一V"满足"把"字句要求的结果明确的方式不同，"V一V"由附带的动量意义明确结果，而VV需要语境中的常识预期、后续说明、状语补语宾语等其他结果明确方式帮助其明确处置结果。这进一步证明，虽然动词重叠VV比"V一V"更接近于动词原形，但是它们实现"把"字句处置结果表达的要求是一样的。

第十章讨论动词重叠作为陈述谓语的特殊限定功能。动词重叠VV作为陈述谓语有着特殊的句法语义。通常，作为陈述谓语重叠的动词常用带"可反复"特征的短时动作动词。如果采用一般"可延续"的动作行为动词，则句子需配合后续句说明动作终结的界限等。抽象动词的重叠则一般不能用于陈述谓语。从表达结果来看，作陈述谓语的动词重叠具有表量明确具体的特征，与非现实、非限定的动词重叠用法形成对比。动词重叠的陈述谓语限制，实际是其作为谓语中心的现实性限制。动词重叠的现实情态表达是非常特殊的，对重叠动词、句法附加条件等有复杂而明确的要求，似乎说明动词重叠内部存在着不同的构成部分。

第十一章从动词重叠直接否定的语境限制条件入手论证动词重叠的非现实性。重叠 VV 可以有条件被否定，包括用于非现实性的命题外否定、假设条件句、疑问句、评价句等。动词重叠否定式"不 VV"在表达意愿否定，体现将然非现实性或者疑问非现实性时可以成立，动词重叠否定"没 VV"式在表达对现实情况的评价否定时能够成立，即动词重叠表达非现实量性特征时都能被否定，非现实性解释了动词重叠的限制否定用法。

第十二章从现实/非现实角度结合陈述和祈使的语用差别，阐述和评价动词重叠研究中关于动词特征、句法功能和语用语气等常规问题。以往研究以祈使非现实为中心讨论问题，不注重陈述的现实性和特殊要求，也不关注陈述非现实和祈使非现实的相关性。混淆的结果是对动词重叠的语法功能理解存在偏差。陈述类重叠动词不限制"口语、轻松随意、合意愿、自主可控"等特征，陈述和祈使中的动词重叠只有"可延续、可反复"的要求，这是方便量性的有界化操作的特征。祈使类动词重叠主要作谓语或谓语中心，陈述类动词重叠具有谓语之外的多种句法功能，而且可以被否定。动词重叠之所以常带有"口语随意"等语体特征，是因为祈使的语感频率高，陈述类动词重叠显得弱势，从而让其相关的"庄重典雅"特征被掩盖。

第十三章考察实际语用中的重叠动词与动词重叠情况，证明动词重叠的量性特征具体体现为"单纯的有界量化"，即动词重叠只表明特定动作行为具备量性特征，并不指明其量的大小增减等细节。实际重叠的动词分具体事件动词和抽象事件动词。具体事件动词在情状特征上可以表现为活动事件、瞬时事件、实现事件和状态延续事件等各种类型，即可重叠动词虽然整体上"可延续、可反复"，实际重叠动词不一定延续或反复。抽象事件动词根据具体语境可能表现或延续或终结或静态等特征，甚至不易看出具体事件，从而难以判断事件的情状特征。所以，实际动词重叠不是对无界量的"给量"操作。综合各类实际动词重叠的语义共性，我们证明了动词重叠实际是对无所谓量的抽象动作类型的"附量"操作，即将抽象意义的动词事件类型具体化为具备某种量的现实事件。现实事件都具有一定的动量，即动词重叠体现"有界量化"语法意义。这样的话，无论动词事件情状本身如何，都可以从抽象类型转化为具体动作事件，动词重叠本质上不受事件情状的限制。动词重叠"有界量化"的现实效应赋予动词事件动态性，从而引起"短时少量""轻松随意"等常规语感。从具体实际的动词重叠语用到动词重叠的语法意义，再考察说明其语境语感来源，事实上，这一章也是对从量性角度考察动词重叠诸方面问题的总结论证，并找到了问题的核心，提出了解决方案。

结语部分是对本书研究思路、对象和基本结论进行的简要概述和评价。我们的主要工作是从历时和共时的丰富语料出发，以量性语义和非现实语境为中心，论证得出我们对动词重叠语法意义、句法功能、语境限制、语感效应、历时来源等的看法。

本书调查所用语料分历史和当代两部分。历史语料包括《全唐诗》《敦煌变文》《敦煌变文新书》《祖堂集》《全宋词》《三朝北盟汇编》《五灯会元》《元曲选》等，检索自北京大学 CCL 语料库古代部分，《全元戏曲》《水浒传》《西游记》《说唐全传》《红楼梦》等采用纸质版本，相关情况将在具体章节统一说明，文中例证只注篇名，有必要强调时代差异时也注明朝代。当代语料是从北京大学 CCL 语料库网络版中检索获得的，主要是单音节动词重叠，包括 VV 式和 "V — V" 式，必要时也涉及动词重叠的其他可能形式。检索首先采用网络自带的 AA/"A一A"形式检索，共 60 余万条，然后通过编程由计算机程序筛选，得到基本 6 万条。筛选尽量做到全面彻底，但仍然有很多形式不属于动词重叠 VV 式，我们再通过逐条阅读排除其他，最终获得 43974 条动词重叠 VV 式有效例句，15344 条"V一V"式有效例句。本书中当代例证不注明出处的，即表示它们出自 CCL 语料库。

第二章　动词重叠的历史来源辨析

一、动词重叠的两种可能来源及其争议

关于动词重叠的来源有两种基本观点：动词重叠来源于表增量延续的像似 VV（简称"像似 VV"）（潘允中，1982；赵克成，1987；萧国政、李汛，1988；张晓涛，2005；李文浩，2007；崔应贤，2010），或来源于动量同形的"V一V"虚化省略"一"（王力，1985；太田辰夫，1987；史有为，1994；吴福祥，1995；唐韵，2001；殷晓明，2005）。两种观点都有一些有利证据，也有一些不能确证的方面，但都有大量学者支持。两种观点的基本假设是一样的：第一，动词重叠的基本语法意义是表"短时少量"；第二，看 VV、"V一V"与"短时少量"的意义关系；第三，看 VV、"V一V"表短时少量的发生发展情况。因为两种来源假设对动词重叠的基本意义看法相同，暂不必讨论。它们与"短时少量"的历时性相互关系是论证的理论和数据焦点。"V一V"表短时少量基于"一"的数量特征，其基本证据是在动词重叠产生的关键时期——宋元时代，"V一V"的数量远远多于 VV，动词选择的自由度也更大。VV 表短时少量的语义基础较弱，一般认为延续增量和短时少量是一对矛盾概念，因而，证明动词重叠 VV 来源于像似 VV 应多考虑 VV 与"V一V"的差异互换性。但也有学者注意到 VV 可能与"V一V"同时出现或者出现得更早，"V一V"

在统计数量上多于 VV 是由于研究者不加区分地将"V一V"形式都看作动词重叠,而在历史发展的早期,"V一V"形式还存在很多动量结构用法。"V一V"的数量优势很大程度上可能因为其在历史上本身数量就大,而且它同时会带来动词重叠与重复动量结构等同假定的问题,即重叠 VV 与动量"V一V"没有区别,前者由后者省略而来。两方观点的有利及不利方面总结如下(见表2-1):

表 2-1　动词重叠两种来源观的利弊比较

证　据	动词重叠来源	
	来源于像似 VV	来源于动量"V一V"
有利证据 1	某些常用的动词重叠 VV 比"V一V"出现得更早,或没有对应的"V一V"形式	大量表短时少量的"V一V"比 VV 出现得早
有利证据 2	VV 数量上不一定少于"V一V"	宋元时"V一V"形式数量远多于 VV,形式也比 VV 自由多样
有利证据 3	重叠 VV 与"V一V"在历史和现实语用中都存在差异,似非同一结构类型	"V一V"从表少量的"一"虚化发展出 VV 的"短时少量"意义比较自然
不利证据	VV 多量延续与短时少量的矛盾	"V一V"与重叠 VV 在历史和现实语用中的差异需要解释,省略细节需要说明,两者容易都被看作动量结构

从表 2-1 可以看出,论证动词重叠来源的关键,对"像似 VV"说而言,是如何解决像似 VV 与重叠 VV 的意义发展逻辑问题;对"'V一V'省略"说而言,是如何论证 VV 与"V一V"的同一性、区分动量和重叠两种"V一V"的问

题。目前两种观点难以定论，根本原因在于材料的判断和动词重叠语法意义的基本假设存在差异，但学界大体比较倾向于"'V一V'省略"来源观。我们一方面需要一个动词重叠的基本语法意义作为出发点，来认定历史材料中VV或者"V一V"形式是否动词重叠（这一点很难做到准确）；另一方面又需要从历史发展角度（以及现实语法表现等）概括和论证动词重叠的语法意义，以说明动词重叠合乎逻辑的语法化发展过程。显然，动词重叠的核心语法意义一直是动词重叠研究中争议的焦点。朱德熙先生提出的被多数研究者默认接受的"短时少量"观不能覆盖动词重叠问题的很多方面。两方面的情况和问题交织在一起，使得动词重叠来源问题必须伴随动词重叠语法意义一起解决。

因此，两种动词重叠来源观的争议，表面上看是对唐、宋、元时期动词重叠材料的认定问题，即有的学者认为"V一V"式数量多、形式丰富，有的学者则认为VV早于"V一V"出现，数量上VV少于"V一V"是由于"V一V"中包含动量结构。争议的根源在于对不同时期VV、"V一V"到底是不是动词重叠，动词重叠语法意义是不是"短时少量"，以及相关的"有界量""完整体""生动化""模糊动态""过程性"等问题难以定论。动词重叠VV、"V一V"有没有历时数量消长；动词重叠与VV、"V一V"，以及VV、"V一V"之间有没有功能差异等问题，很难搞清楚。在此情况下，如何处理相关历史语料，从而得出动词重叠来源的相对合理的看法呢？

二、动词重叠来源的可能的逻辑证据

学者们之所以认定像似VV或者虚化的数量"V一V"是重叠VV的来源，是基于形式和意义的双重相关性。在所有历时语法结构中，VV 和"V—V"最接近于动词重叠的典型形式 VV①。重叠 VV 与像似 VV 最为形近，却受到像似增量意义与"短时少量"减量意义的逻辑矛盾制约。动量"V—V"与重叠 VV 的来源关系，似能取得形式和意义的平衡，即一方面两者比较形近，"V—V"虚化省略"一"就成了 VV，且虚化后"V—V"自然表示"短时少量"。但如表 2-1 所示，理论上两种观点其实难分伯仲。我们暂且忽略历时语料的丰富程度，从逻辑上考量，有哪些证据能够确切锁定动词重叠的来源。

说明动词重叠的来源需要证明来源与发展之间的同一性，即现代动词重叠与其历史来源之间形义一致。那么，像似 VV 与"V—V"都具备形似性，在形式上证据充足。在语义上，既然无法认定当代动词重叠表"短时少量"的基本语法意义②，那么以此为出发点去框定历史语料中已经成型的动词重叠就有其局限性。我们不知道 VV、"V—V"什么时候是动词重叠，也不太好判断特定时期的 VV、"V—V"中哪些是动词重叠，哪些不是。这在不同学者对唐宋语料的处理差异中可以明显看到：不同处理带来不同的来源观点，外部比较的困难十分明显。

逻辑上可以用 VV 和"V—V"自身内部发展的轨迹来说明它们的历时演进，从而以归类的方法比较它们与现代汉语动词重叠的类别相关性。所以，我们的做法是，先对唐代以来的典型 VV 和"V—V"分别进行归类，研究它们各自的发展轨迹，然

---

① 对于动词重叠的形式，有宽窄不同的看法，包括 VV、"V—V""V 了—V""V 了 V"等，但一般学者都接受 VV 为动词重叠形式。形式的多样和语法意义、历时来源判断等交织的问题相关，这进一步加大了动词重叠研究的难度。

② 实际语用中，重叠动词比较多样，不都是延续反复动词，其重叠也不都能看出"减量"意义。详见绪论例证和第十三章对动词重叠基本语法意义的实例论证。

后结合前人研究总结现代汉语动词重叠常见类别，最后比较当代实际动词重叠与历时 VV、"V 一 V"，得出其相互关系。归类标准是同一时期 VV 和 "V 一 V" 内部本身的相似性，同时考虑句法、语境、时体等相关因素。这样，可以部分避免基本语法意义研究不完善的不利影响。可能得到的逻辑结论是，动词重叠要么源于像似 VV，要么源于 "V 一 V"，或者同时源于像似 VV 和 "V 一 V"，或者动词重叠还有其他来源。

  首先，其他来源的可能性不大，暂不考虑。其次，若要论证动词重叠源于动量 "V 一 V"，需要证明 "V 一 V" 在重叠 VV 产生以前已经虚化，即 "一 V" 本身不仅表确切 "一" 量，而且 "一" 的数量意义弱化，"V 一 V" 才能作为一种虚量表达，省略为 VV 形式；这样，在数量优势上，也可以考虑虚化省略的 "V 一 V" 是否占优势，从而促成省略。同时，在 "V 一 V" 虚化以前，不存在类似于现代意义的重叠 VV。上述论证的根本在于历史语料和现代汉语中不存在表意有所差异的两个 VV——虚化动量省略结构和动词重叠结构；"V 一 V" 应该具备同时代重叠 VV 的所有类别。再次，要论证动词重叠源于像似 VV，则需要证明现代意义的 VV 的产生早于动量结构 "V 一 V" 的虚化省略，另外需要提出像似 VV 向重叠 VV 转化的合理条件；重叠 VV 不同于动量省略结构 VV 也是必要的证据。最后，如果虚化 "V 一V" 与重叠 VV 几乎同时出现，且无法区分 VV 为动量省略结构和动词重叠形式，则动词重叠很可能同时来源于像似 VV 和 "V 一 V"，两者在历史发展中经历消长反复但最终合流。殷晓明（2005）提出了共同来源的可能性，不过其依托的证据不甚可靠，对多种来源的细节也未能论及。我们不能因为在《元曲选》中某些动词未同时具备 VV 和 "V 一 V" 重叠形式，就认为不具备 "V 一 V" 形式的动词重叠来源于其他。很可能限于历时材料留存的偶然性，有的 VV 正好没有 "V 一 V" 形式，反之亦然。除非这些动词是由于某种共有特征而不能采用"V一V"形式，否则形式上的表现差异很可能来自历史时语料的随机性。可能有的 VV 动词重叠虚化程度高，省略式 VV 比"V一V"更常用或后者基本不出现；也可能这些 VV 重叠表意不同，无法由"V一V"省略而来，没有相应的"V一V"形式。

从殷晓明（2005）的论述中可以看出研究者对动词重叠形式的基本假设，即动词重叠必然具备 VV 式，但不一定具备"V一V"式。也就是说，虚化而不表确切动量的"V一V"与动词重叠 VV 还是存在差别的，VV 才是动词重叠的最终形式。

三、动词重叠来源于像似 VV 与"V一V"省略合流

这一节我们结合唐、宋、元三代语料来考证动词重叠的历史来源。我们以北京大学 CCL 语料库中 2011 年检索并筛选处理得到的历时语料为基础，简要讨论 VV、"V一V"的历时功能类别及其发展演进[①]。首先，对语料进行类比归类，然后纵向比较各历史时代类别的异同，寻求其发展的逻辑可能和逻辑顺序。最后，以语料为基础，支持或驳斥前面提到的逻辑假设。

（一）像似 VV、动量"V一V"的类别发展

自周代以来，AA 形式便是汉语文学表达里重要的双音形式，其中，主要有描写性形容词（如"杨柳依依""雨雪霏霏"中的"依依""霏霏"），也有描写性动词结构（如"行行重行行"中的"行行"）。通常，动词性 VV 具有显著的描写性，多见于文学作品[②]，具体的意义是像似延续。

---

① CCL 语料库中的历时语料不见得全面或者典型，采用这个材料只是大致说明问题。同时也表明了历时语料存在随机性，对我们的研究影响很大，合理的猜测是我们能够得到的最好结果。

② 当然，早期古典汉语文献中很少有口语留存，其内容多具有文学性。

考虑到文学语体对动词性 VV 的限制，我们重点考察唐代以后动词性 VV 的类别与语境的适应关系，以及由其分化出的不同类别。同时将"V一V"结合语境因素进行分析。对比 VV 与"V一V"，以及现代动词重叠 VV 的类别，寻找动词重叠的发展线索。

唐五代时期，叠用 VV 和动量"V一V"都很少见。对于像似 VV 而言，唐代是重要的变化期，其 VV 形式所附描写倾向虽然存在，但某些 VV 似乎发展出特殊的句法作用；叠用的 VV 表示动作的延续，体现了更强的动态性，并在后附结果的情况下伴有结束特征①。例如：

（1）少年去去莫停鞭，人生万事由上天。（唐，《全唐诗》崔颢《邯郸宫人怨》）
（2）酒开舟不系，去去随所偶。（唐，《全唐诗》白居易《泛春池》）
（3）望望不见君。（唐，《全唐诗》李白《金乡送韦八之西京》）
（4）化问，来来去去作什么？师云，只徒踏破草鞋。（唐，《佛语录·镇州临济慧照禅师语录》）

在诗歌等泛时文学作品中，"去去""望望"等叠用 VV 受到古汉语向近代汉语双音化发展过程的影响，单音动词叠用为双音②。例（1）—（4）中的 VV 都表动作类型，只是在不同语境中

---

① 单考虑"看看"的话，唐代似乎已经出现动词重叠"看看"，由于其特殊性，我们留到后面讨论。
② 有很多名词、副词、动词在这一时期也发生了构词双音化，如"些些""往往""旋旋""恰恰""悔悔（后悔）""恨恨"等。通常名词、副词双音 AA 与 A 没有显著的意义差别，而动词 VV 可能具有形容词性，如"恨恨""哀哀"。需要注意的是，VV 的形容词性意义也依赖于多量像似 VV 的引申。我们无法忽视像似 VV 存在多种引申的可能性。

有理解上的小差别。例（1）中的"去去"是两个"去"连用，即"离开"；如果理解为论理和劝解，则带有祈使未然的感觉，此时"去去"意为"去吧"，相对生动，但不能理解为当代祈使中的重叠VV。例（2）与例（1）不同，是因为同样是泛时诗歌表达，"去去"添加了某种结果选择，与具体情境相连，有了某种延续动态意义和具体活动现实终结的可能。例（3）更独特，其明确的结果使得"望望"的过程延续与终结都可以从语境中理解获得。例（4）中"来来去去"出现在佛语录口语语境中，双音化使其具有增量延续的"多次"义，这种理解与后面的回答相应。也就是说，在生动性具体的特征上，口语中叠用的VV已经具备了接近现代动词重叠VV的部分特征。

唐五代时期，有更多的VV形式体现单纯的双音化动作或者具体生动的动作，如例（5）。同时，生动的VV在语境中也可暗示动作的终结，如例（6）、例（7）。从例（5）、例（6）、例（7）的对比中可以看出，描写叙述语境中，VV似带多量意义，但多量与终结并不冲突，两者是VV像似延续的某种语境效果。所以，在例（6）、例（7）中叙述性VV暗示某种结果或者后续语句直接表述某种结果时，VV的延续被理解为特定语境下终结的动作。

(5) 奈何将军，游游沙幕，俛如骨肉，陷在虏庭，言不人之所笑。（五代，《敦煌变文集新书》卷五《苏武李陵执别词》）

(6) 有一释迦三界主，解解众生恶业绳①。（五代，《敦煌变文集新书》卷二《妙法莲华经讲经文》）

(7) 秋天雨滴庭中水，水中漂漂见沤起。（五代，《祖堂集》

---

① "解解"可能是动补结构，将其理解为VV的可能性是由于动词重叠与动补功能相近，且未然语境会促进这种理解。

卷九《落浦和尚》）

在更为口语的佛经当中，动词 VV 形式非常接近当代重叠 VV 所使用的常规语境，即用于祈使性重叠的 VV。如例（8）。虽然此时还不能确定"唱唱"就是动词重叠，但至少它存在这种语境理解的可能趋势。

(8) 各请敛心合掌手，衣前好了唱唱罗。（五代，《敦煌变文新书》卷二《金刚般若波罗蜜经讲经文》）

唐五代时期，"V一V"形式都是动量结构，其用法都出现在佛教文献当中。一方面，"V一V"的动量意义符合汉语语法历时发展的基本规律，即动量类结构产生于唐五代时期。另一方面，"V一V"在佛教文献中有特殊的意义，它标示一个提示动作使学习者领悟佛教要义，所以"一"必然是实指的。同时，佛教动作的单位没有现成的量词表达，只能采用重复动词的方式，从而产生"V一V"动量结构。常用的动词为"喝""划（画）"等，此时动量"V一V"主要用于动作描写，也用于转述对话，表示动作指示。例如：

(9) 复喝一喝曰，犹有者个去就在。（唐，《佛语录·筠州洞山悟本禅师语录》）

(10) 师令乐普去问，道得为什么也三十棒，待伊打汝，接住棒送一送，看他作么生。（唐，《佛语录·镇州临济慧照禅师语录》）

不难看出，唐五代时期，对于像似 VV 而言，属于其适用语境的转型期：双音化的动词形式叠用，以及语境选择的多样性，可能为像似 VV 提供向重叠 VV 语义发展的基础。对于"V一V"而言，领悟禅宗的真谛的需要为其成为表"一次量"的动量结构提供了先决条件，此时作为动量结构"V一V"也仅适用于部分专用动词，日常用语化还不显著。

唐五代时期，VV与"V一V"形式的语用类别大致总结如下（见表2-2）：

表2-2　唐五代时期VV与"V一V"形式的语用类别总结

类型	构词重叠	句法叠用1	句法叠用2	句法组合
语境	文学描写	诗歌/对话	对话	动作描写
时间	泛时	泛时/先时过去	未然	已然
形式	VV	VV	VV/"V一V"	"V一V"

不考虑动词重叠表"短时少量"的观点，很容易理解像似VV具有向重叠VV转变的语境可能性，比如与具体情境关联具备"终结"意义能够赋予VV生动的量性特征。相对而言，动量"V一V"不依赖语境改变表意，主要用于佛经中的已然动作描写；其动量意义中"一"所表语义同样有着过程性和结果性蕴含，其发展为重叠VV需要动量虚化和语境扩展条件。

宋代以后，市民文学和经学讲经传统的改变，使得存世语料中出现更多的贴近生活的具体语境。像似VV在这样的环境中，其意义有了更强的被重新理解和定型的趋势。首先，泛时的表动作类型的VV向着表常然的动词重叠VV发展。例如：

（11）念去去，千里烟波，暮霭沉沉楚天阔。（北宋，《全宋词》柳永《雨霖铃·寒蝉凄切》）

（12）曹叔雅《异物志》曰：鱼跳跳，则蜥蜴从草中下。（北宋，《太平广记·卷四百七十九·昆虫七》）

（13）属疾退居晦堂，夜参，竖起拂子云："看看拂子病，死心病。拂子安，死心安。"（北宋，《禅林僧宝传》）

在例（11）的诗词中，"去去"就是"去（离开）"，VV继承了唐五代时期的双音化表动作类型的传统，带有语境的具体性和动态感。如果将此类 VV 放在有因果关系的逻辑语境中，VV 在表示生动具体的 V 时，其意义理解起来就会偏向表常然规律的动词重叠，如例（12）、例（13）。而且，例（13）的语境更贴近具体情境，虽然是陈述的某种规律，但其规律判断依赖于未来的情况表现，因而又带有未然意义。

如果生动化 VV 出现在典型的非现实未然语境中，情况会更有利于其发展为动词重叠。我们知道，口语对话中原形动词单用，表达动作祈使。类似的双音化 VV 表动作类型，自然具备祈使功能。如果具体语境为未然非现实语境，表动作类型的叠用 VV 很可能被理解为类似于重叠的表达方式。未然祈使语境中，因为动作情境的具体，动作类型 V 和 VV 都可以被理解为动态的将具备一定过程而不会永远持续的动作行为。语境理解完全能够赋予 VV 类似于动词重叠的理解；重叠理解与增量延续还可以并存，前者表动作行为预期中的过程始末，后者突出动作行为的过程性、动态性。例如：

（14）江南眠槎为行舟碍。公舟过焉，摩挲之曰："去去！莫与人为害槎。"（北宋，《禅林僧宝传》）

（15）想帝里看看，名园芳树，浪漫莺花好。（北宋，《全宋词》柳永词）

（16）今自资钱两贯文，买买柴用①。（北宋，《太平广记》）

（17）师曰："道是得么。"上堂，良久曰："大众看看。"（南宋，《五灯会元》）

例（14）中"去去"为叠用祈使，由于"去"的瞬时性，它跟现代意义的动词重叠不同。但是祈使语境是促成 VV 形式生动化的重要方式。如例（15）中"想"所代表的设想，可以是动作

---

① 中华书局 1982 年版（1992 年再版）《太平广记》作"充买柴用"。

类型,也可以是具体的现实动作。像例(15)这样的情况就是语法化过程中常见的两可解读,在所看的结果"名园芳树,浪漫莺花好"确定的情况下,动作VV可以表动作过程的延续,也可以表具体的动作终结。同样,例(17)对于"道"的争议需要解决,无论是大众试着解决(看),还是大众给出一个初步方案(看看),都与语境中寻求结果的意义吻合。值得注意的是,这里"看看"更为抽象,即"理解"而非单纯的"目视"。例(16)中,VV带上了宾语,在祈使语境中,其重叠意义不言而喻。同样,无论"买买"是表示"买"的双音,还是"买"的生动过程和具体结果,都不会影响读者对全句的理解。

在宋代,动量"V一V"继续出现在佛经文献中,并仍然常用于动作描写,不同的是,在动词上有所丰富,如"槌一槌""拍一拍""吹一吹""嘘一嘘""掐一掐""拂一拂""唾一唾""卓一卓""咽一咽"等。这些结构的动量意义无须过多讨论。一个重要的变化是,《朱子语类》(语录)论理环境中出现了动量"V一V",其动量意义我们可通过上下文进行判断。如:

(18) 如虚着一个红心时,复射一射,久后自中。
(19) 道理固是自家本有,但如今隔一隔了,须逐旋揩磨呼唤得归。
(20) 主人一拜,客又答一拜;又拜一拜,又答一拜。

《朱子语类》中共出现了19个不同动词的"V一V"结构,其句法特征可分三类:一是受副词修饰,如例(18);二是带结果补语,如例(19);三是语境显示其动量意义,如例(20)。此时动量"V一V"比在佛语录中使用更灵活,也有了虚化抽象的可能,如例(18)、例(19)。

在宋代,"V一V"结构主要出现在佛经文献中,其中特定的动作"喝一喝"出现比例极高，其次是"划一划"。也就是说，在宋代，"V一V"动量中动词的选择更多，但是仍然囿于佛经中的动作描写。虽然在《朱子语类》中出现了"V一V"结构的少量用例，"V一V"在语境选择上有所改变，动词也有一定的抽象性，但是其具体动量倾向还是很明显的。

南宋话本中，动量"V一V"有了更重要的变化，V 所表示的动作更为日常，也出现了直接表祈使的用法。例如：

(21) 因是小娘子出去了，门儿拽上不关，那贼略推一推，豁地开了。（南宋，《错斩崔宁》）

(22) 僧儿托着三件物事入枣槊巷，来到皇甫殿直门前，把青竹帘掀起，探一探。（南宋，《简贴和尚》）

(23) 我儿，家堂并祖宗面前，可去拜一拜，作别一声。（南宋，《快嘴李翠莲记》）

(24) 里外地下扫一扫，娶亲轿子将来了。（南宋，《快嘴李翠莲记》）

例 (21)、例 (22) 中，"推""探"虽然表动作，但这是日常生活中的具体动作，而非佛经或者语录中带有寓意或论理的用法。例 (23)、例 (24) 是"V一V"动量用于表示未然祈使的例子，其相关动作看起来相对佛经或语录中的例子在计量方式上偏向于抽象；即"拜""扫"似乎不如"喝""推""划""隔"等那么容易计量。也就是说，从语境判断，它们很可能被看作抽象或虚化的动量。南宋话本中共出现"V一V"动量形式12例，其中可理解为祈使的有 3 例，另有 1 例可看作表警告的将然[①]，其余例子都表已然描写，同时有类似于《朱子语类》中的句法

[①] "阿姆我又不惹你，如何将我比臭污？左右百岁也要死，和你两个做一做。"（《快嘴李翠莲记》）

手段突出其动量意义。例如：

(25) 只见卖馉饳的小厮儿掀起帘子，猖猖狂狂，探一探了便走。（南宋，《简贴和尚》）

(26) 你实对我说，钱却不计利害，见你解了布袋，空中抖一抖，真箇瞒得我好！（南宋，《万秀娘仇报山亭儿》）

例（25）中的"V一V"受表完结的"了"修饰，而例（26）中的"V一V"其实是有前文叙述的，表明"抖一抖"是具体的数量。基于此，我们认为，南宋话本中出现的"V一V"代表了产生于佛经特殊语境的动量结构开始泛化，在这种情况下，"V一V"动量结构开始出现虚化的可能。

宋代VV与"V一V"形式的语用类别和相关情况总结见表2-3。

表2-3　宋代VV与"V一V"形式的语用类别和相关情况

类型	句法叠用1	句法叠用2	句法叠用3	句法重叠	句法组合结构
语境	文学描写	叙述	对话	愿望/祈使	动作描写/祈使
时间	泛时	常然	未然	未然	已然/未然
形式	VV	VV	VV	VV	"V一V"

比较唐宋时期动词重叠VV与"V一V"的特征，我们发现，动量"V一V"的动词使用范围扩展了，其"一V"在少数未然语境中可能会有虚化抽象的理解。像似VV的变化仍然是依赖语境获得具体的语义理解，愿望、祈使等未然语境采用，使得VV可以理解出当代动词重叠的部分意义，即现实动作行为的"动态过程"与"终结"。

元代是重叠形式VV和"V一V"开始大量出现的时期。无论是VV还是"V一V"中适用的动词都比宋代明显增多，而适用的环境也明显更自由。在元代，VV继承了宋代VV叠用的类别①,并基本发展出现代汉语动词重叠的各种类型。朱景松(1998)所讨论的动词重叠VV从祈使到致使再到容让的类型,以及祈使占优势的特性都已在元代口语中出现。VV多出现在当面对话中②,表示未然情况,祈使和愿望的表达自然常见。例如:

(27) 卸下行李。歇息牲口。歇歇去罢。(元,《老乞大新释》)
(28) 叫王定还了酒钱,下楼去,说:"王定,我与你春院胡同走走。"(元,《元代话本选集·玉堂春落难逢夫》)
(29) 李万道:"莫非书房在那西边,我且自去看看,怕怎的。"(元,《元代话本选集·沈小霞相会出师表》)
(30) 大郎道:"我这救命之宝,正要问他女眷借借。"(元,《元代话本选集·蒋兴哥重会珍珠衫》)

例(27)祈使对象为第二人称,例(28)虽然也是祈使句,但以委婉的方式涉及第一人称和第二人称。例(29)中祈使对象为自己,其祈使性进一步减弱。有时候,说话人会用叙述的方式,委婉地表达自己的愿望,其祈使就更隐晦委婉,如例(30)。再如:

(31) 这各样的缎子,与些绸丝纱罗都有么,我要瞧瞧拣拣。(元,《老乞大新释》)
(32) 三更鼓做了这个梦,半夜捶床捣枕哭到天明,埋怨着我不接三官,今日特来问问三舅的音信。(元,《元代话本选集·玉堂春落难逢夫》)

---

① 即句法重复,如"来来,且休去""请请"等。
② VV重叠大多出现在元末明初朝鲜人学汉语的教材《老乞大新释》和话本文献当中。

例（31）、例（32）中，说话人只是描述自己所做的事情，但这里涉及自己的愿望和对方的配合，所以 VV 仍然是表达近似祈使的未然意义。

致使则是从另一个角度表达一种转换角度的祈使。例如：

（33）"也罢，房中那四个一发唤出来与他看看，满他的心愿。"（元，《元代话本选集·唐解元出奇玩世》）

（34）近日闻得严家势败，吾兄必当昭雪，已会遣人去云州报信。恐沈小官人要来移取父亲灵柩，老夫将此轴悬挂在中堂。好教他认认父亲遗笔。（元，《元代话本选集·沈小霞相会出师表》）

表示常理评议的 VV 在元代也是有的。例如：

（35）王爷说："一遭中了虽多，两遭中了甚广。出去观观场，下科好中。"（元，《元代话本选集·玉堂春落难逢夫》）

（36）王定说："无人敢说。只除是姑娘、姑爷意思间稍题题，也不敢直说。"（元，《元代话本选集·玉堂春落难逢夫》）

例（35）、例（36），VV 出现在评论性语句中，表明应该做的事［例（35）］或者已然行为的评述［例（36）］，都是为了说明在某种情况下会有某种相应的结果。

不难看出，元代的 VV 重叠主要表现具体的动作行为，其祈使或者致使性主要是语境的不同运用和解读，本身的意义都可简括为非现实未然①。同时，VV 也可表过去的打算等非现实意

---

① 元代语料中，没有出现"应该孝敬孝敬父母"这类语义的 VV，我们认为这里的 VV 相当于 V，是唐代以来 V 生动化的一个延续。元代真正没有出现的是非可控表变化的 VV，如"风吹吹就掉了""菜长长就大了"。

义，如：

（37）婆子道："小女托赖，新添了个外甥。老身去看看，留住了几日，今早方回，……"（元，《元代话本选集·蒋兴哥重会珍珠衫》）

（38）晴云、暖雪两个丫头，一力劝主母在前楼去看看街坊景象。（元，《元代话本选集·蒋兴哥重会珍珠衫》）

像例（37）、例（38）这类VV是非限定的，有其特殊性。它们都表示后时状态，相对VV以前的动作和所处的环境而言，VV是尚未发生的非现实状态。如例（37）中，VV是添外甥后的行为打算，虽然在说话时VV已发生；例（38）中，"劝"的行为已然发生，但"看看街景"是相对未然的。调查中，发现有一例VV用于已然描述，如：

（39）又问："你听得老爷说我家来，他要怎么处？"王定不言，长吁一口气，只看看天①。（元，《元代话本选集·玉堂春落难逢夫》）

例（39）的情况很可能和"看看"形成较早并广泛使用有关，并且最先受到"V一V"的已然用法虚化省略的影响。调查元代话本和教材《老乞大新释》，我们共收集了37例重叠VV，其中"看看"就有9例。

尤其值得注意的是，VV重叠此时表现出很多初期特征和典型特征，它继承了像似VV的某些意义特征。表现在句法上，VV

---

① 这类例子比较特殊，我们怀疑它可能是动量"V一V"省略"一"的结构。也就是说，动量"V一V"可能受重叠VV影响而采用VV形式，从而造成两者的形式合流。我们隐约感觉到，现代VV中存在意义上的类别差异，这与动量VV与重叠VV的融合发展应该不无关系。

可以带补语，如例（40）；VV 可以带宾语，如例（41）、例（42）；VV 常带趋向词"去"和尝试义助词"看"，如例（43）、例（44）；VV 也受所谓少量或者多量副词修饰，如例（36）、例（39）、例（45）。

（40）金哥说："你看看的确，怕你识不得字"。（元，《元代话本选集·玉堂春落难逢夫》）

（41）拾来的马粪好拿来。生些火。烤烤手脚。（元，《老乞大新释》）

（42）乃问书童道："你闻闻这书里甚么气？听听甚么响？"（元，《元代话本选集·玉堂春落难逢夫》）

（43）寻一件救命之宝，是处都无，只大市街上一家人家方有，特央干娘去借借。（元，《元代话本选集·蒋兴哥重会珍珠衫》）

（44）试试看有几个气力。（元，《老乞大新释》）

（45）沈小霞分付闻氏道："耐心坐坐，若转得快时，便是没想头了。"（元，《元代话本选集·沈小霞相会出师表》）

一般认为早期重叠 VV 不能带宾语或补语，这些看法不合实际。带补语，说明 VV 带延续像似性，补语表达确切的结束态；带宾语，说明 VV 是 V 的某种形式，具有跟 V 类似的句法功能；带趋向动词"去"，可能是强化重叠 VV 的非现实未然特征；带尝试态"看"，说明重叠 VV 隐含未然意义，且从一开始就不表示"尝试"，其尝试义是附带表达的。

殷晓明（2005）研究了《元曲选》中的动词重叠，认为"V一V"形式比 VV 形式多很多。本书认为这种看法必须考虑"V一V"此时是否就是现代意义的动词重叠。不难看出，"V一V"作

为动量结构在元代刚刚盛行,其对动量意义的表达显而易见①。具体计量动作的例子如下:

(46) 杜将军你知道他是英杰,觑不觑着你为了醯酱,指一指教你化做背血。(元,《西厢记杂剧》)

(47) 冉贵偶然将小指头拨一拨,拨断了两股线,那皮就有些撬起来。(元,《元代话本选集·勘皮靴单证二郎神》)

例(46)、例(47)中的"V一V"以"V"计量,不仅说明某些动作需要但暂时没有特定的动量词,也说明一定程度上这些"V"是不好计量的。因此,在宋代,动量"V一V"产生时,"V"就开始常用抽象、难计量的动词。不过,抽象量的存在并不影响说话人将"V一V"看作一个标记动作时段的结构。例如:

(48) 到里间汤池里洗了一会儿,第二间里睡一觉,又入去洗一洗,却出客位里歇一会儿。(元,《朴通事》)

(49) 席间,夫人把女儿守志一事略叙一叙。(元,《元代话本选集·陈御史巧勘金钗钿》)

(50) 姐姐道:"他两口儿厮闹了,如今不睡了也未,你且去张一张了来。"(元,《元代话本选集·唐解元出奇

---

① 殷晓明(2005)其实已注意到,《元曲选》中有很多"VO一V"结构和与"V几V"对应的"V一V"结构,在统计数据时,他把这类明显是动量结构的形式都看作"V一V",无怪乎"V一V"在动词选用和出现总量上都大大多于VV。他似乎倾向认同范芳莲(1964)动词重叠即动量结构的观点,但是,他又引用了潘允中(1982)的观点,认为有的"V一V"中,"一"不具备实义,否认了动词重叠源于动量结构。甚至认为,动量结构中实义的"一"或者"儿"有可能仿拟虚义的"V一V"结构形成。这种观点实难具备说服力。

玩世》)

例（48）、例（49）都是用"V一V"叙述已然事件。"洗一洗"① 相当于"洗了一会儿"，这从前后句的比较可以看出来。同时，由于"一V"的重复动量作用，"V一V"表示抽象的时段意义。同样，"叙一叙"的时段限定在讲完"守志一事"，即使其不如"拨""指"等手部动作那么具体，也可将其看作一个标记动作时段的结构。例（50）表祈使，其中"张一张"带补语"了"，说明其时段固定明确。在话本、杂剧和教材等对话语境中，"V一V"表未然的情况相对于已然叙述要多一些。此时"V一V"会根据动词的特征表达不同的时段长短，会带副词体现短时意义，但"V一V"本身仍然仅有时段义。例如：

(51) 怕有人听俺说话，我且看一看。（元，《西厢记杂剧》）
(52) 呀，才晌午也，再等一等。（元，《西厢记杂剧》）

例（51）中，"看一看"只是确定外面有没有人，所以时段相对较短。例（52）中，"等一等"到底是多长一段时间取决于说话人选择"等"的原因：等肚子饿，较短；等天黑，较长；等人，看这人来得早晚，等的时间不定。

相对于宋代，元代"V一V"出现了一个新的语境类别，表示条件性常然规律，具有泛时非现实特征。如前例（46），再如下例：

(53) 只吃一服槟榔丸。食后吃。每服三十丸。生姜汤送下。吃了时。便动脏腑。动一两次时。便思量饭吃。先吃些薄粥补一补。然后吃茶饭。（元，《老乞大谚解》）

---

① 这里"洗一洗"没有表达为"洗了一洗"，与趋向动词"去"有关，相当于"洗一洗"是相对的后时动作。

(54) 咱众弟兄里头，那一个有喜事便去庆贺，有官司灾难便尽气力去救一救。(元，《朴通事》)

总的来看，元代"V一V"很难区分出动量结构与所谓"短时少量"的动词重叠，其语境功能类型向着未然常然有所扩展。它们仍然用于界定一个动量及相关时段，在祈使等语境中表未然，在叙述中表已然或相对未然，在常理描述时带泛时特征。"V一V"中"一"所关联的少量或者"一V"所带来的动量抽象性与动词重叠特征发生了某种语义交织；动词重叠VV与动量"V一V"难以截然分开。

元代VV和"V一V"的语境和语用类别概括见表2-4。

表2-4 元代VV和"V一V"的语境和语用类别

类型	句法叠用	句法重叠	句法组合结构
语境	对话	描写/愿望/祈使/常规	描写/愿望/祈使/常规
时间	未然	未然/已然/泛时	已然/未然/泛时
形式	VV	VV	"V一V"

表中总结了前面的观点，即重叠VV在元代已经形成，而根据其发展规律和句法表现，"V一V"还是一个动量结构，但动量结构的"V　V"与重叠VV的语境和事件表达甚至形式都发生了混同，其原因是语境理解的多样性和两者形式语义的历时接近。

(二) 像似VV、动量"V一V"融合发展的现实与理论

从前面的分析可知，动词重叠VV来源于像似VV的可能性比较大，但"V一V"省略后与重叠VV融合发展，最后造成两者合流的可能性也很大。从时间发展的角度看，某些重叠VV可

能比可以虚化省略的"V一V"出现得要早。因为，像似VV发展为重叠VV的唯一条件就是语境理解，而语境理解的多样性能够为像似VV到重叠VV的发展提供同时存在两可理解的中间状态。所以，唐代佛语录中的未然祈使用途的"看看"就可以看作动词重叠。例如：

（55）云，赤肉团上有一无位真人，常在汝等诸人面门出入。未证据者看看。（唐，《佛语录·镇州临济慧照禅师语录》）

（56）示众云："看看。杀了也。"便作倒势云："会么？"（唐，《古宿尊语录》）

例（55）、例（56）之类的"看看"，作为像似叠用的VV或者重叠VV都可以得到合理的语境理解。现实中的具体动作行为有其动态持续过程，语境又提供了相应的现实终结点、动态性、随意性，我们确实很难区分它的动词重叠意义与像似强调或延续意义有何不同。这种语境终结特征在现代动词重叠中很常见，如"走走"倾向于以"走"达到其他目的，而非仅仅是走一段路。CCL语料库中有很多动词重叠的例子，如果从动作事件角度理解，都是由语境表达动作事件相关的终结意义。

此外，南宋时期不仅有大量动词重叠"看看"的例子，还出现了十多例动词重叠"缓缓"用于祈使，这说明"看看"并非孤证。例如：

（57）师曰："十字街头踏不著。"曰："便怎么去时如何？"师曰："且缓缓！"（南宋，《五灯会元》）

（58）僧参，方展坐具。师曰："缓缓！"（南宋，《五灯会元》）

虽然，"缓缓"有时候是叠音形容词，但这里的"缓缓"用于祈使，且受副词修饰，应该是动词。可以说，在特定语境下，"缓缓"重新分析为动词的重叠形式。这说明，语境选择是像似VV向重叠发展的现实基础。

我们大胆设想重叠"看看"和时间副词"看看"①都来源于像似"看看"，其间关系是像似VV在不同语境中的不同解读。不同语境下的理解可以解释像似VV与重叠VV逻辑语义发展的理论问题。例如：

（59）白银为壁，照耀于鱼鳞；碧玉缘阶，参差于雁齿。入穹崇之室宇，步步心惊；见倪闾之门庭，看看眼磣。（唐，《游仙窟》）

（60）定拟说，且休却，看看日落向西斜。（五代，《敦煌变文选》）

（61）人命刹那，看看过世。（五代，《敦煌变文选》）

（62）玉漏相传，二更四点，临入三更，看看则是斫营时节。（五代，《敦煌变文选》）

（63）看看此事到头来，犹不悟常抛暗号。（五代，《敦煌变文新书》）

例（59）中，"看看"乃"观看"之义，与"看"接近，所不同的是，叠用"看看"更适合于表现具体的情境，体现动态延续，可解释为"看呀看呀"或"看着看着"。例（60）中，"看看"表动态延续，同样在特定语境中蕴含主观短时倾向。例（61）、例（62）中，"看"的具体对象消失，"看看"的主观短时感虚化为短时副词表"随即"。例（63）说明即使"看看"从"看着看着"的特殊语境发展为短时副词，但其他与"看"相关的重叠形式在朝着新的方向发展，这里的"看"带"结果判断"

---

① 还有一个尝试助词"看"的双音形式"看看"，其意义来源于"看"的词义。与我们讨论的"看看"没有直接关系。

的抽象义，体现了唐五代时期 VV 常然双音化的动态特征，难以区分其与现代动词重叠的意义差别。如果动态化的"看看"用在祈使、愿望、决定、要求等未然语境中，就跟现代汉语动词重叠没有什么差别了，如前例（55）。实际上，现代汉语 VV 重叠仍然使用类似"动作延续+语境终结"的例子。语境中新情况的突然出现，突出了 VV 本身的延续特征，与例（59）很像。其他突出延续的例子如例（66）、例（67）：

(64) 他午睡，我临帖，可是一个人写写字困上来，便睡着了。

(65) 有一次，他送走几位来客，正打开窗子放放屋里的烟。忽听门外"登"一声……

(66) 一看到老韩看他了，又伸手做了一个"八"字，两个手指还直晃晃。

(67) 横在他们面前的，是一个可爱光明的地方，它似乎正在点点头，招招手，邀请他们走上到翡翠城去的路。

据此，动词重叠很可能最早出现在唐代，其发展需要口语常用和特定的语境契机，所以限于"看、缓"等个别动词。而此时"V一V"表量显著，语境限制和动词限制都很明显，也处于产生阶段，其虚化发展为重叠 VV 不太现实。

从语境分布发展来看，像似 VV 与重叠 VV 都优先选择非现实的语境类型，首先是泛时表达，然后是未然祈使、常然表达，最后才是现实的已然动作描述，而动量"V一V"首先用于现实的已然动作描述，后来慢慢用于非现实的未然或者常然规律表达。这样看来，像似 VV 比较容易早于动量"V一V"发展为重叠 VV。当然，语境扩展不仅促使像似 VV 向重叠 VV 过渡，也使得像似 VV 与动量"V一V"在语境选择上趋同，表意上相近。实际上，到元代，VV、"V一V"在语境分布倾向上仍存在差异,但很多时候理解起来差别不大,互换性很强,已经与现代动词重叠差距不大了。

不过,像似来源的重叠VV与动量来源的重叠"V一V"/VV无论是在元代还是当代,表意倾向上还是有一些区别。这说明,重叠VV与重叠"V一V"的差别或多或少留存了它们本身的来源差别。例如:

(68) 那东边有一间空房子。你看去。你带着我看看去。我忙没工夫去。你自己看去罢。能误了你多少工夫。到那里看了房子。中意不中意。不过说一句话就完了。这么同你去看一看。(元,《老乞大新释》)
(69) 走至楼前,叫丫头:"拿椅子过来,我在这里坐一坐。"(元,《元代话本选集·玉堂春落难逢夫》)
(70) 唤园公老欧上来:"你仔细认一认,那夜间园上假装鲁公子的可是这个人?"(元,《元代话本选集·陈御史巧勘金钗钿》)

比较例(68)中"看看"和"看一看"可知,前者是自己看房的人说的,强调未然的动态过程,后者是陪同者说的话,意思是具体而简单地"看一下",更着重于"看"的量。语料中出现的"看看"多带有辨别好坏、评定情况、欣赏玩味的语境终结义,而"看一看"基本都是表具体的"观看",如看风景、看卧佛、看集会、看有没有人。例(69)中"坐一坐"有量的持续义,但动作的具体量不明确。而前例(45)中"坐坐"主要是未然持续之义,强调动作的延续。例(70)中"认　认"是一次性判断"是与不是",而例(34)中"认认父亲遗笔"则更多地体现延续性的熟悉义。

有的VV表意不能替换为"V一V",或者替换后意义变化太大。通常这类VV不表计量,或者不适合一次计数。元代和当代汉语中的情况相似。例如：

(71) 我要瞧瞧拣拣买/？瞧一瞧拣一拣买。（元，《老乞大新释》）

(72) 拿洒子来。我也学打打看/？打一打看。（元，《老乞大新释》）

(73) 你既不能把国家装在兜里带走，也不能把国家摸摸脑袋/？摸一摸脑袋随便交给哪个只会摸锄把子的农民！

(74) 救她的唯一机会是试试/？试一试独自去寻找帮助。

例（71）中"瞧瞧""拣拣"不是表计量，更不是表一次量，而是以"看多次、拣多次"作为活动的某种方式，表示到适合的时候再买，显然"V一V"不适合这一语境。例（72）"打打"是学习的内容，不是指具体的"打一打"，所以"打打"更合适。例（73）、例（74）道理相同，"摸摸、试试"作修饰性动作成分，说明后面动作的行为特征，因而与计量或一次计数意义无关，"V一V"不适用。可见，"V一V"蕴含的计量意义始终制约着其与重叠VV/"V一V"的表意关系。

可以设想，VV最早来源于像似VV，即VV是V的生动像似形式（以具体动作代表动作类别），在语境中这种生动形式更具体，语境赋予其各种理解，包括动词重叠的"过程延续"与"动态完整"意义；"V一V"最初是动量形式，始终带有计量特征，它可以不依赖语境而体现动量相关的动作"延续"和"完整"，同时"一"的意义和动量的计量范围扩大虚化，使得"V一V"与重叠VV语义不断混同，语境相互交叉，最终融入整个当代动词重叠体系。

四、本章小结

本章从动词重叠可能来源的争议出发，讨论像似VV和动量

"V一V"两种来源观的立足点,然后通过 CCL 语料库中唐、宋、元三代材料的分类考察,尝试分析像似 VV 和动量"V一V"向重叠 VV 融合发展的现实与理论可能性。可以认为,动词重叠最早源自像似 VV 和动量"V一V"的虚化部分,在发展中融合形成混同的局面。

动词重叠的像似和动量虚化双重来源和融合发展观有几个理论好处。首先,像似来源能够面对动词重叠语法表现的增量像似和动态过程部分。有的动词重叠本来采用的是瞬间动词或者抽象动词,没有减量的基础。增量像似说明动词重叠其实也有延续过程,其相关表现为,任何动作过程都"必须持续一段时间后结束""口语随意""动态终结"等。从类型学角度看,像似来源能够与各语言和汉语各方言的重叠像似取得一致。重叠表量像似具有跨语言种类的普遍性。藏语、日语等动词重叠都倾向于表达增量像似意义。汉语方言中,大多数方言都以 VV 重叠表增量延续,而仅有少数受普通话影响的方言,才有所谓"短时少量"的重叠意义。从各词类的情况看,汉语量词、形容词重叠等都有增大数量的功能。从增量像似重叠到生动重叠也具有普遍性。重叠使词语变得更现实、更贴近具体情况,这在汉语各词类中都有体现。如形容词重叠是形容词的生动形式,"高高的山"比"高山"更具体,"漂漂亮亮"比"漂亮"更生动形象。

其次,动量虚化来源既解释了多数动词重叠"短时少量"的"一"量根源,也说明动量结构"V一V"向动词重叠发展的选择分化,以及触发选择分化的影响因素。像似来源配合动量来源,就能够说明动词重叠内部复杂的功能形式统一问题,同时可以阐明当代"VV""V一V"功能差异与依然并存的原因。像似来源的动词重叠主要表现动作过程的延续,多用于非现实语境,动量来源的动词重叠主要体现动量终结和量的多少,多用于对现实的描写。所以,动词重叠表现为"VV""V一V""V 了

V""V了一V"等各种形式,能用于现实、非现实各种语境,体现增量或者减量等量性特征,表达祈使、愿望、动作方式、动作类型等意义。

最后,动词重叠的融合发展可以解释VV和"V一V"之间的细微差别。"V一V"的计量意义关联使得某些重叠VV有明显的动量意义,表达有界终结的量性特征,某些VV出现在动量结构常用的已然描写语境当中,所以范芳莲(1964)认为,动词重叠即动量结构,而像似VV的动态具体性使得重叠VV不光可以用于可延续、可反复的行为动词,也可以用于抽象动词、瞬时动词[①]、状态动词等。也就是说,像似动态VV使动词重叠适用于任何需要表达动态的活动事件,动词重叠会强调、选择,甚至创造活动事件的相应动态过程。

---

① 瞬时动词重叠的例子:"我走了。——你走走试试。"

第三章　元代 VV、"V一V"的时间表达及形义差异

　　动词重叠研究的基本问题是形式多样、功能繁多、形式与功能的关系错综复杂。前面我们讨论了像似 VV 和动量"V一V"作为动词重叠来源的理论可能和大体现实趋势，动词重叠植根于两种来源融合发展的可能性较大，符合理论和现实两方面的要求。这一章，我们以《全元戏曲》[①]为切入点，以其所代表的元代语料中 VV、"V一V"的时间表达差异为基础，细致说明在元代 VV、"V一V"就已存在明显的功能分化，从而为像似 VV 和动量"V一V"是动词重叠 VV 的共同来源提供更多佐证。

　　元代是动词重叠数量激增的阶段，而唐宋时期动词重叠数量有限、特征存疑，动词重叠发展的中间过程相对模糊。限于历时语料留存的现实状况，我们着眼于元代语料，力图从有限的材料中寻找规律。通常的做法是从 VV、"V一V"形式数量入手，根据"V一V"形式在数量上远超过 VV，假设"V一V"虚化省略为 VV（殷晓明，2005）。这一假设的根本要求是元代 VV、"V一V"都是功能一致的动词重叠，不存在动量结构和动词重叠的内部类型差别。

　　[①]《全元戏曲》选用的是由王季思主编，人民文学出版社 1990 年第 1 次出版的版本。我们对 12 卷《全元戏曲》中全部的动词重叠 VV、"V一V"式进行了统计。

为了尽量避免可能产生的偏差，本章统计分析了VV、"V一V"的语境时间分布，检测了VV、"V一V"的功能一致性，讨论了VV、"V一V"与动词重叠的源流关系。基本观点是，元代VV、"V一V"体现系统性的现实/非现实时间表达适应性，可能属于不同的语法形式；不同的重叠VV应当有不同的来源。

一、VV和"V一V"的时间表达适应性差异

动词重叠VV以及宋元以来功能近似的VV、"V一V"都体现出压倒性的时间表达适应特征，即以出现在表祈使或将然的语境中为主。动词重叠式时间适应特征，通常分为已然和未然（刘月华，1983），在未然的范围内包括将然、假然和常然（李宇明，1998）。这一分析标准被广泛采用，只是在细节上看法不一，如李珊（2003）认为，动词重叠与过去成分不共现，即只表未然。

已然、未然的区分将动词重叠的时间表现简单化了。在未然表达中，有相对具体的将然表达和相对抽象的假然和常然表达，它们都属于非现实（irrealis）类型。也就是说，将然是语境中可能实现的现实内容，与具体时间相关联；而假然和常然并不关注动作行为实现与否，不与具体时间相关联。具体的将然比抽象的假然、常然更便于使用动词重叠。另外，动词重叠还可以充当谓语以外的成分，或者内嵌于其他句法成分之中，其本身可能是非限定的，并不体现现实时间特征，也属于非现实类型。如例（1）、例（2）这样的例子是非现实的，而非已然或者未然的动词重叠。

(1) 你夫妻只管在此快活，更不知丈人丈母，久病在床，请僧人道士，保禳保禳。（无名氏《刘知远白兔记》）

(2) 我把这窗儿润开，觑一觑何妨何碍。（白仁甫《董秀英花月东墙记》）

像例（1）、例（2）这样的句子，动词重叠不直接与现实时间相关，不体现已然或未然，只能体现动作行为在非现实语境中的后时发生特征，即发生在某一动作行为之后①。

（一）VV、"V一V"的时间特征分析标准

首先，根据历时实际语料中动词重叠的具体时间表现，我们主要采用现实/非现实两大类标准，并在非现实类型中区分未然、假然和常然的情况，讨论《全元戏曲》中VV和"V一V"的时间适应特征②。现实/非现实是从动词重叠所表动作行为是否与具体实现相关联角度区分的时间特征。现实时间的动词重叠表示现实中已然实现或存在的动作行为；非现实时间的动词重叠表示非现实抽象语境中的动作行为，在现实中尚未发生，仅表达未来情况、常规状态、条件结果或者可能的规律等。下面例（3）、例（4）中的动词重叠体现现实时间，例（5）、例（6）体现非现实时间。

（3）我在那里戴一戴，头脑生疼起来。（无名氏《幽闺记》）

（4）猫儿狗儿也动心，你也不动一动③。（高明《蔡伯喈琵琶记》）

（5）小二哥，我和你两个算算酒钱。（无名氏《朱砂担滴水浮沤记》）

---

① 在后面的分析中，我们将这类情况归入非现实时间类当中的后时小类。例（2）有点疑义，因为它可以作泛时评论和祈使两种理解，这取决于句子使用的现实语境。当代语用中，也常采用反问形式间接表达祈使功能。

② 动词重叠的表现形式很多，我们主要考察VV、"V一V"。但由于"V一V"的动量来源和特征，为弄清动词重叠的形式语义发展关系，讨论兼及"VOV""VO一V""V了V""V了一V"等形式。

③ 例（4）这样的表达作为动词重叠理解受否定制约；其肯定现实表达需带后续成分，这与当代"短时少量"现实描写类动词重叠的作用一样。

(6) 外郎和张千都去了，着一个抬抬这桌子也好。（无名氏《神奴儿大闹开封府》）

其次，我们采用先时/后时划分，以说明非谓语非限定的动词重叠与参照时间的先后关系。在未然类型中，我们会看到已然表达中的非谓语动词重叠会有先时/后时表达的情况。所表动作行为发生在参照时间之前的动词重叠称为"先时"；所表动作行为发生在参照时间之后的动词重叠称为"后时"。通常，相对先时/后时的参照时间分两种，即以说话时间或谓语中心时间为参照。以说话时间为参照，就是我们一般区分的过去、现在、未来；以句中谓语所表动作行为为参照，就是非谓语非限定的相对先时/后时。从现实/非现实的大框架来看，我们主要区分相对先时/后时，即非现实非谓语表达的动词重叠，顺便分析非现实谓语表达中的先时/后时表现。例如：

(7) 等货郎儿过来，买些胭脂粉搽搽。（石君宝《鲁大夫秋胡戏妻》）

(8) （绑上净、丑）妹子救救。（无名氏《刘知远白兔记》）

(9) 师父将拐划一划，地皮就开了。（无名氏《瘸李岳诗酒玩江亭》）

(10) 猫儿狗儿也动心，你也不动一动。（高明《蔡伯喈琵琶记》）

例（7）是 VV 表后时的例子，以"买胭脂粉"为参照，其与例（8）以说话时间为参照的未然表达都是非现实的，只是参照时间不同的后时表达而已。例（9）是"V一V"表先时的例子，"划一划"发生在"地皮开"之前，其与例（10）中"动一动"以说话时间为参照的先时表达一样，都是已然现实表达。

结合谓语中心动词重叠的现实/非现实特征和非谓语动词重叠的先时/后时特征，我们将《全元戏曲》中的 VV、"V一V"

分为现实/非现实两大类,现实类型中主要是已然类别,非现实类型中分未然（包括非谓后时类）、假然和常然三类,未然、已然、假然、常然中的动词重叠都可以区分为相对先时和后时。具体类别及例证序号见表3-1。

表3-1 动词重叠时间特征的理论类别

时序性	现时性			
	现实时间	非现实时间		
	已然	未然	假然	常然
先时	过去/过去之过去[例(3)、例(4)]	未来先时[例(17)]	假设先时[例(19)]	常规先时[例(24)]
后时		相对未然[例(18)] 未来后时[例(11)]	假设后时[例(20)]	常规后时[例(21)]

需要说明的是,已然先时相当于过去的过去,动词重叠所表动作行为发生在其他已然动作行为之前,已然后时是非谓性质的非现实动词重叠,属于相对未然类别,归入未然类,如后面例(17)、例(18)。一般的已然类别以现在时间为参照,表示过去发生的现实情况。所以现实已然都具有先时性,表示过去或过去之过去的现实情况,如前面例(3)、例(4)所示。未然类别的先时是指动词重叠所表动作行为之后还有其他动作行为,如例(13)。未然后时表示动词重叠所表动作行为发生在其他动作行为之后,如例(11);或具备非谓性质,如例(12);也可指单独表达的未然动作行为,此时未然和后时的时间特征取得一致,以说话时间为参照,如例(8)。

(11) 我脱了这衣服,我自家扭扭干。（杨显之《临江驿潇湘秋夜雨》）

(12) 今日无甚事,到解典库中看看去。（郑廷玉《看钱奴

买冤家债主》)

(13) 俺娘与了我一贯钞……怎么的掉了？俺大家寻一寻还我。(高文秀《黑旋风双献功》)

调查发现，VV没有单纯的已然现实用法，而"V一V"用于表达已然现实描写，需要后续成分配合，即表示一系列动作行为中先发生的动作行为，如例(14)、例(15)。否则，通常是否定句，容易与非现实的间接评价祈使功能混同，如前面的例(4)，再如例(16)。

(14) 我在那里戴一戴，头脑生疼起来。(无名氏《幽闺记》)

(15) 他把手上头晃一晃，脚底下则一绊，正跌着我这哈撒儿骨。(无名氏《刘千病打独角牛》)

(16) 如今暮春时候，鸟啼花落，谁不伤情？你也不愁一愁。(高明《蔡伯喈琵琶记》)

例(16)中的"愁一愁"作为绝对小量理解，可看作已然现实活动描写，与现代意义的动词重叠有差距。现代汉语中的动词重叠与《全元戏曲》中的"V一V"一样，不能无标记用于已然现实表达，通常也需要后续成分配合，像"我昨天看一看书"这样的表达不能独立成句。此类动词"V一V"与后来表已然现实描写的能够明确表达"短时少量"的动词重叠VV、"V一V"显然一脉相承，应该是从"V一V"省略而来的。

过去后时用法即相对未然的非现实动词重叠，有两类情况：一是转述过去的后时行为，一是直接的过去后时行为说明。如例(17)、例(18)。

(17) a. 当日我学里回家，我待要街上觑觑。(无名氏《神奴儿大闹开封府》)

b. ……说道是接待新太守相公哩。我道我也看一看，

怕做甚么？（无名氏《朱太守风雪渔樵记》）

(18) a. 你看这三口儿身上无衣，肚里无食；偌大的风雪，到俺店肆中避一避。（郑廷玉《看钱奴买冤家债主》）

b. 那马便顺顺的伏了他，跑也不敢跑一跑，踢也不敢踢一踢……（王日华《桃花女破法嫁周公》）

例（17）这样的过去后时是将特定情境中的"未来"行为套叠到过去的语境中，本质上仍然是相对未然的非现实表达，而非真正的现实过去。例（18）a的过去后时用法是把动词重叠所表动作行为当作目的，仍然是非现实的。例（18）b是带有情态特征的动词重叠用于过去语境，且表否定，体现的是情理上的非现实性。所以，从整体上看，只有过去动作行为描写的已然动词重叠才是现实表达，而已然语境中表目的的不定式动词重叠或者情态性动词重叠都是非现实的。

在非现实体系中，除未然或相对未然的情况外，假然和常然也是常见的非现实表达类别。未然和相对未然表达都有明显的后时特征。不凸显时间先后的假然用法，也可以区分出假然先时和假然后时。假然先时通常由动词重叠体现假设的条件，而假然后时则是由动词重叠体现假设的结果。如例（19）、例（20）。

(19) 我喝一喝骨都都海波腾，撼一撼赤力力山岳崩。（高文秀《黑旋风双献功》）

(20) 若是回去见我那孩儿呵，是必着来看我一看儿。（关汉卿《刘夫人庆赏五侯宴》）

动词重叠常然表达通常不太凸显时间先后，常然规律、评价等带有未来实现的可能，基本都有后时倾向，因为规律表达的性质很少表现为常然先时。例如：

(21) 赐与你们罢。且住，还要早晨夜晚戴戴。（无名氏

《幽闺记》)

(22) 你这一伙弟子孩儿们,紧关里叫个使使,都走得无一个。(秦简夫《东堂老劝破家子弟》)

(23) 你须是他的结发夫妻,你该留他一留。(无名氏《冻苏秦衣锦还乡》)

(24) 谁敢是触他一触?可是他叫吖吖无是处。(关汉卿《刘夫人庆赏五侯宴》)

例(21)、例(22)中,动词重叠有显著的后时倾向,例(21)表示将来的常规情况,以"要"突出后时;例(22)的致使句凸显后时。例(23)、例(24)中"VO一V"重在评价,时间性不显著①;但例(23)比例(24)更有后时倾向。

(二) VV、"V一V"的时间特征考察

综合动词重叠使用的实际情况,我们将上述理论类别合并,调查比较《全元戏曲》中VV、"V一V"的时间表现差异。调查共搜集VV相关例证62例,"V一V"相关例证450例。其中VV包括VVO、VVC形式,"V一V"包括"VO一V""V一VO""V的(上/了/这)一V""V一VC"等形式。《全元戏曲》中VV、"V一V"的时间特征表现见表3-2。

从表3-2可知,元代VV和"V一V"的使用存在着时间表达的系统性适应差异。VV存在时间的选择性,全部应用于非现实表达。在非现实表达中,以表示尚未发生的情况为主,即祈使、将然等,占总数的87%。VV偶尔用于常然表达,占比13%;不用于假然非现实表达。"V一V"既可用于现实表达也可用于非现实表达,说明其对时间特征没有特别规定。在"V一

---

① 由于常然先时本身几乎没有用例,我们把参照时间不显著的VV、"V一V"放在常然先时类中,以便统计和比较。

V"的非现实表达中，仍然以表将然、祈使等为主，占比79%。"V一V"偶尔用于常然表达，占比2%；较多用于假然表达，占比14%，且假然条件和结果都可以使用，其中表假然条件的"V一V"较多，占比11%。

表3-2 VV、"V一V"的时间类型与表意特征

项 目	时间特征						
	现实	非现实					
		未然		假然		常然	
	已然现实	相对未然	绝对未然	先时	后时	先时	后时
VV	0	1	53	0	0	0	8
"V一V"	23	3	353	48	13	1	9

VV、"V一V"的元代语用特征之一是"V一V"在整体数量上明显多于VV，并未体现VV大量使用的动词重叠语法成熟的特征；元代只是动词重叠开始形成的阶段。"V一V"数量上的绝对优势从其时间特征分布上可以得到解释。显然，根据其表意跟时间没有必然的联系，"V一V"能够用于各种时间特征的表达当中，有各种用法——包括更像动量的"V一V"和更像动词重叠的"V一V"，共同带来数量上的显著优势。

VV、"V一V"的元代语用特征之二是体现非现实未然的共同倾向，它们通常用来表示未然行为的祈使、将然的计划打算等，这与现代汉语中的动词重叠典型功能相当。VV、"V一V"在体现非现实未然典型表达功能时，没有数量整体占比上的太大差异。理论上，如果当代重叠VV都是"V一V"的省略，那么未然非现实的VV应该是省略发展的"先头部队"。但实际上，大量未然"V一V"并未省略为VV。可能此时动词重叠"V一V"刚刚形成，不太倾向于省略，也可能此类"V一V"形式中真正表达动词重叠意义的并不多，为表义清楚也就不便省略。详

细考察 VV、"V一V"的历时数量改变,可以从未然非现实类入手,看看整体上此类 VV 是否逐渐超越"V一V",或者考察特定动词的 VV 是否在数量上逐步超越"V一V",从而锁定动量"V一V"作为重叠 VV 的现实来源。不过现有研究没有顾及功能形式区分问题,加之历时语料选择的差异,其可以说明 VV 当中一定有来自"V一V"的省略,但难以说明具体细节。

VV、"V一V"的元代语用特征之三是 VV、"V一V"的用法并不整齐对应,以现实/非现实相互区分。具有明显数量特征,并且能够准确体现"短时少量"的已然现实用法排斥 VV,或者说已然现实的"V一V"没有省略为 VV。而到了现代,"他看看表,说……"这类用法非常常见,可以推测这是受"V一V"的影响省略产生的。反过来讲,元代 VV 不用于已然现实描述,说明可能有三种情况:一是动词重叠"V一V"的"短时少量"现实用法与非现实未然用法不同,不属于动词重叠,不倾向于省略;二是动词重叠可能不是以"短时少量"为主要语法特征;三是动词重叠 VV 与"V一V"并不完全重合,两者有功能倾向上的差异。无论是上述哪种情况,都说明:当代动词重叠可以确定现实表达的部分源自"V一V"的省略;当代动词重叠内部构成复杂,有的部分不能确定为"V一V"的省略。

在非现实用法中,VV、"V一V"的时间分布也不同。VV 的常然用法比较显著,占比较高(13%),而"V一V"的常然用法占比仅为 2%。理论上,常然非现实相对复杂,应该出现较晚,如果是"V一V"省略为 VV,也应该在比例上低于未然非现实用法的省略,但实际情况并非如此。元代"V一V"的意义比较具体,很少用于抽象度较高的常然表达,更别说省略了。"V一V"的常然表达通常是表评价的:一是情态评价,如前面的例(23)、例(24);二是目的评价,如例(25)。评价特征使得"V一V"的非现实用法的泛时特征比较突出,未来指向不太显著。

(25) 你般出来，一来采桑，二来耍一耍，不强似闲坐也。（郑德辉《钟离春智勇定齐》）

VV 的常然用法不仅占比大大超过"V一V"，且类型也更丰富。大体有两类：一类是活动规律表达，如例（21）、例（22）；另一类是泛时评价，如例（26）、例（27）。

(26) 这房子我父亲在时，只翻翻瓦就使了一百锭。（秦简夫《东堂老劝破家子弟》）

(27) 我好意与你掐算掐算，讲这等胡话。（王日华《桃花女破法嫁周公》）

例（26）讲翻瓦的常规费用，例（27）评价"与你掐算"的好意，对比对方的不良态度。从 VV、"V一V"的实际用例都可以看出，动词重叠在元代表常然，还非常受限制，有时候它们与假然还有点儿混淆，如例（25）、例（26）。真正的常然表达像现代汉语中"暑假我就看看书、打打球"这样的，在元代的语料中还没有见到。可以假设，当代常然动词重叠更可能源自 VV 而非"V一V"，元代 VV 的常然表达还可能是影响"V一V"常然用法的根源。

在非现实假然表达方面，"V一V"比较常见，常用于先时假然（占 11%），也部分用于后时假然（占 3%），而 VV 则没有此类用法。"V一V"的先时假然用法表义相对具体，很大程度上依赖于"一V"的计量意义，"一"常表示绝对小量。如例（28）中的 a、b、c 三个例子。

(28) a. 将这水指一指翻为土壤，分一分步行坦荡。（李好古《沙门岛张生煮海》）

b. 今世人那个不聪明，我这里转一转，如上思乡岭；

我这里步一步,似入琉璃井。(无名氏《包待制陈州粜米》)

c. 待教我冷气虚心,将他顾恋。觑一觑要饭吃,搂一搂要衣穿,我与你积攒下些口含钱。(无名氏《郑月莲秋夜云窗梦》)

表后时假然的"V一V"更倾向于"一"的相对量意义。这里出现的假然后时通常不是讨论抽象的条件和结果,而是更接近于非现实时间表达,即"在某条件下做某事"的祈使。假然的"V一V"要么体现具体动量意义,要么体现相对抽象的非现实未然意义。也就是说,"V一V"特殊的假然用法实际是由其动量性质决定的;反之,VV不具备这类假然用法,则可能说明其体现不同于"V一V"动量意义的其他性质。例如:

(29) a. 你若识字,这文书要你写一写。(无名氏《风雨像生货郎旦》)

b. 你若见番官呵,你将那刀尖儿招一招,我便知道。(无名氏《狄青复夺衣袄车》)

综合VV、"V一V"的时间分布特征,可知:第一,元代"V一V"以具体的未然非现实和已然现实用法为主,VV以未然、常然非现实用法为主;第二,非现实假然和常然用法正处于发展阶段;第三,常见未然、已然用法的动词重叠应倾向于省略,而非常见的假然、常然用法应不易省略。联系理论和元代语用实际来分析当代动词重叠的来源,假设动词重叠都是"V一V"动量的虚化省略,根据常用省略的原则和"短时少量"的假定典型意义,那么,元代常用的已然现实动词重叠"V一V"就应该有很多VV形式,而不常见的常然非现实动词重叠就不应该有很多VV形式,而事实正好相反。假然非常用的"V一V"出现较多而不采用VV形式,说明作为动词重叠的非现实假然

"V一V"不常见,或者假然"V一V"实际并非动词重叠,而是受其动量意义制约而采用的结构。既然常用省略不能解释所有元代VV、"V一V"的功能类别,似乎可以认为,动词重叠应该不止"V一V"省略这一种来源。

假定动词重叠源于像似VV和动量"V一V"的共同作用和意义融合,能够比较合理地解释元代VV、"V一V"的时间功能分布特征。元代常见表"短时少量"的现实已然动词重叠有"V一V"而无VV形式,而当代现实已然动词重叠VV很常见,可知当代现实"短时少量"的动词重叠VV源自"V一V"省略。元代非常用的常然非现实动词重叠以VV为主,而"V一V"相对比例较低,说明常然用法的动词重叠很可能直接源自像似VV。未然非现实的VV、"V一V"从古到今都很常用,说明像似VV和动量"V一V"在非现实未然领域存在意义交叉,当代动词重叠中表达非现实未然意义的VV可能同时源自像似VV和动量"V一V"。元代假然非现实用法的动词重叠只有"V一V"而无VV形式也进一步佐证了元代"V一V"动量明确,不易省略,与重叠VV存在差异,其意义范围要大于当代动词重叠的范围。

总之,元代VV、"V一V"的时间分布适应性,证明元代VV、"V一V"存在功能差异,动词重叠应该存在像似VV和动量"V一V"两种来源。

二、VV 和 "V一V" 的性质差异

通过分析《全元戏曲》中VV和"V一V"的时间适应特征差异,不仅能够说明元代VV、"V一V"形式中包括很多并不完全一致的功能,其来源可能各异,同时也说明当时的VV、"V一V"存在时间选择限制带来的语法性质的根本差异。VV具有非

现实时间限制,"V一V"可用于现实/非现实表达,没有时间选择限制。VV具有时间适应特性,说明其是表与时间相关的动词形态①,而"V一V"是与时间没有直接关系的动词结构。

"V一V"的非时间限制性与其动量表达密切相关。由于非现实未然、常然表达历来是VV、"V一V"的典型用法,我们只讨论"V一V"的非现实假然和现实表达部分的动量特征。如前所述,"V一V"表假然先时,通常体现动量意义。如例(28)a中的"V一V"表绝对的具体量,即实际上的"指一下""分一次";例(28)b中的"V一V"表相对的具体量,"转一转"是指"转一圈/阵","步一步"是指"走一趟/阵";例(28)c中的"V一V"表绝对小量,"觑一觑""搂一搂"就是"觑一眼""搂一下"的意思,代指最少的动作行为。表假然的"V一V"通常以"一V"的最小量意义触发,体现假设评述。例如:

(30) 非五服内男儿不曾教见一见,则为你有人材多娇态,不老相正中年。(岳伯川《吕洞宾度铁拐李岳》)

(31) (秋胡背云)不动一动手也不中。(石君宝《鲁大夫秋胡戏妻》)

实际上,假然类"V一V"常在结构中插入其他成分,如"坐不的一坐""劝他一劝"。连用"V一V"的绝对量意义都很明显,分隔式"V一V"中"一V"的独立性和动量性就更明确了。

在《全元戏曲》中搜集到表现实已然的"V一V"例证中,有15例(占65%)可以确定为绝对量表达结构,例如:

---

① VV适应非现实未然后时表达,与无标记动词形式的用法相近。无标记动词在使用时,通常被理解为未然后时意义,如"看书""拿本书看""去看书"等。

(32) 我在山凹里时就戴一戴，头上生疼。（无名氏《幽闺记》）

(33) 你看这厮，我推了他一推便死了？我不信。（郑廷玉《布袋和尚忍字记》）

在表现实已然的"V一V"例证中，有12例"V一V"连用结构，其中5例不能由语境确定为绝对量表达，有7例都像例（32）那样由语境条件突出"一V"的数量意义。像例（33）这样的间隔式"V一V"，间隔成分能突出体现"一V"的数量意义，如"慌得一慌""拜我一拜""闪我这一闪"等。

虽然我们不能严格地认定非现实未然的大量"V一V"中有多少例子可以确定为动量结构，但从"V一V"整个现实表达的情况来看，元代"V一V"仍具有明确的动量依附性，其动量描述性质使其不受时间选择限制。实际上，非现实未然的VV、"V一V"都占据绝对优势，本身就说明此种时间语境中动量特征不是表意必备。因为未然的动作行为尚未发生、动量不明，它到底是表达动量还是动态，在结果上没有太大差别。这是非现实未然动词重叠一贯常用且不易判断其语法意义及历史来源的重要原因。我们可以推测，在非现实未然表达方面，"V一V"与VV的差别也与"V一V"的动量性质和VV的形态性质有关。下面，我们从计量和结果特征两方面讨论元代语料中VV、"V一V"性质差异的其他表现。

（一）计量特征：明确计量与间接表量

重叠VV作为V的形态、"V一V"作为动量结构的差异，表现在计量特征上，就是"V一V"具备明确的计量功能，而VV不具备明确的计量功能。从VV、"V一V"的动词选择面、句法表现、语境意义等角度，可以看出两者在计量上的显著差异。

《全元戏曲》中,"V一V"比VV用例多,动词选择面更广。经统计,在《全元戏曲》中,"V一V"出现了450例,动词有148个;VV出现了62例,动词有30个。用例多、动词选择面广,源自"V一V"的计量特征;而VV受时体及本身语法意义的限制,其历史留存的用例少,动词选择也相对较少。

以重复动词方式表达动量,丰富了元代动量表达的计量范围。理论上,存在量性特征的所有动词都可以用"V一V"方式计量,除非有其他特定表意的动量结构排斥"V一V"的使用①。理论上,"V一V"作为计量结构,用例和动词数量应该都很多。在148个"V一V"动词中,有42个动词表绝对"一"量,31个动词用于表具体的相对"一"量。剩下的75个"V一V"动词,之所以不适合确定为绝对"一"量表达,是因为动词所关联的动量相对抽象而不易客观计量。但是,抽象量仍然是明确的"一"量,其抽象的原因只在于动词选择的不同、具体计量方便与不方便的差异。例如:

(34) 我不敢到坟上添土去,我则往坟外拜一拜罢。(萧德祥《杨氏女杀狗劝夫》)

(35) a. 他出的门来看一看,又不见来,哭道:我那满堂娇儿也!(康进之《梁山泊李逵负荆》)

　　b. 苏秦,你将官来与我们看一看也好。(无名氏《冻苏秦衣锦还乡》)

　　c. 你如今拿出来,等我看一看。(无名氏《杀狗记》)

(36) a. 我上又不得,下又不得。且歇一歇了,去坐地。

---

① 比如有固定量词专门表示某类动作的计量,这时就不能再使用"V一V"的计量方式了,如"打一顿""走一遭""哭一场"等就不太容易替换成"打一打""走一走""哭一哭"而不改变其计量表意。

（无名氏《张协状元》）

b. 我如今困乏了，且歇一歇。（郑廷玉《看钱奴买冤债主》）

例（34）"拜"与"看""歇"相比，有明确具体的动作界限，所以"拜一拜"体现具体的"一"量。例（35）对 a、b、c 三个例子进行对比，可以看出，"看"根据语境可以体现客观计量或者不便客观计量的特性。例（35）a 中的"看一看"更接近具体绝对的"看一眼"，例（35）b 中的"看一看"是抽象的绝对小量，例（35）c 中的"看一看"表现相对的界限不明的"一次"量。例（36）a 带完结体"了"，说明"一歇"体现一个界限相对明显的抽象量。对例（36）a、b 进行比较，说明即使是持续动词，在"V一V"的语境中也表现确定界限的"一V"，无论其表意抽象还是具体，易计量还是不易计量。

"V一V"的计量特征表现在句法上，是"一V"的相对独立化。首先，"V一V"可被宾语、补语、指示代词等分隔。如：

(37) 陛下，怎生救妾身一救！（白仁甫《唐明皇秋夜梧桐雨》）

(38) 兀那先生，你也与我算上一算。（马致远《西华山陈抟高卧》）

(39) 休道小生跪这一跪，若是小娘子肯通一句话呵，小生跪到明日也不辞。（郑德辉《㑳梅香骗翰林风月》）

特别是例（39）中的指示代词"这"，使得"一V"具有独立指称的性质，说明"一V"的 V 确实是一个量词。

有时候，"一V"还是借用双音节动词修饰结构的后一动词 V，如例（40）、例（41）"相劝一劝""闲走一走"只能划分为"相劝/一劝""闲走/一走"，所以此时确系计量重复相关动词。

(40) 怎生得个过往人相劝一劝，可也好也。（郑廷玉《宋

上皇御断金凤钗》)

(41) 天色还早哩，那里有什么游玩去处，待我去闲走一走。（张国宾《罗李郎大闹相国寺》)

此外，"V一V"还可以大量带儿化后缀，使借用重复的V更像固定量词，"一V"就是动量短语。因为在元代主要是固定量词和名词有儿化现象。例如：

(42) 姐姐，你也忒急性，你再等这秀才一等儿。（曾瑞卿《王月英元夜留鞋记》)

(43) 哥，你那衣服借与我使一使儿。（高文秀《黑旋风双献功》)

"V一V"中动词所表动作不易计量的通常易于儿化，如"劝、告、见、住、提（醒）、送（行）、等、避、睡"等，容易具体计量的"推、踢、跳、划、画、扭、晃"等一般没有儿化形式。可见，儿化是帮助体现"V一V"动量特征的一种常用手段。

元代VV没有最能体现动量的已然现实用法。在非现实未然表达中，VV也没有明确表达动量的用法，后一个V依附于前一个V，一般不能独立。调查中仅发现3例VV儿化或V独立使用的情况，需要加以讨论。例如：

(44) 王留胖哥，等我等儿。（吴昌龄《西游记》[①])

(45) （张飞云）二哥，是必劝劝儿。（无名氏《诸葛亮博望烧屯》)

(46) 正中吾计。若是成得，某便封官受赏；若是输了呵，某领兵还我那夹山去。我弄他弄，某领兵与他拒敌

[①] 与明代《西游记》偶然同名。此剧现存本子是《杨东来先生批评西游记》，《全元戏曲》将其篇名写作《西游记》。

去。(李文蔚《破苻坚蒋神灵应》)

例(44)—(46)可以确定为"V一V"式的省略,即未然非现实的"V一V"已开始省略为VV,并保留了"V一V"的计量特征。原因有二:第一,重叠VV的后一个V是弱读音节,而例(44)、例(46)中分隔式的"VOV"中后一个V并非弱读音节,所以它们应该是"VO一V"的省略;第二,儿化是弱读音节,例(44)、例(45)中第二个"等"和"劝"不同于VV中后一个本身应弱读的V,应该重读才便于儿化,所以"VOV儿""VV儿"是"VO一V儿""V一V儿"的省略。因此,例(45)中的"劝劝儿"应该是源于"V一V"动量省略而非重叠VV儿化。

上面的例子说明,"V一V"即使省略为VV形式,仍带计量特征,分隔与儿化重复动词而来的借用量词就是最好的例证,它们与非省略的原生重叠VV仍有本质的不同。假设《全元戏曲》中所有具备"V一V"对应形式的VV都是"V一V"的省略,总共也不过32例①,仅占所有"V一V"例证的7%,显然此时"V一V"省略"一"的情况还不常见,其他非省略的重叠VV需要其他来源解释。

从语境意义的角度看,"V一V"的动量特征体现为"一V"所表动量确定为"一个固定的动作阶段",它只能保证动作阶段数量"一"的具体确定,并不能保证这个动作阶段的"时短量少"。例如:

(47) a.(梢公云)刚待睡一睡,着你每打搅死我。(无名氏《冯玉兰夜月泣红舟》)

---

① 此处只考虑VV、"V一V"动词同形,不考虑两者意义的抽象性等差异,所以比例上应该比实际"V一V"能够省略为VV的数量要高出很多。

  b. 等舱里老爷吃了，早早的睡一睡，明日绝早起来，还要过江去哩。(无名氏《冯玉兰夜月泣红舟》)

(48) a. (韩夫人云)清早晨我不发这钞出去，你转一转来取。(秦简夫《晋陶母剪发待宾》)

  b. (丑)晓得了，分付众人在青龙头转一转。(柯丹丘《王十朋荆钗记》)

  可以肯定，"睡一睡""转一转"会持续一个确定的时间段，即"一V"的动量范围。但根据语境的不同，"一V"这个时间段可长可短。如例(47)a、例(48)a所示，"V一V"似可理解为"短时少量"，但"短少"是由语境中"刚待""清早/来取"决定的，例(47)b、例(48)b表明，环境也可以决定"一睡""一转"持续一个较长的时间段。也就是说，"V一V"能够表达计量"一次"的明确性，但并不能明确表达量的大小。从非现实未然语境与"一V"的相互作用可以看出，"V一V"能够表达"有界""短时少量"等是"一V"计量虚化与未然语境不凸显明确量的共同作用的结果。

  重叠"VV"没有计量功能，它不着意确定动作行为的时量或者动量。但现实当中，未来计划或者要求实施的动作行为是有界的，不可能无限持续，即便单个动词V也是如此。由于重叠VV用于未然非现实，人们理解时会将自然理解带来的量化意义赋予特定VV结构，从而使其逐步具备了有界量化，即表动量的功能。在非现实未然语境中表达的量化意义上，重叠VV更像是动态延续的动词，评价其动量需要依赖于动作行为的语境自然终结，可以认为时量短动量少，但它会随语境变化，并不肯定。即VV的表量功能是一种间接的语境效果。例如：

(49) a. 且把与他们戴戴看。(无名氏《幽闺记》)

  b. 赐与你们罢。且住，还要早晨夜晚戴戴。(无名氏

《幽闺记》）

（50）a. 老夫去去再来看。（无名氏《幽闺记》）

b. 程勃，你在书房中看书，我往后堂中去去再来。（纪君祥《赵氏孤儿大报仇》）

例（49）a中的"戴戴"有"短时"感，是因为现实中从动作"戴戴"到"看"的实际间隔时间不会太长，例（49）b中的"戴戴"无所谓长短，因为"早晚戴戴"仅表示将来常规实施的动作行为。例（50）a、b两例的"去去"看似差不多，表将要实施的动作行为，如果讨论其动量时量的话，其"长短"取决于语境中具体的"去做什么"。

总之，元代重叠VV和"V一V"的根本差别在于，"V一V"主要是明确计量的动量结构，正在发生少量虚化省略，而VV的动量表达是间接的语境效果。

（二）结果特征：定量结果与语境结果

VV、"V一V"在计量上的明确与否，表现在动作行为的结果上，即VV体现不确切的语境结果，而"V一V"表现确定的定量结果。

从动词选择上看，动词的抽象程度体现出"V一V"、VV所表动作行为的结果确定性。"V一V"所选用的动词主要是具体的身体动作动词（殷晓明，2005），如"搥、站、敲、扯、活（脚）、推、拉、招（手）、跳、搜、扶、摇、摸、分、擦、说、吹、听、剔（灯）、抱、拽、望、搂"等，而"救、愁、想、躲、定（胆）"等相对抽象的动词，出现频率很低（占9.4%）。重叠VV中表具体身体动作的动词有14个（占47%），如"觑、走、穿、洗、槌、刺、拜、搽、戴"等，表抽象动作的动词有16个（占53%），如"养（精神）、救、去、躲、避、汤（寒）、撒和、劝谏、照觑、打扮"等。通常，双音节动词比单音节动词复杂抽象。《全元戏曲》中，双音节重叠 VV 的比例（占 33%）远大于"V 一 V"的使用比例（占 4.1%）。例如，"算（命）"有"V 一 V"、VV 两种形式，而更书面的"掐算"有 VV 重叠，没有"V 一 V"形式。可见，"V 一 V"动词所表示的动作相对具体，动作产生的结果确定，而重叠 VV 动词更倾向于抽象复杂的动作，其动作产生的结果相应地较难确定①。

"V 一 V"的动量性质使其动作行为的结果至少在"一"量特性上是明确的。因此，在实际使用过程中，看似相近的 VV 和"V 一 V"，其结果的确定性是不同的。通常情况下，使用相同动词的 VV 和"V 一 V"具有主客观的差异。例如：

（51）a. 在那里？我看看。（郑廷玉《宋上皇御断金凤钗》）
　　　 b. 咱两个去后花园内，看一看来。（白仁甫《裴少俊墙头马上》）
（52）a. 老爹，你敢是要我么？还再与他算算看。（王日华《桃花女破法嫁周公》）
　　　 b. 老官人，你回来，再与我算一算，可有甚恩星救么？（王日华《桃花女破法嫁周公》）
（53）a. 你也睁开驴眼看看，我这等长的和尚，还教做小和尚？（范子安《陈季卿误上竹叶舟》）
　　　 b. 你这害民的贼也，想一想差你开仓粜米，是为着何来？（无名氏《包待制陈州粜米》）

如例（51）、例（52）所示，如果使用同一个动词，在表示过程和结果不太确定、需要判断时，倾向于使用重叠 VV；而动作结

---

① 当然，我们也可以推测采用抽象动词的"V 一 V"更容易且实际更多地省略为 VV。但这不能解释 VV、"V 一 V"的时间分布差异，以及 VV 整体数量少而采用具体动词的 VV 仍然不少的情况（占 47%）。

果确定时，倾向于使用"V—V"。同时，我们还发现，重叠 VV 有像例（53）a 那样的主观化程度很高的用法，而"V—V"存在的语料中，仅有如例（53）b 这样的虚化用法，且相对客观一些。

与之相关，元代戏曲中有一类特殊的"把/将"字句，仅与"V—V"配合使用，而不与重叠 VV 配合使用。这类"V—V""把"字句的 V 本身及物性低，单用是无法表达动作结果的。例如：

（54）揉碎胸脯，磕破头颅，我把那不会雪恨的孩儿觑一觑，我见他手搭着巨毒，把我这三思台攥住。（郑廷玉《包待制智勘后庭花》）

（55）知道他谁是谁，我将你记一记，委实、委实不认的。（岳伯川《吕洞宾度铁拐李岳》）

显然，此时"V—V"只有通过表达确切的"一"量来体现"把"字句所要求的确定结果，而重叠 VV 的结果多由语境确定，放在类似的句子中不太合适。

另外，VV、"V—V"对假然表达的选择差异，也从一个侧面体现出两者在结果明确性上的不同。VV 没有假然表达用例，"V—V"可以自由地表达假然，特别是假然先时。"V—V"所体现的条件和结果的明确性更利于构成假然条件，以明确条件和结果之间的必然联系，而用 VV 表达假然，则可能造成假然条件不明确，影响假然表达的效果。

综上所述，元代重叠 VV 是受时间制约的动词形态，其计量能力是语境间接造成的，所表示的意义也取决于语境，因而不够确切。"V—V"是无时间限制的动量结构，体现计量意义，并由此表达由量性决定的确定结果。

三、本章小结

本章通过新的时间特征分析参数,以《全元戏曲》为参照,考察论证了元代 VV、"V一V"的功能和性质差异,发现 VV 是非现实表达的动词形态,而"V一V"是不受时间限制的动词短语。根据时间表达适应的系统功能差异,我们认为,元代 VV、"V一V"是两种不同且部分功能重合交融的语法形式,由此发展而来的当代动词重叠应该有除动量"V一V"以外的像似 VV 来源。

作为不同的语法形式,VV 在表意上不凸显计量,仅通过语境因素体现一定的动量或时量,以及相应的不确定结果。"V一V"是或实或虚的动量结构,其表"一个固定的动作阶段"的计量意义是明确的;"V一V"用于确切计量,表达确定的结果。

从 VV、"V一V"的时间功能差异重新审视元代两者的数量差异,会得出不同的看法,对与之相关的动词重叠来源问题也会有不同的结论。元代"V一V"在数量上确实占据绝对优势,但其中有表现实已然的不能省略为 VV,无法确定其是否是当代动词重叠的一部分;也有表明确动量的各种"V一V""VOV""VO一V""VV 儿""V一V 儿"等未然、假然的非现实形式。时间表达差异、形式限制、语义功能差别的模糊,都使得产生初期的动词重叠看起来具有大量的"V一V"形式。而实际上,对比当代动词重叠的典型类,会发现动量结构、已然、假然表达等"V一V"对其数量贡献巨大。功能混同[①]与"V一V"动量在元代的大量兴起,造成在元代"V一V"的数量超越 VV,并随后出现逐渐递减的趋势。

[①] 仅见张涛(2010)区分了"V一V"各相关形式中绝对数/相对数、抽象数/具体数的差异。

结合时间分布与表量功能等进行分析，我们认为，元代VV、"V一V"应该属于不同语法类型，前者是动词形态，后者是动词短语。虽然它们已经开始发生省略融合和相互影响，有些"V一V"动量虚化省略为VV，而VV也影响"V一V"用于常然、未然的表达。

两种功能接近的语法形式在数量上的消长变化很可能是两者相互影响①的结果，也可能另有原因。况且，元代VV、"V一V"很难用"短时少量"这一功能概括，两者的差别也并非"郑重/随意"的细微感情色彩（邢福义，2000）。它们的差别主要是动词形态与量性表达的差别，所以才有时间限制、动词选择倾向和结果明确性差异。

既然元代VV和"V一V"是不同的语法形式，而元代重叠VV已大量出现，那么至少元代重叠VV并非仅仅来源于"V一V"省略。从元代重叠VV体现鲜明的非现实特征来看，重叠VV应来源于适应特殊时间选择的像似VV。唐诗中VV大量出现，其表意分状态化延续和动态化延续两类，其共同语境是诗歌中的常然非现实状态。在没有具体时间参照的情况下，VV可以静态扫描为一种持续状态，也可以动态扫描为一种延续动作。其中，某些延续动作VV可以理解为未然非现实动作行为。例如：

（56）看看架上鹰，拟食无罪肉。（元稹《雉媒》）
（57）趁行移手巡收尽，数数看谁得最多。（张籍《美人宫棋》）

这样，像似VV就具备了从非现实的泛时表达向非现实的未然表达发展的条件。宋元以后，市民文学兴起，元曲、杂剧表演

---

① 即"V一V"可能因为省略导致VV数量增加，重叠VV也可能影响"V一V"的功能，使其与VV接近，并出现更多省略的情况。

兴盛，使得具体的非现实未然表达更多地出现并保存在元代戏曲文献中。元代戏曲中未然和常然非现实表达秉承并扩展了唐代VV的时间特征。未然是一种将来可能发生的动态行为，常然是通常发生的动态行为。因此，VV从唐诗中的非现实延续状态发展为用于将然、常然表达是顺理成章的事。当然，时间具体性会赋予像似VV新的语法意义，未来发生的动作行为不会无限延续，语境现实制约着VV的完结有界和间接动量。

元代"V一V"主要作为动量结构，从表绝对具体"一"量向着表相对"一"量、抽象"一"量发展。动量性质使"V一V"同样体现动作完结，即表示延续一定时段的有界动作。具备相对量、抽象量特征的"V一V"在未然非现实表达时，容易呈现出与VV近似的语用意义。元代VV、"V一V"虽然很可能不同源，却会在历史发展中合流发展。在现代汉语中很难找到VV、"V一V"完全不能替换的情况，说明两者已经合流，难辨彼此。

第四章 从元代动量结构比较看"V一V"的动量性质

第三章我们从语境时间分布的角度证明了元代VV、"V一V"存在显著的分布意义差别。这一章,我们进一步考察元代"V一V"与动量结构的性质异同①,从而为动词重叠的动量"V一V"和像似VV双重来源提供更多的佐证。

对"V一V"形式性质的看法涉及动词重叠研究的核心问题。很多学者都认为,动词重叠源于"V一V"形式(丁声树1961;太田辰夫,1987;邢福义,2000;萧国政、李汛,1988),但并未考虑这种来源观点对动词重叠语法性质和意义的影响。如果"V一V"形式中不能区分动量结构和动词重叠,那么就会得出动词重叠就是动量结构的结论(范芳莲,1964)。如果认为"V一V"当中有一部分是动量结构(张静,1979;于江,2001),那么,问题就是如何区分动量结构和动词重叠,如何在两者混合的情况下判断其中动词重叠数量的增加和使用的频率。从动量词研究入手,研究者(邵静敏,2000;张美兰,2001;金桂桃,2007)认为"V一V"就是动量结构。

本章的研究出发点是元代动量词与"V-V"动量结构中"一V"之V的性质比较,以此证明元代为动量词的形成时期,

---

① 这一章的语料除《全元戏曲》和特别标明"自拟"外,皆来自CCL语料库中的历时语料。《全元戏曲》中的语料注明了戏曲作者和篇名。

处于形成阶段的重复借用动量词 V 不太可能在形成阶段同时虚化发展为更抽象的形态结构——动词重叠，即从动量词系统发展的角度看，"V一V"至少在元代主要还是动量结构。主要证据是：第一，"一V"与借用动量词短语的句法功能及其发展规律一致，宾语位置的发展与名物化倾向一致；第二，"一V"为补偿其他借用动量词短语的动词适应性和语义丰富性而产生；第三，与"一V"短时功能接近的"会"在元代功能还比较固定，"下"的类似功能在明代才形成，两者在元代都没有借用动量词 V 的广泛适应力。

一、"V一V"之重叠 V 体现动量词的基本句法特征

动量词分固定量词和借用量词两类。从"V一V"中"一V"的情况看，"一V"之 V 与借用动量词更为接近。通常，量词根据其来源会形成句法中不同的成分，这一多种成分功能还会发生历时演变。动量词短语通常作句子的状语和补语，而以补语功能为成熟特征；随着动量词的成熟，动量短语还可以相对独立，用作定语、谓语、主语、宾语等句法成分。

在固定动量词当中，搭配没有特定性质动词的**通用动量词**，大体上源自动词或动词修饰成分，其数量短语开始时主要作状语，而后逐渐常用作补语。补语功能的强化通常伴随着宾语、谓语、主语、定语能力的提高，以及其动词适应范围的扩展。以表计数的固定量词"次""回"为例。动量词"次"出现于魏晋南北朝，根源于"次序"义，在"按次序言说"的环境中产生（刘世儒，1965），在唐以前其数量短语都主要用作状语，而到宋元时期，"次"构成的数量短语作补语的用法变得多见（金桂桃，2007），其动词适应力和构成的数量短语作谓语、定语、宾语的功能都得到了扩展。动量词"回"本表"返回"之义，因

而其开始作动量词时，通常修饰有"往返"义的动词。到宋代，"回"亦可修饰没有此义的其他动词，如"吃""耍""扯""走""唤""听"等，其数量短语作状语和补语都很常见，还出现了定语、谓语用法。

固定动量词中具有特殊表意功能的**计数**动量词，如"番""遭""场""顿""阵"等，大都具有动量和名量两种用法，受早期产生的名量用法影响，其动量用法带有物量化倾向，其构成的数量短语常常是定语、宾语、状语、补语等用法都很丰富，不过仍然是状语用法居首，补语用法次之。随着动量词的成熟，补语用法大大超过状语用法。以"番"为例，它源于"反复"的动词义，唐代就有名量词和动量词两种用法，其动量修饰通常用于周期性动作。到宋元时期，动量词"番"可以修饰完整而可以重复的其他动作，状语用法最多，补语用法相对少些。到明代时，"番"短语的补语用法就大大超过了其状语用法（金桂桃，2007）。再看情态动量词"阵"，它来源于名词，表"阵势""阵地"（王绍新，2000）。唐五代时用于战事和自然现象。到宋代时，"阵"的数量短语主要用作补语，但动词适应力没有得到扩展。到元代，"阵"的动量词用法开始成熟，表现在动词适应力和其数量短语作状语、定语等句法成分的能力提高上。

还有一类表时间的"年、月、日、时"等，用于修饰动作行为的时长，有的研究者也将其作为动量词。其实，它们就是表时间的名词，只不过在特定句法位置具有计量动量的作用。这类时间名词表动量的典型特征在于，它们构成的数量短语必须作补语或者状语才能体现动量。如：

（1）厮杀了数年，后因讲和，方才与了三十万。(唐,《三朝北盟汇编》)

（2）佛氏只歇一月，味便消了。(宋,《朱子语类》)

表时间的动量短语最常用作补语，因为状语位置的"数+年/月"带有其他附加意义，不如补语位置明晰。随着时代的发展，状语位置的表时间动量短语会有所增加，使用也会变得广泛。总之，固定动量词短语的句法功能基本发展顺序为：状语—补语—定语/主语/宾语等。

借用动量词是依赖语境产生的一类动量词，其产生在补语位置，作状语是其补语用法的一种发展。在状语位置上，动量短语带条件和极限量意味，并与动量的名量化有直接的关系。由于借用动量词本身具有名词性，其数量短语作状语、宾语、主语等的用法几乎同时出现，其句法功能的差异主要体现在数量优势及其变化上。如在宋代，"拳""脚"短语通常作补语，而到元代则常用作状语。即借用动量词短语的句法功能发展顺序为：补语—状语—定语/主语/宾语等。例如：

（3）它打我一拳，被我闪过，踢了一脚。（无名氏《张协状元》）

（4）只待将他盆吊死单怕他一拳打的我做春牛。（关汉卿《尉迟恭单鞭夺槊》）

（5）师拟开口，蓦被拦胸一拳。（宋，《五灯会元》）

（6）曰："透过三级浪，专听一声雷。"（宋，《五灯会元》）

综合各类动量词的情况，我们可以看出，作补语是借用动量短语的核心句法功能。元代"V—V"之"一V"与借用动量短语最为近似，具有典型的补语功能，并在其句法功能发展顺序上与借用动量词短语保持一致。只是在借用的量词来源上有所不同，借用量词一般采用与主要动词不同的动词或者名词；而"V—V"重复借用主要动词本身。这是因为借用量词表量性质相当具体形象，且具有现成的某一动词或名词能够表达这种形象计量，当没有现成动词或名词可借时，重复 V 是便捷、有效的选择。像借用动量短语一样,"一V"也依赖于补语语境,"动+数+X"决定了X逐渐被重新分析为动量词,无论是重复的V还是其他相关名词或动词。

唐代《佛语录》中开始出现少量"V一V",其时"一V"作补语,表具体形象的确切量,不能独立使用。如:

(7) 师示众曰,唯有佛菩提,是真归仗处。复喝一喝曰,犹有者个去就在。(唐,《佛语录·筠州洞山悟本禅师语录》)

(8) 师令乐普去问,道得为什麽也三十棒,待伊打汝,接住棒送一送,看他作麽生。(唐,《佛语录·镇州临济慧照禅师语录》)

此时各类动量词都处于形成初期,借用动量词还比较少见①。同借用量词的发展一致,宋代"V一V"的适用范围变广,"一V"的自由度有所提高,对补语位置的依赖相对减弱,发展出主语、宾语等功能。例如:

(9) 师震声喝一喝,问善曰:"闻么?"曰:"闻。"师曰:"汝既闻。此一喝是有,能入小乘教。"(宋,《五灯会元》)

(10) 僧问:"学人乍入丛林,乞师一接。"(宋,《五灯会元》)

例(9)中"此一喝"作主语,例(10)中"一接"作"乞"的直接宾语。到了元代,"V一V"的使用范围变得非常广泛,

---

① 我们只发现"声、步"等在敦煌变文中有几个例子,如:"行至神庙五里以来,泥神被北方天大唱一声,虽是泥神,一步一倒,直到大王马前,礼拜乞罪。"其中,"一步一倒"有疑义,可以理解为"数+动"结构,而"声"比较确切。

"一V"的独立性更强,句法成分适用范围得到了很大的扩展,作定语、宾语、谓语、主语等都相对常见。例如:

(11) 母亲,你孩儿得了官也,有一拜。(关汉卿《状元堂陈母教子》)

(12) 我一见之后,着我存于心目之间。(白仁甫《董秀英花月东墙记》)

当然,像例(11)、例(12)这样的例子在元代也不是特别多,这取决于V的常用性和相关语用限制,但是,我们仍然可以看出,"一V"的表量功能开始走向固定化。

"V一V"中,"一V"与O的位置关系遵循一般动量词短语与宾语的句法位置发展规律。动量词产生时,通常动量短语位于动宾之后,形成"动+宾+动量"结构,而随着动量词的发展,"动+动量+宾"的比例会逐步上升。固定量词中通用量词、情态量词等基本都遵循这一规律。例如,在宋代,"次"作补语的用法还比较少;而到了元代,开始出现"做过十次强窃盗贼"这样的宾语后置的用法;到了明代,补语用于动宾之间的情况也变得常见。"回"在宋代作为补语位于动宾之间的情况只有少数;而到了元代,作为补语位于动宾之间的情况显著增加。"下"在唐五代时期还不多见,宋元时期得到了一定的发展,宋代时"下"作为补语位于动宾之间有少数用例,而到了元代,这种情况变得更多;明代时,"下"作为补语位于动宾之间变得十分常见。"遍"在宋元时期,其数量短语作补语位于动宾之间的还不太常见,但到了明代就变得比较常见了。

从《全元戏曲》的统计来看,"V一V"如果带宾语,基本采用"VO一V"形式。这与当时动量结构的宾补优势位置一致。我们共搜集了450个"V一V",其中带宾语的有118个:"VO一V"有94例,占比79.7%;"V一VO"有24例,占比

20.3%。通常代词宾语位于补语"一V"之前,而指人名词宾语位于"一V"之后,事物名词宾语和抽象宾语通常位于"一V"之后。如:

(13) a. 哥,你怎生方便,救我一救,我打酒请你。(无名氏《包待制陈州粜米》)
   b. 贤士,常言道:"人恶礼不恶"。还辞一辞老丞相。(郑德辉《醉思乡王粲登楼》)

(14) a. 放下跳板,我往岸上活一活脚去。(无名氏《冯玉兰夜月泣红舟》)
   b. 你众军校看守着营寨,等我看一看北邙山去。(无名氏《程咬金斧劈老君堂》)

到了明清时期,无论是指人名词、代词还是普通名词或抽象名词,常用结构都是"V一VO"。如:

(15) 上下替我捉一捉杀人贼则个!(明,《水浒全传》)
(16) 好太子,双手轮着铁棍,束一束绣衣,跳出辕门。(明,《西游记》)
(17) 过了明日,你后日再去看一看他去。(清,《红楼梦》)

显然,在宾语和补语的位置关系上,"V一V"之"一V"具有与一般动量短语相同的句法结构发展顺序。

"V一V"中的"一V"在动量固定化发展及方式上采取了与其他动量词相同的手段。动量固定化有助于提升动量短语的句法成分功能。动量词的句法能力扩展,与动量短语独立、动量词固定化发展相一致。某些特殊的搭配是动量词独立及其句法功能扩展的重要表现形式,如动量词与指示代词搭配、动量词带"儿"后缀等。指示代词修饰和儿化后缀都是动量词名物量化的一种体现,而名物量化使得动量词的独立性大大提高,从而扩展了动量短语充当各种句法成分的能力。

指示代词可以提高对象的固定程度，使人将对象概念化为事物。如"这天气让人头疼"，我们通常会觉得"天气"具体有所指且有着固定的特征。同样，动量词受指示代词修饰，其固定化程度就会随着类似于事物的确定性而得以增加。固定量词"次"在宋代开始从状语功能扩展到补语功能，此时还不能受"这、那"等修饰作状语。到了元代，"次"短语的补语功能增强，其作定语、主语、宾语等成分的能力也随之增强，并开始同指代词"这"、方位词"下""前"等组合使用。计数通用动量词"回"在宋代已经发展成熟，其与指代词、方位词等构成动量结构的用例颇为丰富；而在唐五代时期，"回"还仅限于"往返"义动词的计量，其与指代词构成数量短语的例子非常少见。"下"产生于唐五代时期，用法受限，到了宋代，其使用范围扩大，到了元代，才出现与指代词"这"等构成动量短语的结构。

动量结构的固定化和名物化能够很好地解释借用量词及"V—V"中重复的 V 不一样的句法表现。固定量词构成的数量短语主要作状语和补语，或者从状语功能扩展到补语优势，或者从补语功能发展出状语表达，而借用量词及重复的 V 开始受语境限制作补语，然后快速发展出状语、定语、宾语、主语、谓语等句法功能。这是因为，借用量词构成的短语本身确定性高且具体形象，可以看作固定的事物。

特征一，借用量词在受指示代词修饰方面显得非常自由。重复 V 量的例子如例（18）—（21），其他借用量词的例子如例（22）—（24）。

(18) 哥也，你等他好好认咱，怎么先睁着眼吓他这一吓，他还敢认你那？（康进之《梁山伯李逵负荆》）

(19) 哎，你个窦天章直恁的威风大，且受你孩儿窦娥这一拜。（关汉卿《感天动地窦娥冤》）

（20）休道小生跪这一跪，若是小娘子肯通一句话呵，小生跪到明日也不辞。（郑德辉《邹梅香骗翰林风月》）

（21）谁想被这秃厮闪我这一闪，须索还我家中去也。（郑廷玉《布袋和尚忍字记》）

（22）慧曰："只你这一拳，为三圣出气，为兴化出气？速道！速道！"（宋，《五灯会元》）

（23）想小生今日到的这一步，夫荣妻贵，怎肯忘了那时。（白仁甫《董秀英花月东墙记》）

（24）甚么人绊我这一脚？（高文秀《黑旋风双献功》）

特征二，"儿"化附缀是口语化的一种表现，同时也是量词名物化的重要特征之一。历史上，很多量词都会随着其常用性提高而出现儿化形式。例如"回""阵""遭""场"在元代就出现了儿化后缀，"下"在明代出现了儿化后缀。很多名量词在宋元时期都可以儿化。如：

（25）更那碗清茶罢，听俺几回儿把戏也不村呵。（杨立斋《套数》）

（26）爹爹也，好乾坎艮震，送的我两遭儿也！（王日华《桃花女破法嫁周公》）

（27）两个你打我下儿，我打你下儿顽耍。（明，《金瓶梅》）

（28）怕到那冷时节，有甚么替换下的旧袄子儿，你便与我一领儿穿也波穿。（李直夫《便宜行事虎头牌》）

（29）小生是个穷秀才，三口儿探亲去来……（郑廷玉《看钱奴买冤家债主》）

"V一V"中的"一V"在元曲中也出现了不少儿化用法。V儿化的常用度与其本身的常用性和抽象性有关。越常用，所表动作意义越抽象的V带儿化附缀的情况越多见，因为这类动量不易确定，名物化能够提升此类动量词的固定化程度。例如：

（30）智深哥，你也劝一劝儿。（康进之《梁山伯李逵负荆》）

（31）好大雪也。天那。也住一住儿波。（李行道《包待制智赚灰栏记》）

（32）我是元帅的亲婶子，待我过去告一告儿。（李直夫《便宜行事虎头牌》）

综上，"V一V"中的"一V"是一个依附补语语境产生的重复借用动词的动量结构，V作为借用动量词的固定性很低。"一V"之V与其他借用动量词一样来自并主要体现补语功能，发展出主语、宾语、定语、谓语等功能。在动量结构与动词、宾语的位置关系上，"一V"与其他动量词短语一样，"动补宾"逐步取代"动宾补"占据优势地位。"一V"起源于唐代，在元代基本发展成熟，其受指示词修饰、带儿化附缀等特征是其动量性质相对独立、固定的标志，这与多数动量词的发展轨迹相当。

二、"V一V"之重叠V补足其他动量词的表意功能及动词限制

作为一种重复动词的借用动量结构，"V一V"之重叠V为什么能在动量词大量成熟的元代大量复制出现呢？主要原因是，重复动词V产生的借用量词表达不带特定语义附加的通用计量意义，具有很强的能产性和动词适应力，几乎不受动词语义特征的限制。

汉语量词的专用性一直是汉语语法的重要特征，无论是动量词还是名量词，专用量词还是借用量词。在元代，动量词虽然日趋成熟、丰富，但是每个动量词受到其来源语义的限制，体现出特殊的动量特征，专用于搭配特定的动词。动量词通常都有受其来源影响的动词选择性（通用固定量词），或者特殊的附加意义

（情态量词），或者特殊的形象性（借用量词）。

在表意上，一般动量词无论是计数还是计时，所表动量都相对具体、确切，具有固定不变的社会规约。固定通用量词"次""回"等，都表示社会认知上完整的动作，其完整性在各种动词搭配上是相同的。具体而言，"次"表示能够计量次数的活动，对于特定的动作行为，次数的判定有着相似的社会心理现实性。"回"表示往返一次的动作行为，以往返界限确定计量方式。例如：

(33) 我想去看一回/看一看电影。（自拟）
(34) 他陪我逛了一次/*一逛街。（自拟）

虽然"看电影"和"逛街"动作不同，但是从出发到动作实施，再到动作完成，都有往返、有相关的活动界限。不管逛街的人尽不尽兴、逛一天还是一小时，上街到返回是界定"一次"的标准。

固定情态量词计数的具体生动，体现为其特定的情态附加意义。当动量词带上了特定的动作形象及其对心理影响的约束力，其所计数动作的具体性可想而知。像"番"是往返一次费时费力的动作，那么它所计数的都是具体的，计数的方式是便于观察的，所计动量是有特定表现方式的。"阵"来源于"阵地、阵势"之义，其计量的动作行为应是场面大、带有阵势的。例如：

(35) 贫道托主公虎威，则一阵杀退曹兵，生擒斩首，得胜还营。（高文秀《刘玄德独赴襄阳会》）
(36) 今喜邦家无事，谨请三位公子闲饮一番。（杨梓《忠义士豫让吞炭》）

借用器官、工具等动量词的计量具体性更强，它们表示的动作次数在现实中有明确的边界和特定表现形式。如"刀"就是用刀作用于对象一次，为"一刀"；"口"就是嘴作用于对象一

下;"声"就是从发声到声音终止一次。例如:

（37）他那里吃一杖子潅,则如剁一刀。（无名氏《关目张千替杀妻》）

（38）母亲和哥哥说一声,就教送出路上去便回。（无名氏《小孙屠》）

显然,受到动量词语义来源发展的制约,一般动量词会逐步形成特定的动量修饰范围。比如,固定量词"番"带有动作费时费力的倾向,带评价性感情色彩,只适用于此类动词情境;"遍"指周遍性的完整动作,只适用于所表动作必须涉及对象的各个部分的动词;"次"使用范围很广,适用于其所表动作行为可以形成"次序"的动词。借用量词根据动作涉及的人体器官或者使用的工具,表现为器官借用量词和工具借用量词,它们自然受动作与相关部位或工具的关系限制修饰不同的动词。如"脚"只能为"踢""踩"等脚部动作计数,而"把"只能用于"推""抓""摸"等手部动作,"刀"只能用于以刀为工具的"砍""刺""捅"等动作计量。像"踢一脚""砍一刀""喝一口"等都不能随便借用其他量词构成"踢一步/番""砍一手/场""喝一胃/回"等,或者随意适用"看一脚""拿一手""问一口"等其他动词。

相比之下,重复动词V的"V一V"表示动量,是一种通用的、笼统的计量方式,没有特殊的附加意义,并随语境产生即时的动量特征。"V一V"中重复的动量V相当于随动作行为自然变化的一个变量,即特定的动作行为由其本身决定动量的表现特征,"V一V"之"一V"表达的是适应动作行为的任意"一"量。

"V一V"之"一V"的通用笼统计量特征表现为三点:其一,不同的动词所体现的"一V"具有不同的即时语境特征;其二,同一个动词用重复动量 V 比用其他动量词所表动量具有更大的灵活性;其三,搭配数词方面重复动量 V 通常限制使用"一""两""七""八""几"等表少量不确切数量的数词,且多数都构成"一V"结构。

不同动词的具体计量特征,即具体的一个动量单位的计量方式、时量动量等,由 V 所表动作行为的性质决定。如果 V 是"吃""看""听""问""想"等具体可持续的动词,它的"一V"可能是"一口/会/下""一眼/回/下""一下/句/阵""一次/会/句""一会/下/回"等,也可能随语境表现为其他情况,比如"想一想""问一问"表想出结果、提出问题的一个片段。如果 V 是"尝""摆(手)""敲(门)""点(头)"等具体短时可反复的动作,它的"一V"很可能是"一下"或者"几下"构成的一套动作。如果 V 是"摆(谱)""秀""杀(威风)""结(婚)""办(事)"等抽象复杂的动作,"一V"动量的具体情况就要看具体情境和成套或抽象的动作行为的复杂程度了,其表现及边界很难明确划定。

如果相同动词采用"V一V"重复动量,就会带上重复动量的变量特征,其所表动作行为的"一"量比采用具体固定动量词的动量结构更灵活,其动量细节也可能不同。比如"看一眼""吃一口""睡一觉""问一句""走一步"等借用具体名词表动量,在语义上就规定了"看""吃""睡""问""走"等具体量性,相关动作的操作方式、时间持续、终结方式等都有确切的特征。"看一眼"就是目光到达和收回的一瞬;"吃一口"就是"一口"的量,以一口咬下去为界;"睡一觉"是睡下后到醒来的固定时段;"问一句"以一句结束界定动量;"走一步"以一步迈出为界。它们边界清楚,方式明确。如果换成"看/吃/睡/问/走一下",其动量以抽象虚化的"下"为定量标准,虽然较虚,但是短少的动量还是明确的。相对而言,在具体语境中,

"V一V"形式的"看一看""吃一吃""睡一睡""问一问""走一走"可能偏一次动量,像"看一眼""吃一口""睡一觉""问一句""走一步"也可能偏短小动量,像"看/吃/睡/问/走一下"还可能体现不同于前两者的其他动量特征,如"睡一睡":有的语境表睡一觉,有的语境表小睡一会儿,有的语境则表尝试睡觉的一次努力。例如:

(39)刚待睡一睡,着你每打搅死我。(无名氏《冯玉兰夜月泣红舟》)

(40)等舱里老爷吃了,早早的睡一睡,明日绝早起来,还要过江去哩。(无名氏《冯玉兰夜月泣红舟》)

同样,"看一看"等的具体动量情况会很复杂,它可能是"看一眼""看一回""看一会""一次看出究竟""看后一次判断"等等。我们只能将"V一V"概括为笼统地表达有边界但边界灵活变动、细节语境适应的"一"量。

"V一V"计量的笼统灵活表现在搭配"一、两、七、八、几"等表小量和不确切量的数词上。这是因为计量内容决定了可计量的精确性。具体确切的动量便于计数,而笼统模糊的动量不易计数,计数方面不能精确。一般动量词修饰的动作行为边界清楚,数量明确,就可以搭配各种数词修饰。如果动作行为的边界模糊、重复性弱,则不容易确切计量,只能笼统计量,搭配"一、两、几"等数词。所以,通用量词"次、回"等都能搭配各个数词,而虚化、表短时的量词"下"一般搭配"一、两、几"等数词。固定的情态动量词"番、阵、通、遭、趟"等可以搭配各个数词,但一般搭配表少量的"一、两、几、三、五"等数词。借用量词"脚、刀、口、圈、声"等也可以搭配各个数词,但还是以搭配表小量的数词为主。

"一V"之V与借用量词性质接近,只是V的具体性低、难于确切计量。器官、工具类借用动量词可以用"一、两、几、一百、一万"等数字进行修饰计数，而 V 通常带"一、两、七、八、几"等表小数或表不确数的数词修饰，且多数 V 都只带"一"进行修饰。例如：

（41）酒保与我斟一斟。（丑）不要说一针，八针也会。（无名氏《幽闺记》）

（42）不差，正是八拜。亲家两拜；我也是两拜；夫妻之情，也是两拜，凑成八拜。（柯丹丘《王十朋荆钗记》）

（43）只要你记着我的言语，将那桃枝去门限上敲一敲，着周公家死一口。（彭大云）敲两敲呢？（正旦云）着周公家死两口。（王日华《桃花女破法嫁周公》）

比较例（41）和例（42）、例（43）可知，表绝对数，即数量确切时，V 不受数词"一"限制；表达抽象虚化的数量时，V 只能搭配"一"。可见，受什么数词修饰，代表着动词所表示的动作行为是具体还是抽象的性质。而借用量词 V 源自"V—V"特定语境，其可计量的数通常就是抽象的"一次 V"，自然常搭配数词"一"。

从语义因素上看，"一 V"之 V 与"下"等虚化短时动量词相似。"下"和 V 都不受"一""两""几"等以外的数词修饰，其原因在于它们都是不容易确切计量的量词。"一 V"之 V 表示的是动作在特定语境中从开始到结束的单位，而每次语境不尽相同，所以同一个动作行为以"V"计量的实际动量内容也不相同，V 所记的动作单位是很难重复的，也就不能多次计数而产生"三 V""五 V""十 V""百 V"等表述。例如：

（44）老夫一路鞍马劳倦，我有些腿疼，过来与我捶一捶背。（无名氏《包待制智赚金生阁》）

（45）有个相公染病，请你看一看。（吴昌龄《张天师断风花雪月》）

（46）怕有人听俺说话，我且看一看。（王实甫《崔莺莺待月西厢记》）

例（44）中的捶背虽然动作很具体，但由于情景的要求，捶背用以缓解疼痛，具体到"一捶背"如何计量是不确定的。同样，例（45）、例（46）都是"看一看"，但这"一看"什么时候结束，是依情境而异的：看一次病可能需要很长时间，看有没有人说话则很短。所以具体情境中的"一看"是没有办法重复并计数为"两看""三看"的。

"V一V"表量细节的笼统模糊，整体体现为"V一V"结构的动词通用性。"V一V"的V作为一个变量，理论上可以适用于任何动词，只要特定语境中该动词所代表的动作不易确切计量、不宜体现具体特定的附加语义。重复动词V的出现解决了借用量词规约性的局限，可以对所有动词进行重复动词的计量，对原有量词系统具有补充完善的作用。我们可以"躺一躺、坐一坐、问一问、想一想、睡一睡、醒一醒、秀一秀、显摆一显摆"，不必为"躺、站、坐、醒、秀、显摆、高兴"等动词的量词选择问题犯难。"V一V"能够满足各类或具体或抽象，或简单或复杂，或明确或模糊的动作行为、抽象行为等的计量功能。

总之，重复动词的动量"V一V"，在表量意义上更加笼统灵活，它与计量具体形象、动词选择性强的一般动量词结构具有语义和功能补充作用，满足了对所有动作进行计量的表达要求，是汉语动量表达不可或缺的组成部分。

需要补充的是，"V一V"结构的动量语义笼统通用，既保证了"V一V"作为动词重叠来源的动量性质，也为其向动词重叠省略发展奠定了基础。首先，在数量上，"V一V"能产性高，能够迅速扩展到大量动词的计量中。其次，笼统通用的计量通常不是确切的绝对"一"量，不是具体形象的"一"量，笼统模糊容易带来抽象性，使得"V一V"的"一"容易虚化弱读，从而省略并发展出与省略相应的更为抽象虚化的动量意义。例如：

(47) 笑一声打一棒椎，跳一跳高似田地。（吴昌龄《西游记》）

(48) 惊一惊，惊出他一身冷汗，病好了也不见得。（无名氏《幽闺记》）

例（47）是具体的绝对量，"跳一跳"容易计量。此类绝对计量的"V一V"在《全元戏曲》中共有88例，占"一V"总量（450例）的21%。例（48）是抽象的绝对量，"惊一惊"相当于"吓一次"。无论是具体还是抽象，"V一V"中的"一"都容易弱读。另外，实际语用中，"一+量"结构中的"一"常常可以省略，如"去趟北京""看场电影""上回街"等。这说明"一"无论是否弱化或者省略、抽象或者具体，"V一V"都容易向动词重叠 VV 形式发展，特殊的动量结构性质既制约又促进了"V一V"发展为动词重叠。

三、"V一V"之重复动量V与"短时"动量词的相互关系

动量词产生后，也有着朝抽象计量方向发展的趋势，产生出通用短时动量词"会""下"。因为"V一V"大体上也表"短时少量"，"V一V"之V与"会""下"存在语义重叠和竞争关系。那么，"一V"之V的通用笼统的计量功能如何能够在"会""下"的语义覆盖下产生并大量发展呢？下面我们将集中讨论"一V"的V与短时量词"会""下"的语义分工和竞争

问题。

表面上,"V一V"之V与短时量词"会""下"都有通用性强的特点,表达动量时没有特殊的附加意义。"V一V"之V表示的动量具有一定的时间跨度,随语境体现具体方式和持续时间。受到"一"量意义的影响,通常持续的时间不长,接近"短时少量"。特别是V为不易计量的抽象动词时,"V一V"可以从偏重具体动作次数的计量意义,引申理解出偏重时段的"短时少量"计量意义。例如:

(49) 我将那东南山去路将他问,他指一指隐灵寺行者分明近①。(孔文卿《地藏王证东窗事犯》)

(50) 如今暮春时候,鸟啼花落,谁不伤情?你也不愁一愁。(高明《蔡伯喈琵琶记》)

(51) 哥,你那衣服借与我使一使儿。(高文秀《黑旋风双献功》)

(52) 立着一个祗候,不免向前央一央。(费唐臣《苏子瞻风雪贬黄州》)

例(49)中类似"指一指"这样的动作具体、容易计数,"V一V"体现了具体"一"量,也表持续"短时"量。例(50)—(52)中的动作行为具体开始和结束依语境而定,计数较难抽象,其时段动量意义就变得相对显著。抽象的"一愁、一使、一央"不会无限延续,容易体现其短时性。例(50)还说明动作具体性不足的"一V"动量是抽象计数的,这里的"愁一愁"体现的动量绝对小量,这也从侧面增强了"一V"的"短时少量"特征。

"会"在元代的主要计量功能也是表达持续一段不长的时

---

① 《全元戏曲》第三卷,"他指一(原缺七八字)去了也末哥"。

间。通用动量词"下"在元代尚属形成阶段，可以搭配"看"等少数常用动词表示"短时少量"。但是"会""下"并未阻碍"V一V"的形成和泛化，是因为：第一，"会"与"V"等动量意义动词选择都不完全相同，"会"表时量，搭配具体的持续性动作的动词，具有固定的短时量特征，而"V"的时量特征需随动词语境确定；第二，"下"在元代并未成熟为一般的"短时少量"量词，其动作具体性强，通常选择搭配具体的容易计量的"打击"类动词。根据语义分布、动词选择和发展时序特征，表"短时少量"的量词"会""下"都不能替代和阻止"V一V"量词结构的发展壮大。

"会"产生于"聚会"义，即"会合"，所以在唐代，人们将其用于计量"聚会"的次数（金桂桃，2007）。大概在宋晚期，"会"扩展到用于其他非聚会意义的持续动词后，人们对"会"的理解才开始偏重于计量时间的长短。元代的"会"更多地用于表持续性的动词，较少用于可计数的动词，所以强化了其所表时量义。比较：

（53）俺正是闻风而至，你则待和桂花仙打一会官司。（吴昌龄《张天师断风花雪月》）
（54）上稍里不眠花，下场头少不得落一会草。（李文蔚《同乐院燕青博鱼》）
（55）我也困了，歇息一会。（贾仲明《吕洞宾桃李升仙梦》）
（56）怎么叫了这一会，还不开门？（李直夫《便宜行事虎头牌》）

例（53）、例（54）中，"一会"修饰的动词"打官司""落草"既可计数，也可计时，联系前后语句的意思，计数比表时间持续更合理。例（55）、例（56）中，"歇息""叫"是可持续的动作，不易计数，故将其理解为时间量更合理。特别是例（56）

中的"叫"本可计数,但是语境中的"还不开门"使得"叫了这一会"体现出时间持续带给说话人的不满情绪。不难看出,"一会"的时量义是一种语境转指,它逐步从表"某个一次动作"发展为"一次动作持续的时间"。受到常用语境的感染,"一会"通常用来指较短的一段时间,表"短时"量。

"会"在元代已经是一个计量时长的动量词,仅针对持续或重复的具体动作动词。其计时动量特征还表现为"一会儿"名物化为时间名词短语,可以被指称。如:

(57) 怎么这一会儿,不见俺那妮子,莫非又敢那厮去?(关汉卿《杜蕊娘智赏金线池》)

(58) 着这厮吃我一会儿脚踢拳捶。(郑德辉《功臣宴敬德不伏老》)

当"会"的计量功能逐渐固定为凸显短时量,常用于具体的持续/重复动词表时量后,"会"与"V一V"之V的功能虽然部分重叠,但仍存在很大的不同。

一方面,"一会"所表动量有一个社会相对公认的较短时长,并不会因为动词搭配的不同而出现变化;或者说"一会"是客观的"短时",而"一V"可倾向于主观的"短时"。"一V"的短时量是随动词变动的,且有时强调次数"一次",有时偏重"短时",有时则不一定是"短时"量。两者有时不能相互替换,替换后意义差别较大。例如:

(59) a. 娘打我时,两个哥哥劝一劝。(关汉卿《状元堂陈母教子》)

b. *娘打我时,两个哥哥劝一会。

(60) a. 有干净房儿么?俺住一住。(高文秀《黑旋风双献功》)

b. *有干净房儿么?俺住一会。

（61）妹夫，你且坐一坐/一会，我去劝他。（关汉卿《赵盼儿风月救风尘》）

（62）大家耍一耍/一会。（关汉卿《望江亭中秋切鲙》）

通过对例（59）、例（60）的 a、b 句进行对比，我们发现同样是采用具体持续动词，"一会"与重复动词"一V"的意义有很大不同。"一会"的动量特征只是"短时"持续，以公认的短时量为界，不考虑结果等语境关联意义。所以"劝一会"没有"劝一劝"的语境结果终结意义，达不到"劝"的效果；"住一会"按照规约表短时动量意义，与语境中说话人的本意不符，因此不合适。同时也可看出，"一V"由语境决定边界，具有时段伸缩性，不一定表"短时少量"。例（61）、例（62）中"一V"的动量灵活性与"一会"的短时动量约定性形成对比，从动量时段上看可能比较接近，但"一V"表示一个灵活随意的短时段，"一会"则只表固定的"短时量"。

另一方面，"会"与重复V量的动词选择范围并不相同，重复V量更为通用。"会"限制使用在持续/反复类具体动作行为动词上，才能够表达出短时量意义。重复V可以用于抽象动作动词、复杂动作动词、非持续动词、非反复动词等，"会"都不适用。例如抽象动作"开心""斗气""显阔"等都可以采用"V一V"动量，而一般不能说成"开一会儿心""斗一会儿气""显一会儿阔"等。复杂动作行为动词"结婚""祝寿""托关系"等可以表达为"V一V"动量，也不能说"结一会儿婚""祝一会儿寿""托一会儿关系"，因为这类动作行为本身并不能短时结束。瞬间动词"醒""死""尝"等可以用"V一V"表动态短时，但具有一定持续的短时"一会儿"不能用。因此，短时通用量词"会"限于短时量表达，与重复V量分工、搭配都不尽相同，不会影响重复动量"V一V"在元代的发展泛化。

动量词"下"在魏晋时期形成,主要用于计量"击打"类动作(刘世儒,1965)。到了宋代,随着"下"适应的动词从"击打"扩展到一般动作,其中某些动作并不像击打类动作那么容易计数,开始出现隐含时量意义的用法。例如:

(63) 士才升座,以尺挥按一下,便下座。(宋,《五灯会元》)
(64) 圣人下得言语恁地镇重,恁地重三叠四,不若今人只说一下便了,此圣人所以为圣人。(宋,《朱子语类》)

例(63)中,"按一下"有明确的动作界限,好计数,所以时量义不显。例(64)中,"说一下"脱离了"打击"类便于计数的动作意义,表示抽象的"一次"动作,从"说一下"与"重三叠四"对举可以看得很清楚。从好计数的"打击"类"一下"到计数边界模糊的"说一下","下"的动词适用范围更广,其动作的时间长度即时量有所凸显。

直到元代,"一下"的通用模糊计量用法都还非常少见,动词适用范围也很窄。《全元戏曲》中共出现450例"一V",而涉及各方面或具体或抽象的动词共计148个,而非"击打"类动作行为相关的通用计量用法的"一下"共出现了6例,动词有5个,主要作状语。其中,与"V一V"动量相当的补语用法共有3例,涉及2个动词。显然,"下"的通用计量补语用法是在"V一V"计量结构出现以后才逐步产生的。例如:

(65) 原来俺军师就以此灯为号,只看此灯一下,那埋伏的弓弩,即便一时齐发。(无名氏《庞涓夜走马陵道》)
(66) 俺那虔婆见他是个官人,心中要敲他一下。(马致远《江舟司马青衫泪》)

例(65)中的"看一下"是个确切量,"一下"和"便一时齐发"相对应，是计数"一次动作"的。例（66）中的"一下"描述一个抽象量，即"敲（竹杠）"远不如"打、撞、砍"那么好计数。如果从动作持续时长看，例（65）、例（66）受动作行为具体表现方式的影响，"看灯"和"开口敲竹杠"耗时不会太长，都能理解为短时量。

直到明清时期，"一下"才较常使用为通用计量量词，其适用动词范围扩展到持续动词、复杂动作动词、抽象动词、瞬时动词等各个动词类型。例如：

(67) 冉贵将自己换来这只靴比照一下，毫厘不差。（冯梦龙《醒世恒言》）

(68) 因此王士良再把刀去磨一下。（冯梦龙《醒世恒言》）

明清时期"下"的通用计量用法广泛使用，说明汉语计量表达系统中需要一类通用计量的表达方式。在固定的通用计量量词尚未形成的元代，"V一V"正是为满足通用计量的表达需要而产生的必要表达方式。随着语言系统的发展，"V一V"计量结构逐渐抽象虚化，发展为动词重叠，其原有的通用动量表达功能受到影响，固定的通用动量词"下"在明清时期形成，填补了重复V这种计量表达虚化发展后的表意空缺，即通用计量量词的必要性和"V一V"功能的历时演变，催生出"V一V"重复动词计量结构与"下"作为通用计量动量词的消长变化。

发展到当代，动量词"下"与"V一V"之计量V非常接近，它们都是通用计量的动量词——或具体或抽象的"一次"动作行为并隐含表达短时段，动词适用范围广。两者几乎完全能够替换，只是偶尔有语感上的微妙差异。当"下"逐步脱离具体容易计量的"击打"之"一下"意义限制后，其计量具体性越来越差，计量边界越来越模糊，不断接近"V一V"的"随动词语境确定边界及具体表现"的通用计量功能①。它们在动量灵活性、动词适应性相当以后，必定难于区分彼此。"V一V"重复动量与固定通用量词"下"相互促进发展，功能交叉叠加。

总之，通用量词"会"是由计数量词发展为计时量词的，固定用于持续/反复类具体动作动词，表达社会约定的一定的短时动量。通用量词"下"和重复动量V都是从抽象通用的"一次"计数发展出隐含的短时量表达，但重复动量V受语境动词影响体现为灵活动量、不限于表达短时量。通用计量的表达需求是两者产生的根源，而"V一V"发展较早、能产性高和"下"的语义来源限制是两者消长发展的原因。也就是说，量词"会"的计量意义与重复动量V不同，"下"与重复动量V的意义功能近似但较为晚起，为满足计量表达的系统需要，"V一V"重复动量结构在元代出现并大量使用有其必然性。

四、本章小结

这一章从句法语义的角度，考察了"V一V"中"一V"与动量结构的相互关系，证明了"V一V"在元代是重复动词V表达通用计量意义的动量结构。在句法表现上，"一V"与多数动量短语一样，都以补语功能为主；"一V"像借用量词一样源自别的词类在句法环境中的应用；"一V"与动词V和宾语O的位置关系同其他量词的发展顺序一样，即从"VO一V"到"V一VO"；"一V"开始独立性较弱，大量使用使其相对独立，V像其他动词一样可以带后缀"儿"，部分"一V"也可以受指示词"这/那"修饰。在计量功能上，元代"一V"与其他动量词

---

① 在北方方言西南官话中，所有的"V一V"都说成"V一下"，没有动词重叠的用法。由此可见，"下"对重复动量V的功能替代作用。同时说明了动词重叠VV中确有一部分抽象计量的源自虚化省略的"V一V"。

形成补充关系。元代其他动量词通常用于对具体动作的计量，体现来源相关的附加意义，动词搭配范围也受其来源限制，而"一V"用于通用计量，所以V通常只搭配数词"一"，不带附加情态意义，其动词搭配范围不受来源限制。量词"会、下"虽然与"一V"的V在通用计量功能上比较接近，但"会"是计时量词，表常规小量，而"下"的通用计量用法产生较晚于"V一V"之重复V，是在"一V"的影响下后起的通用计量动量词。所以说，"一V"是一个重复动词的通用计量结构。

通用计量的性质对于"V一V"从动量结构向动词重叠发展有着促进和分化的作用。通用计量适用于所有语义适宜计量的动词，其动量边界和量性的灵活特征会促进"V一V"从具体"一"量向抽象"一"量发展，更易省略"一"表达更抽象的意义，表达更多笼统的"小量"意义，从而向动词重叠方向进行形式语义跨越。通用计量的性质使得"V一V"计量功能逐步抽象化的同时，也会限制其表达具体动量的功能，从而使"V一V"计量功能发生分化；具体计量由其他量词表达，抽象的更偏动词重叠情态意义的则更多采用"V一V"形式。这样看来，"V一V"与VV、"V一下"的差别更多的还是在计量的具体程度，以及引申意义上。

第五章　元明清时期 VV 与 "V 一 V" 的融合发展

元明清时期是动词重叠历时发展的重要阶段。此时有丰富的 VV 和 "V 一 V" 及其相关形式的例证，其出现的语境条件也逐渐多样。研究者做过大量工作，获得了丰富的数据资料。通过 VV 和 "V 一 V" 数量消长的方式研究动词重叠发展是一种普遍的趋势。本章将在前人研究的基础上，剖析 VV 与 "V 一 V" 的形义融合与消长关系，试图弄清两者在表达和形式方面的相互关系。

一、VV 与 "V 一 V" 的数量关系与功能关系

学界对于 VV 是否源于 "V 一 V" 省略 "一" 的常用证据是 VV、"V 一 V" 的相对数量变化。具体而言，从 VV 随历史发展而增加、"V 一 V" 随历史发展减少的趋势，认定 VV 数量历时增加是 "V 一 V" 省略成为 VV、VV 来源于 "V 一 V" 的证据（殷晓明，2005；潘国英，2008）。

理论上，这个证据有待考量。首先，VV、"V 一 V" 数量消长的趋势可能受内容因素影响，受制于语料选择的主观偏向。事实上，稍微列入其他语料，这个趋势就不一定成立。由表5-1可知，在《封神演义》和《说唐全传》当中，VV 的数量没有随着时间的推移而超越 "V 一 V"，甚至两者的相对比例都没有显著的变化。

表 5-1　VV 与"V — V"数量变化对照表①

形式	文　献				
	《水浒全传》（元末明初）	《西游记》（明）	《封神演义》（明末）	《说唐全传》（清）	《红楼梦》（晚清）
VV	7	429	22	102	841
"V — V"	128	173	30	124	196

可能的解释是，重叠 VV 与"V — V"受不同语料表达需要或内容的影响，会有频率上的分布差异。受到历史语料留存的影响和理论推断的限制，重叠 VV 源于"V — V"省略的假设同重叠 VV 源于延续 VV 的假设一样，都难以确切实证。更重要的是，要证明重叠 VV 源于"V — V"省略，还需要面对重叠 VV 源于哪部分"V — V"省略的问题，比如表相对量的"V — V"。按照这个标准，似乎"V — V"的数量仍有逐步减少而代之以 VV 数量增加的相对趋势。遗憾的是，没有研究能够准确细致地考察相对量的"V — V"省略为 VV 的具体情况，也没有研究考察其他动量类型的"V — V"能否省略为 VV 的问题。上一章我们已经讨论过，"V — V"在元代是明显的动量结构，其向动词重叠"V — V"的发展细节还有待论证，否则，动词重叠与动量"V —V"不得不等同考虑。正如范芳莲（1964）所言，如果 VV 无选择地来自动量"V — V"的省略，动词重叠 VV 就是动量结构"V — V"。这种将动词重叠等同于动量结构的论断不被多数研究者接受。

---

① 文献版本，除《说唐全传》外，皆采用人民文学出版社版本。《水浒全传》1985 年版，《西游记》1980 年版，《封神演义》1981 年版，《红楼梦》1982 年版，《儒林外史》1984 年版。《说唐全传》版本众多，我们没有人民文学出版社的版本。此处采用的是上海古籍出版社 2010 年出版的《说唐全传》。

实际情况是，在"V一V"省略发展的过程中，并没有相对量或其他某种类别才能省略的限制，我们能见到各类"V一V"的VV省略式①。"V一V"的省略更像是无序的省力现象，而非规律性的类别语法化。如果存在"V一V"省略的内部类别倾向，还需要说明触动类别省略倾向的选择机制和内外动因。从语法意义角度看，重叠VV的意义不能完全从"V一V"虚化省略角度得到解释，特别是在产生动词重叠的元代。重叠VV自产生以来，其非现实表达倾向与动量"V一V"的相对不受时间限制存在矛盾。

总之，要弄清VV与"V一V"的数量问题是一件非常复杂的事，需要考虑VV、"V一V"的内部同一性，还需考虑VV、"V一V"之间的功能关系。庞杂的VV、"V一V"的数量关系不是判断VV与"V一V"语法功能关系的唯一可靠标准。我们将从功能与形式结合的角度出发，论证VV、"V一V"从不同的语法结构到互换融合的语法结构的历史发展过程。

二、VV、"V一V"的功能差别与趋同发展

这一部分先以《全元戏曲》为元代代表性材料，简要回顾VV、"V一V"在初步繁荣时的系统差别，以便以此为出发点，统计说明明清时期两者的差异趋同过程及原因。

（一）元代VV、"V一V"的系统差异

第三章已阐明元代VV、"V一V"具有典型的时间表达差别。从现实/非现实的角度考察，《全元戏曲》中VV仅用于非现实表达（irrealis），而"V一V"则既可用于非现实表达，也可

---

① 前者见后面的例（5）、例（7）、例（11），后者如例（17）、例（18）。

用于现实表达（realis），不受时间表达系统的限制。这种表达时间上的系统性差异，可以从VV、"V一V"的语法特征上得到解释。元代VV是动词的一种形态，形态与时间特征密切相关，因而有严格的时间限制；而元代"V一V"是动量结构，以重复动词的方式表示不太容易客观计量或者没有特定动量词的"一次数量"动作，因此它是一个次数确定的有界动量，与时间特征没有必然的联系。此外，VV比较容易用于非现实的泛时常然表达，而"V一V"仅能表非现实评价，且多凸显绝对量意义。例如：

（1）赐与你们罢。且住，还要早晨夜晚戴戴。（无名氏《幽闺记》）
（2）我把这窗儿润开，觑一觑何妨何碍。（白仁甫《董秀英花月东墙记》）

VV在元代就可表常然规律，如例（1），而"V一V"没有这样的用法。"V一V"用于非现实表达，通常是如例（2）这样的评价，此时"V一V"带有绝对小量的意义特征。

值得注意的是，"V一V"表绝对量还是相对量、抽象量还是具体量，差别仅在于"V一V"所选用的动词不同，相互之间的界限不显，其共同的"一"量意义明显。例如"推一推""敲一敲""摸一摸""跳一跳"等具体动作具有实施一次的现实界限，为绝对量。"走一走""吃一吃""睡一睡""歇一歇"等具体动作具有持续性，其实施一次的界限由语境确定，为具体相对量。像"想一想""定一定（神）"等抽象动词用于"V一V"的情况为抽象的相对量。抽象相对量的"V一V"表意就更像重叠VV，有界但不容易、不强调确定动量边界。再如例（2）所体现的绝对小量同一般认为的动词重叠意义"短时少量"都倾向于小，两者兼容。"觑一觑"既可以是"只看一下"的动作，也可以是模糊的动作。可见，"V一V"同VV的差别并非在于

"V一V"表动量的抽象/具体、相对/绝对的程度,而在于它们是不同性质的语法结构,即便有时候两种结构的语义理解可能交叉兼容。

元代戏曲中的"V一V"无论表量特征如何,都是动量结构。我们可以从同一个动词的不同表达中体会其中的关联。例如:

(3) a. 他出的门来看一看,又不见来,哭道:我那满堂娇儿也!(康进之《梁山泊李逵负荆》)

b. 苏秦,你将官来与我们看一看也好。(无名氏《冻苏秦衣锦还乡》)

c. 你如今拿出来,等我看一看。(无名氏《杀狗记》)

(4) a. (梢公云)刚待睡一睡,着你每打搅死我。(无名氏《冯玉兰夜月泣红舟》)

b. 等舱里老爷吃了,早早的睡一睡,明日绝早起来,还要过江去哩。(无名氏《冯玉兰夜月泣红舟》)

例(3)、例(4)所用的动词都是表持续动作的动词,其"一"量的现实界限不明显,但是两者都可以体现绝对量,且绝对量和相对量之间界限时有模糊。比较例(3)的三个例子,a中的"看一看"表绝对量"一眼",b中的"看一看"表绝对小量"一下",c中的"看一看"既可以是具体的、绝对的"看一眼",也可以是抽象的、相对的"看一下"。例(4)的两个例子,a中的"睡一睡"表意倾向相对量,而b中的"睡一睡"倾向绝对量"睡一觉",这种差别与语境相关,并非"V一V"自身的特征。

与VV、"V一V"的语法性质相关,动量"V一V"具有具体的计量"一",因而表量更具体、动作结果更明确、主观性特征相对不凸显。形态VV表动量是附加的语境理解,其表达更抽象、结果更模糊、体现更多的主观性。这些特征差异可以从抽象动词选择的比例、主观表意例证、相同动词的表意对比中体现出来。例如：

(5) a. 在那里？我看看。（郑廷玉《宋上皇御断金凤钗》）
    b. 咱两个去后花园内，看一看来。（白仁甫《裴少俊墙头马上》）

(6) a. 我好意与你掐算掐算，讲这等胡话。（王日华《桃花女破法嫁周公》）
    b. 老官人，你回来，再与我算一算，可有甚恩星救么？（王日华《桃花女破法嫁周公》）

(7) 你也睁开驴眼看看，我这等长的和尚，还教做小和尚？（范子安《陈季卿误上竹叶舟》）

例（5）说明在具体的"观看"意义上，倾向于用"看一看"［如例（5）b］，而在"判断、欣赏、评价"的时候，倾向于用"看看"［如例（5）a］。例（6）说明，同样的内容，在选用表抽象复杂意义的双音节动词时用VV，而选用表相对简单意义的单音节动词时用"V一V"，即VV比"V一V"更适应于抽象复杂动词。例（7）是主观评价色彩突出的VV，在元代没有相应的"V一V"形式。

总之，从元代开始，VV和"V一V"就属于不同的语法结构。VV是V的形态，"V一V"是表"一次计量"重复动词构成的动量结构。两者的差别体现在时间选择及表量抽象性、主观性表达方面。

（二）VV、"V一V"差异的互动趋同

VV、"V一V"在非现实表达上的相近特征带来"V一V"虚化省略为VV的常规可能，某些"V一V"会省略发展为VV

形式，而已然现实表达的"V一V"通常没有省略的情况，即使"V一V"表达的动量不是那么具体明确。例如：

(8) 你若见番官呵，你将那刀尖儿招一招，我便知道。（无名氏《狄青复夺衣袄车》）

(9) 那任二公有个桃花女，也与我算一算，说不死，是有救的……（王日华《桃花破法嫁周公》）

例(8)是假设先时条件"V一V"，元代没有发现与"招一招"相应的"招招"。这时候，"招一招"动作具体，动量可由习惯和条件因素等确定为"一个常规时段"。例(9)是已然描述，"算一算"表"算过一卦"，此语境中没有"算算"的省略用法。

可否认为，只有非现实动量或抽象相对动量的"V一V"才符合条件省略为VV呢？这个问题我们不便正面回答，但是明清以后，直到当代语用中，VV都有表现实动量和明确动量的。也就是说，现实绝对量"V一V"并非不可以省略为VV形式。例如：

(10) 又问道："方才那只虎见了你，怎么就不动动，让自在打他，何说？"（明，《西游记》）

(11) 仙翁曰："你快化一只白鹤，把申公豹的头衔了，往南海走走来。"（清，《封神演义》）

例(10)中"动动"显然表已然绝对小量，为"动一动"的省略。例(11)中"走走"不是当代"随便走走"的意思，而是绝对明确量"走一趟"。如果认为元代非现实相对量"V一V"省略为VV，而明清现实绝对量"V一V"也随之省略为VV的话，那么，到清代，所有"V一V"都倾向于省略为VV了。实际上，明清以后，"V一V"中还有非常抽象的，如"撒一撒野"等，那么"V一V"的省略就出现倒退的趋势。显然，"V一V"形式省略为VV没有明确一致的规律。

明清以后，"V一V"省略融入VV，这是当代汉语中人们几乎感觉不出VV、"V一V"具有任何区分性条件的重要原因。VV源于"V一V"的确切证据：一是明清以后VV中包含一部分动量"V一V"的省略形式；二是VV与"V一V"相互影响，逐渐在更多的领域相通。下面，我们从元明清时期VV/"V一V"的时间特征（见表5-2）、表量具体性特征（见表5-3）、主观评价（见表5-4）角度为元代VV/"V一V"来源不同，而在明清时期"V一V"省略融入VV提供数据支持。

1. VV、"V一V"的时间特征

表5-2　VV、"V一V"的时间特征趋同①

文本	时间					
	现实已然		非现实未然（将然、假然）		非现实常然	
	VV	"V一V"	VV	"V一V"	VV	"V一V"
《全元戏曲》	0(0%)	23(5%)	54(87%)	416(93%)	8(13%)	11(2%)
《水浒全传》	4(57%)	29(22%)	3(43%)	98(77%)	0(0%)	1(1%)
《西游记》	68(15%)	136(79%)	359(84%)	37(21%)	2(1%)	0(0%)
《封神演义》	2(9%)	18(60%)	20(91%)	12(40%)	0(0%)	0(0%)
《红楼梦》	72(9%)	20(10%)	753(89%)	174(89%)	16(2%)	2(1%)
《说唐全传》	23(23%)	92(74%)	75(74%)	32(26%)	4(3%)	0(0%)
《儒林外史》	20(9%)	41(50%)	200(89%)	41(50%)	4(2%)	0(0%)

从时间表达方面看，明清时期VV可以用于已然现实表达，其使用比例除《水浒全传》因用例人少外，整体比例为9%～23%，

---

① 《全元戏曲》中，VV共有62例，"V一V"有450例；《水浒全传》《西游记》《封神演义》《说唐全传》《红楼梦》中，VV、"V一V"的总体数量见表5-1。《儒林外史》中，VV有224例，"V一V"有82例。

依据不同的作品风格而有所不同。VV 用于非现实未然表达一直保持很高的比例（74%～91%），并未呈现明显的历时增长。从表 5-2 可以看出，VV 的现实表达从无到有并保持相对比例，说明 VV 形式中融入了现实表达"V一V"的省略。例如：

（12）当日我学里回家，我待要街上觑觑。（无名氏《神奴儿大闹开封府》）

（13）a. 只得放下饭碗，抹抹嘴，走将出来，拱拱手问道：……（明，《水浒全传》）

b. 只见那店小二略睡一睡，放心不下，爬将起来，前后去照管。（明，《水浒全传》）

例（12）是非现实目的描述的 VV，例（13）是 VV 用于已然描述的情况。在"V一V"的现实已然表达比例较高的情况下，VV 已然现实用法的比例随之变高，如《说唐全传》中，有 74% 的"V一V"是已然描述，其 VV 已然描述的比例高达 23%。通常用于 VV 已然现实表达的动词，也是"V一V"已然描述的常用动词，如"拱手""点头""摇头"等在《儒林外史》《红楼梦》中较为常见。

"V一V"用于现实、非现实表达的比例几乎没有随时间发展的特定规律。在《全元戏曲》《水浒全传》《红楼梦》中，其非现实表达的比例都很高，显著超过现实表达的比例。而在《西游记》和《说唐全传》中，情况正好相反，用于现实表达的"V一V"的比例明显超过用于非现实表达的"V一V"。在《封神演义》和《儒林外史》当中，现实、非现实表达的"V一V"比例却不相上下。可见，"V一V"本身并没有时间选择适应的倾向性，文本内容影响其表达倾向。以《儒林外史》为例，其人物见面时的礼节活动"拱手"等描述很多，故而"V一V"现实表达的比例很高。

单看整体数量，无法得出"V一V"省略造成VV历时增加的结论。风格对"V一V"时间选择适应的影响，体现在相似特征的文本具有相似的"V一V"时间选择上。《西游记》《说唐全传》中"V一V"多数用于现实已然表达，是因为两部作品中有固定的打斗场面描写，此时常见的结构为"'V一V'+动作结果"。例如：

（14）他即摇身一变，变做三头六臂；把如意棒幌一幌，变作三条。（明，《西游记》）

（15）遂虚闪一闪，跳下台来，史大奈也下了台。（清，《说唐全传》）

《西游记》《说唐全传》中，"V一V"的现实用法占优势，同时影响到VV的现实用法也出现优势比例。这是"V一V"省略对VV的融合影响。此外，"V一V"的现实表达能力并没有随时间发展而减弱，反而出现整体上升的趋势。

在非现实常然表达方面，VV、"V一V"在文献中的用例都很少。《全元戏曲》中可能受对话和道德劝诫内容的影响，常然规律、评价表达相对还多一点。值得注意的是，"V一V"表常然的比例没有太大变化，整体是基本不用的。少数出现的"V一V"常然表达都是表评价的，不表规律性行为。如：

（16）a. 这是什么意思，值得吵一吵，并不留体统，耳朵又软，心里又没有计算。（清，《红楼梦》）

　　　b. 石老鼠道："我也只在淮北、山东各处走走。"（清，《儒林外史》）

像例（16）a这样的评价性"V一V"本来就少见，还通常带有绝对量意义。这与VV的常然动作说明形成鲜明对比，如例（16）b。

在明清以后，VV、"V一V"出现了表现实/非现实不再截然区分的情况：VV非现实表达的比例随文本内容波动，现实表达略有上升；"V一V"整体上现实/非现实表达分布没有历时发展的线性规律，其高频的现实表达对VV现实表达有促进作用。"V一V"中现实表达部分一定会有省略进入VV的形式，这可以解释我们关于VV用法的直觉，即VV适合于表示将来、祈使，不太适合表示已然描述，但在小说等文体中已然VV也能使用。

2．VV、"V一V"的表量具体性特征

动量"V一V"省略为VV，改变了VV形式的语用范围，造成VV功能范围的扩展（原本不用VV的地方，由于出现省略为VV的"V一V"形式，会被划入重叠VV的功能范围）。于是，我们无法严格区分当代汉语中哪些VV是"V一V"的省略，哪些是重叠VV。

VV、"V一V"在表量方式及其结果的确定性方面的差异，可以从动词选择的抽象性、动词宾语的抽象性，以及动量表达的绝对/相对等指标体现出来。我们调查《全元戏曲》《水浒全传》《西游记》《封神演义》《说唐全传》《红楼梦》《儒林外史》中的动词重叠VV、"V一V"使用情况，得到表5-3的统计数据。《全元戏曲》中，VV动词共有30个，"V一V"动词有148个，"VVO"有17例，"V一VO"有26例；《水浒全传》中，VV动词有4个，"V一V"动词有53个，"VVO"有3例，"V一VO"有5例；《西游记》中，VV动词有96个，"V一V"动词有62个，"VVO"共计131例，"V一VO"共计37例；《封神演义》中，VV动词有8个，"V一V"动词有20个，"VVO"有8例，"V一VO"有4例；《红楼梦》中，VV动词有99个，"V一V"动词有95个，"VVO"有319例，"V一VO"有31例；《说唐全传》中，VV动词有34个，"V一V"动词有54个，"VVO"有42例，"V一VO"有11例；《儒林外史》中，VV动词有43

个,"V—V"动词有49个,"VVO"有66例,"V—VO"有31例。括号中抽象动作动词的比例是它们的出现数量与该文献中VV/"V—V"的动词总数量的比例,抽象宾语的比例也是该类出现数量与VV/"V—V"带宾语总数的比例,绝对动量的比例是出现数量与总数VV/"V—V"① 的比例。

表5-3　VV、"V—V"表量具体性特征融合

文献	参数					
	抽象动作动词		抽象宾语		绝对动量	
	VV	"V—V"	VV	"V—V"	VV	"V—V"
《全元戏曲》	3(10%)	6(4%)	3(17%)	4(15%)	0(0%)	63(14%)
《水浒全传》	0(0%)	0(0%)	0(0%)	0(0%)	0(0%)	22(17%)
《西游记》	18(19%)	2(3%)	42(32%)	0(0%)	31(7%)	102(59%)
《封神演义》	2(25%)	3(15%)	4(50%)	1(25%)	0(0%)	6(20%)
《红楼梦》	27(27%)	16(17%)	113(35%)	12(39%)	4(0.5%)	11(6%)
《说唐全传》	9(26%)	4(7%)	11(26%)	5(45%)	7(7%)	63(51%)
《儒林外史》	8(19%)	3(6%)	19(29%)	2(6%)	2(1%)	18(22%)

表5-3说明,VV、"V—V"在抽象性选择上存在发展融合现象。VV具有先天的抽象性,而"V—V"的具体性一直较强。VV具有先天的抽象优势,故而用抽象动词和带抽象宾语的比例都远高于"V—V"。"V—V"逐步发展出更强的抽象性,体现在两个方面:一是"V—V"用抽象动词②和带抽象宾语的比例都有提高的整体趋势;二是"V—V"带抽象宾语和用抽象动词

---

① 详见表5-2的注释①。
② 抽象动词如"散(心)、破(俗)、和(事)、开(心)消(气)、顽、想"等,抽象宾语如"(找)关系、(评)理、(领)大教、(问)吉凶"等。抽象动词一般带抽象宾语,但一般动词也可以带抽象宾语。

的比例随 VV 的比例高低变化。通常在特定文本中，VV 用抽象动词和带抽象宾语的比例高，则"V一V"这两项指标的比例也高。如在《封神演义》和《红楼梦》中，VV 的抽象动词比例接近最高，则"V一V"用抽象动词的比例也最高，VV 带抽象宾语的比例最高，而"V一V"带抽象宾语的比例也几乎最高。很可能"V一V"受到 VV 的影响而出现更多抽象用法。如果 VV 的抽象倾向性是"V一V"中抽象用法的省略，则原有抽象 VV 的用法是触动"V一V"抽象省略的动力。

在表绝对动量方面，"V一V"有明显的表达优势，而 VV 显然受到"V一V"的影响。VV 原本不倾向表绝对量，但随着 VV 的历时发展，出现了 VV 用于绝对动量的少数用例。在"V一V"绝对动量的影响下，VV 表绝对动量的比例还可能较高。如在《西游记》和《说唐全传》中，"V一V"用于绝对动量的比例分别高达59%和48%，VV 表绝对动量的用例比例均达7%，这个数字与其他文本中 VV 的绝对量用法形成鲜明对比。此时，VV 应为"V一V"的省略融入。明清文献中有很多类似语境中 VV、"V一V"同用的例子，我们可以从中看出省略融合的端倪。例如：

(17) a. 那块铁，挽着些儿就死，磕着些儿就亡，挨挨儿皮破，擦擦儿筋伤！（明，《西游记》）

b. 那个哭丧棒重，擦一擦儿皮塌，挽一挽儿筋伤，若打五下，就是死了！（明，《西游记》）

(18) a. 黛玉瞧瞧，又闭了眼坐着，喘了一会子。（清，《红楼梦》）

b. 贾琏的心腹小童隆儿拴马去，见已有了一匹马，细瞧一瞧，知是贾珍的，心下会意，也来厨下。（清，《红楼梦》）

例（17）中，VV、"V一V"都是表绝对小量的，且都带儿化后缀，省略非常明显。例（18）中VV、"V一V"虽然不表绝对量，但从上下文语境可以看出，这里的"瞧瞧""瞧一瞧"都表示"一次"动量。例（18）a如果不表动量，就不符合句子的原意；病重的黛玉只是睁眼瞧了一眼，不是轻松随意地"看看"。

当然，更多的情况是"V一V"省略对VV、"V一V"关系的重大影响。很多时候，同语境中可替换的VV、"V一V"可以从重叠形态和动量两个角度得到相似的理解。例如：

（19）a. 万望菩萨，舍大慈悲，将《松箍儿咒》念念，褪下金箍，交还与你，放我仍往水帘洞逃生去罢！（明，《西游记》）

b. 望如来方便，把《松箍儿咒》念一念，褪下这个金箍，交还如来，放我还俗去罢。（明，《西游记》）

（20）a. 这是他们请仙判断功名大事，我也进去问一问。（清，《儒林外史》）

b. 他请仙判的最妙，何不唤他进来请仙，问问功名的事？（清，《儒林外史》）

无论是理解为"念一遍"还是"念"，例（19）的a、b都能得到相似的解释。同样，例（20）中同是问功名，"问出结果"和"问一次"都没有太大差别。所以，从共时角度看，我们无法获知"V一V"省略形式与重叠VV的确切数量，也难以判断VV同"V一V"的典型差别。

总之，在表意的抽象性上，"V一V"向VV靠拢，而在表量的具体性上，VV也有"V一V"的绝对动量表达特征。

3. VV、"V一V"的主观评价

作为对融合的反向运动，VV、"V一V"同时存在强化自身特征的趋势。像"V一V"的绝对动量表达比例有整体升高的趋势，现实表达比例的提高和VV主观表意附加的增强等都属于这种趋势。由表5-4可知，"V一V"表主观评价的比例自清代后有所上升，但仍然是VV的主观表意更突出。

表5-4　VV、"V一V"表主观评价的历时发展

项目	文献						
	《全元戏曲》	《水浒全传》	《西游记》	《封神演义》	《红楼梦》	《说唐全传》	《儒林外史》
VV	1(2%)	0(0%)	8(2%)	2(9%)	69(8%)	3(3%)	3(1%)
"V一V"	0(0%)	0(0%)	0(0%)	0(0%)	5(3%)	1(1%)	0(0%)

"主观评价"主要指VV、"V一V"已发展为评价性话语标记，主要集中表现在"想、看、听、说"等感知动词上。例如：

（21）你们听听，这是吃了他们家一点子茶叶，就来使唤人了。（清，《红楼梦》）

（22）罗刹女！你看看我可是你亲老公！（明，《西游记》）

（23）老太太想一想，也有大伯子要收屋里的人，小婶子如何知道？（清，《红楼梦》）

VV一直是作主观评价标记的首选，直到清代才有"V一V"的用法，且非常少见。VV主观评价用例的历时增加，一方面是增强其与"V一V"差别的自然趋势，另一方面也是对"V一V"功能融入的抵抗。

同一个动词如果采用VV、"V一V"的不同形式，在主观附加意义上通常也会有差异。例如：

（24）a. 忽然一阵风响，哪吒没奈何，来试试子牙阴阳如何。（明，《封神演义》）

　　　b. 只是奈我父王之言，师父之命，不敢有违。我且试一试与你看。（明，《封神演义》）

（25）a. 且请坐下，待我烹起茶来，叙叙阔怀。（清，《儒林外史》）

b. 前日还有书子与我，说不日就要到扬州，少不的要与雪翁叙一叙。（清，《儒林外史》）

在例（24）中，"试试"带主观判断和关切之意，而"试一试"仅表达尝试性行为的实施。《儒林外史》中"叙叙"出现多次，都是像例（25）a那样带抽象宾语，表意也相对抽象，而"叙一叙"仅如（25）b那样表示"聊天"，主观感情较弱。同样的例子还有《封神演义》中的"会一会"，表客观"会面"义，而"会会"有"会面"兼"挑战"之义。

综上，动词重叠特征最初更多的是VV的特征，如后时表达、表意抽象主观等。随着语言的发展，"V一V"在VV和它自身大量使用的背景下发生省略，其功能逐步受VV表达特征影响泛化，如选择抽象动词和宾语、用作主观评价标记等。VV也吸收了"V一V"现实表达的能力，其非现实未然、常然表达的比例有所下降。同时，VV、"V一V"也努力保持其本身的特征，故而VV在表常然、表主观、表抽象的比例上都有所保持，并时有上升趋势，而"V一V"在表绝对量、表已然现实等特征上比例都有提高。

三、VV、"V一V"相似特征的同步发展

在漫长的历史中，VV和"V一V"由于共同的环境或发展因素也会体现出相似的发展特征。这部分主要从口语化和结构泛化两方面讨论VV、"V一V"的相似发展路径。

（一）口语化特征：儿化、助词尾

VV、"V一V"都是在口语环境中逐步发展起来的。首先，

"V—V"出现于佛教讲经中的动作描述，VV出现于诗歌或者佛教韵语中表现特定动作情境。然后，在元代戏曲对白的条件下，VV、"V—V"大量用于当面口语交际，其用法用例都得到了极大的丰富。随后在明清小说中，VV、"V—V"都适应于具体的动作描写和口语对话，从而被广泛运用。

口语的某些特征无疑会在VV、"V—V"中充分体现。儿化是口语化的一种重要表现，在元明清三代文献中，儿化出现于大量的口语结构中，像名词儿化、副词儿化、量词儿化等。儿化体现出口语中随意轻松的特征。例如：

(26) 姐姐，可是那几句儿？说一遍儿我听咱。（关汉卿，《钱大尹智宠谢天香》）

(27) 赶早儿剥了皮，煮些肉，管待你也。（明，《西游记》）

(28) 小小的年纪儿倒作下了病根儿，也不是顽的。（清，《红楼梦》）

像句末助词"来""去""去来""看"等，也是口语化表达的一种常见形式，因而比较适宜出现在VV、"V—V"之后。有时候这类助词还会出现在"V（一）VO"或者儿化的"V（一）V"之后。例如：

(29) a. 咱两个去后花园内，看一看来。（白仁甫《裴少俊墙头马上》）

b. 今日无甚事，到解典库中看看去。（郑廷玉《看钱奴买冤家债主》）

c. （张千上，云）舍人，休要惹事。咱城外去看来。（白仁甫《裴少俊墙头马上》）

(30) a. 八戒，你只在此保守师父，再莫与他厮斗，等老孙往南海走走去来。（明，《西游记》）

b. 必须国师也赴曹砍砍头，也当试新去来。（明，

《西游记》)

(31) a. 且不要通姓名,且等我猜一猜着!(清,《儒林外史》)

b. 他既然会做诗,我们便邀了他来做做看。(清,《儒林外史》)

(32) a. 安老爷道:"你也闹了这几天了,歇歇儿去罢。"(清,《儿女英雄传》)

b. 因又向香菱笑道:"你既来了,也不拜一拜街坊邻舍去?"(清,《红楼梦》)

句末"来""去"等成分的使用是明显的口语现象,所以,不仅 VV、"V—V"可以带这些成分,其他动词或动词短语也可以带此类成分。"去""来""看"等成分与儿化附缀的同时使用只出现于对话中,说明它们都是口语化的成分。

历史文献中,并没有出现 VV 带"来""去""去来""看"等助词成分从受限到自由的巨大变化,而是随着历史文献的口语化程度不同会出现 VV、"V—V"带这些助词的比例波动。VV 在元代很少儿化,而"V—V"较多儿化,这与"V—V"的"一V"量词性质密切相关。因为元代量词常常儿化,名词也常儿化,可能儿化有助于表明形成期量词的独立性。元明清时期 VV、"V—V"儿化和带"来""去""去来""看"等助词的情况见表5-5。

表5-5 VV、"V—V"的儿化、助词附缀发展情况

文 献	项 目			
	儿化		"去/来/去来/看"	
	VV	"V—V"	VV	"V—V"
《全元戏曲》	0(0%)	31(7%)	6(10%)	13(3%)
《水浒全传》	0(0%)	0(0%)	0(0%)	7(5%)

续表 5-5

文 献	项 目			
	儿化		"去/来/去来/看"	
	VV	"V一V"	VV	"V一V"
《西游记》	24(6%)	11(6%)	47(11%)	4(2%)
《封神演义》	0(0%)	0(0%)	2(9%)	0(0%)
《红楼梦》	42(5%)	10(5%)	62(7%)	2(1%)
《说唐全传》	0(0%)	0(0%)	8(8%)	6(5%)
《儒林外史》	0(0%)	0(0%)	5(2%)	1(1%)

由表 5-5 可知，儿化是显著的口语性成分，所以在《红楼梦》《西游记》这类对话多且口语化强的小说中"VV 儿""V一V 儿"出现较多，且两者的出现比例相当。

"去/来/看"等句末成分的运用受到口语化和表达习惯两方面的影响。整体上，我们看不出 VV、"V一V"带这类成分有增长的趋势，但 VV 带"去/来/看"等的比例通常比"V一V"要高。可能"V一V"的定量特征使其不如 VV 在口语表达中随意，因而整体带"来/去/看"的比例比 VV 要低。同时，"来/去/看"都有未来时间指向性，VV 的非现实倾向也加大了其带"来/去/看"的比例。明清时期，VV 带"去/来/看"等的比例都较高，可能此时"V一V"带"来/去/去来/看"倾向于省略"一"，也可能这一时期 VV 带"来/去/去来/看"是一种语用习惯。

总之，儿化和带句末助词是 VV 和"V一V"的口语特征的体现，没有证据表明存在 VV 受"V一V"影响而结构能力更自由的情况。

（二）结构泛化特征：带宾语、双音化

VV、"V一V"经历了元明清三代的发展，应用范围变得更广泛，其结构能力有所发展，主要体现为带宾语能力的增强、双音动词重叠的范围变大。

人们通常认为重叠VV源于"V一V"，因而"V一V"的结构能力范围比VV的要大，即"V一V"中只有一部分省略为VV，则VV仅具有"V一V"用于省略那部分的结构能力，主要谈到两个方面：重叠带宾语和双音动词重叠的自由度。实际情况并非如此，在带宾语和双音化方面，VV的结构能力强于"V一V"（详见表5-6）。

表5-6 VV、"V一V"带宾语和双音化发展

文　献	项　目			
	带宾语		双音化	
	VV	"V一V"	VV	"V一V"
《全元戏曲》	16(26%)	26(6%)	13(21%)	8(2%)
《水浒全传》	3(43%)	5(4%)	6(46%)	1(1%)
《西游记》	131(31%)	37(21%)	92(18%)	3(2%)
《封神演义》	8(36%)	4(13%)	4(15%)	0(0%)
《红楼梦》	319(38%)	31(16%)	170(17%)	1(1%)
《说唐全传》	45(45%)	11(8%)	2(2%)	1(1%)
《儒林外史》	66(29%)	31(38%)	18(7%)	3(4%)

从表5-6可以看出，"VVO"在元代的比例就高（26%），随后明代的"VVO"比例通常为30%~40%，清代"VVO"占整个VV中的36%~45%（《儒林外史》例外）。而元代"V一VO"仅为6%，随后上升到20%左右，明清两代的比例上升不太显著。也就是说，VV、"V一V"在带宾语能力方面都存在提高的情

况。如果考虑"V一V"中带宾语的情况，可以看出，元代带名词宾语时常常用"V一VO"结构，而带人称代词宾语时通常为"VO一V"，"V一VO"的大量使用是历时发展的结果，量词补语和宾语的顺序发展以及"VVO"的存在会影响"VO一V"向"V一VO"发展。

双音化方面，《全元戏曲》中双音节 VV 有 13 例，占总共 63 例的 21%；而"V一V"中双音节有 8 例，仅占 2%。从表 5-6 可以看出，在历时发展过程中，双音节 VV 的比例一直不低，所用动词也相对丰富，而"V一V"用双音节动词的情况一直不活跃。看来 VV 从结构上更适合双音节动词使用，而"V一V"双音节化在音律上不太顺口，因而一贯不常用；似乎很难有双音"V一V"大量使用然后再省略为 VV 的可能，即使双音 VV 大量使用，"V一V"仍然受到某些因素的制约而没有吸收 VV 的结构泛化特征。

总之，VV、"V一V"在元明清时期发展了其共有的口语特征，同时在结构功能上经历了相似的变化。

四、本章小结

这一章从细节入手考察 VV、"V一V"多项特征的变化轨迹，以证明两者从系统差异到形式功能融合的可能过程。元代"V一V"的使用范围远大于 VV，其原因在于"V一V"的动量性质使其不受非现实表达的限制，不受抽象相对量表达的限制。相对非现实表达的系统制约，说明重叠 VV 从来都是动词形态，其表量特征是语境下的相对有界理解的结果。明清以来，"V一V"的具体绝对量表达变弱，而相对抽象量表达增强，一部分"V一V"省略融入 VV，造成两者原本就不够清楚的界限变得更加模糊，原本分立的功能也变得相通，这样就进一步增大了 VV

与"V一V"形式功能互换的比例。于是，VV用于现实、绝对量表达比例增加，"V一V"使用抽象动词、带抽象宾语和作主观话语标记的比例增加。我们现在很难找出VV、"V一V"的语用界限。在儿化、双音动词化、带宾语、带"来/去/看/去来"方面，VV、"V一V"经历了相似的发展过程。像儿化和带"来/去/去来/看"都是两者适应口语语境的共同表现，而双音动词化、带宾语的情况，则是VV、"V一V"都经历了相似的结构能力发展。

我们可以沿着VV作为动词形态、"V一V"作为动量结构的思路，结合两者各项指标的历时发展，窥见两者相通与融合的理论基础。关键在于VV、"V一V"与动词原形在表量与表质上的系统差异。相对于动作类型V而言，VV、"V一V"都是具体语境中具有时间延续的动作行为，都比没有现实联系的V感知上更短更有界。VV的非现实表达属于"V一V"可以涵盖的范围。非现实语境中，VV的相对有界依托于环境因素，结果自然不确切，动量细节不确定；而表相对量的"V一V"中"一V"不易计量，所以从表量的角度看，同样是表量不确定。差别只在于VV的表量不确定是语法性的，而"V一V"的表量不确定是现实性的。即我们不容易确知现实中"V一V"到底持续多长时间造成"V一V"表量"不确定"，而我们因VV的非现实性不能表达VV动作的确切完结点，对任意未发生的动作都无从确知其具体动量。

第六章 当代动词重叠的语境表现

动词重叠的历时来源复杂，在当代语用中的典型表现是，其语用环境复杂、意义多样、功能微妙而难于概括。在动词重叠的当代语法意义及功能的讨论部分，我们将详细考察动词重叠在句法功能、特殊句式、动词选择和语境倾向等方面的具体表现，并以此为基础尝试解释动词重叠的语法意义及其语用功能扩展。

考察动词重叠的语法意义通常以其谓语祈使功能为依托，得出主客观"短时少量"（朱德熙，1982；杨平，2003）、"增强能动性"（朱景松，1998）或者"主控结束动作行为"（陈立民，2005）等看法。实际情况是，动词重叠还可以作主语、宾语、定语甚至状语。李宇明（1996、1998）考察了动词重叠除作谓语以外的其他句法功能，对其语法意义有不同的看法，认为是"调量"功能。"主控"与"能动"显然是绑定在祈使谓语中心上的，对于动词重叠的其他句法功能缺乏解释力。"量"的确定需要参照对象，不是以现实情况为参照对象，就是以抽象的动词原形为参照对象。如果以现实情况为参照，则要求动词重叠用于已然实现的情况，这样才可以判定动词重叠现实量与理论上可能的动作量相比是否表"短时少量"。但是动词重叠多半是尚未实现的，无法评定其现实量（张旺熹，2006）。如果以动词原形为参照，动词原形是抽象的量，动词重叠是具体的量，两者无论从主观还是客观角度都无法比较大小。

语境中体现不同句法功能、适应不同语境功能的动词重叠如何折射出其语法意义的特定方面是一个值得研究的问题。这一章的重点是对当代动词重叠的整体语境特征进行框架式描述，以便于后面章节进行更深入的细节分析。

一、动词重叠的两类基本语境表现

动词重叠的祈使谓语功能直接带来动词重叠已然和未然两种时间状态（李宇明，1998）。其中，未然占绝对优势，未然时间又与程度不等的祈使功能相应。从语境分布的覆盖率来看，这一概括存在三个方面的问题。

第一，绝对时间的已然/未然只适用于限定动词，只有限定动词才能体现以说话时间为参照的已然和未然。直觉上，动词重叠常作祈使谓语，但其作为限定谓语并非动词重叠唯一的用法，也不是其优势用法。在CCL语料库中，VV作为限定谓语中心的用例不足1/2。CCL语料库中日常对话的部分不多，似乎会影响相关结果，但即使祈使句或类祈使的日常用法中，谓语中心用法并不最常用，这或许能够说明问题。动词重叠最常出现于"希望、想、打算；要求、督促；让、使、去、来"等动词后面，表达未来时间导向的动作行为。此时，"希望""打算"等动词为主句限定动词，动词重叠为非限定动词，其时间为相对时间，由其前面出现的其他动词决定。此时不能将其判定为已然或未然。这类非限定谓语用法的动词重叠可以是已然发生的，也可以是未然发生的，都不影响其句法成立。而某些真正表示已然的动词重叠是需要特定条件才能独立成句的。如研究者常提到的动词重叠偏误用法——"昨天下午他做做作业"一般不能独立成句，但"昨天下午他想做做作业"则没有问题。可见，限定和非限定对使用动词重叠的影响突出，而已然/未然的区分因为没有考虑限定/非限定问题而对某些现象缺乏概括性和解释力。

除谓语非中心外,动词重叠的非限定用法还包括其作主语、宾语、定语甚至状语等用法,这些用法的动词重叠也不适合已然/未然分析。动词重叠的主语、宾语、定语等用法甚至不能用相对时间先时/后时来判断,它们偏向事物或性质方面,主要体现空间特征,缺乏绝对或相对的时间性。

常然、假然、条件等动词重叠限定用法也不能简单地概括为未然。动词重叠的常然用法可表过去常常发生的动作,即蕴含现实已然。常然、条件等表达突出泛时特征,也不一定是未然。论理性质的疑问性祈使句、助动词"应该、可以、要"等构成的祈使句中的动词重叠既体现未然,也能体现泛时间特性,因为道理适用于任何时间,用未然解释不能凸显其本质特征。

第二,未来时间导向不等于祈使功能,动词本身抽象的自主可控性也不等于动词重叠的祈使能力。因此,从未然角度概括动词重叠的主要功能覆盖力不足。非限定用法的动词重叠多表示相对后时发生,多给人未来时间导向的感觉。但相对后时发生并不等于未然,未来发生的动作也不等于祈使性动作行为。朱景松(1998)认为,评议句、变化句、致使句甚至表打算安排的叙述句都有祈使意味,事实上就是源于动词重叠参照说话时间的未然感,而并非真正的祈使。致使可以完全不体现祈使,变化句更不一定是"容让",评议句可以只关注普遍价值,叙述句更是无法体现祈使,只能反映现实。就算动词重叠作谓语中心,也不一定就是祈使。例如:

(1) 到时候给我也弄张票,让我也受受惊,好久都不知道什么叫害怕了。

(2) 很多饭馆开开就换招牌了。(日常对话)

(3) 出去闯闯也好。

(4) 明天跟当地的同志见见面,听听汇报。(朱景松,1998)

（5）活着嘛，干吗不活得自在点。开开心，受受罪，哭一哭，笑一笑，随心所欲一点。

例（1）—（5）说明，动词重叠使用的整体语境对其所在小句的语用功能影响很大，祈使只是动词重叠作谓语中心表未然限定时的常见理解，还有很多语境中的动词重叠不能以此概括。例（1）中"让我受受惊"与朱景松例"让他挨挨饿"没有句法形式的区别，但显然这是对前面祈使句的目的说明，其结果不可控，不表祈使。例（2）是笔者搜集的日常对话，谈论餐饮业的客观情况，而不是体现"弱祈使"的容让。朱景松文中的变化句多带有祈使句的相关成分，如"再、让"等本身就表"等待容让"意义，正是这些成分使得变化句表变化兼表祈使。例（3）是个典型的评议句，可表祈使，也可表单独评议，其功能取决于大语境。如果是针对已然的决定或现实情况，就是非祈使的评议；如果是尚未决定和发生的情况，只表达评议，则可间接祈使，其推理过程为"好的"—"应该做"—"做吧"。在缺省语境中，评议句单用多被理解为间接祈使，朱景松面对的正是这样的例子。但是，评议不都是"为什么不/应该VV"等动词重叠的规约化限定用法，也可以是"VV可以/也好/值得"等非规约非限定用法；另外，限定而单用的评议句也有很多复杂情况。例（4）是朱景松文中的叙述句，或许未然的特征使其认为例（4）也有祈使倾向，但这不符合实际。没有上下文，例（4）像是对未来情况的计划，然而叙述可以指导或不指导未来的动作行为，正如某些陈述句可以但不一定表间接祈使。例（5）是介于常然评议/未然祈使之间的一种表达，可以作为对未来生活态度的祈使看待，但"受罪"似乎不适合让人去做。总之，动词重叠的实际语用分布比其作为谓语中心的未然限定用法要复杂得多，未然的谓语中心动词重叠并不等同于祈使。

与之相关,通过动词重叠所用动词的自主可控性反推动词重叠的主导功能为祈使的逻辑也值得商讨。适用于动词重叠的动词(事件)多数都是自主可控的,并不能证明自主可控的动词选择性就是动词重叠的祈使性。这种说法颠倒因果、简化对应关系为决定关系。马庆株(1988)在提出自主/非自主的动词分类时,主要考虑的也是动词对祈使句的适应性。所有祈使句都要求被祈使的动作行为具有自主可控的性质,动词重叠要适应祈使句自然也需要选择自主可控动词,反之,动词重叠在非祈使句中不一定需要选择自主可控动词。但自主可控动词用于动词重叠不一定能体现其自主可控性,即"自主可控动词优势=自主可控动词重叠+未然发生=动词重叠祈使功能"犯了逻辑简化的错误。

第三,已然时间表现的动词重叠相对较少,已然表现与未然表现动词重叠的语法地位和功能不对等更不相同。已然/未然动词重叠的差别并未引起足够的重视,只有在对外汉语教学的动词重叠研究当中,有研究者注意到某些动词的已然 VV/"V — V"形式不能单独成句(杨平,2003),认为需带后续成分或者时体助词"了"。已然语境中动词重叠的误用是留学生使用汉语动词重叠的主要问题之一(吕滇雯,2000;王茂林,2007)。例如:

(6) 我昨天在街上＊走走/? 走了走,碰到一个人。(自拟)

(7) 星期天,我们＊逛逛街/? 逛了逛街。(自拟)

(8) a. 那天,他本来要出去走走。

b. 他摇摇头。他扯扯孩子的衣角。

例(6)—(8)说明有没有"了"或后续句,并不是已然句中动词重叠成立的绝对条件。例(8)中没有"了"或后续句,动词重叠依然可用。例(6)、例(7)有后续句或者"了",动词重叠也成立。已然语境中的动词重叠,如果是限定用法,受动词内在特征和句外语境的制约,句子成立或者不成立;如果是非限定用法，则与其他非限定动词用法的制约条件相当，一般在某些未来时间导向的动词后可以成立。目前，尚未见到有研究基于语境复杂性深入考察已然/未然动词重叠的相关差异，或者考虑动词重叠的内部构成或分化问题。

　　基于以上研究，结合动词重叠实际的语境分布和语法功能，我们的动词重叠研究主要考察两类语境表现。第一类，动词重叠的限定用法和非限定用法。这一分类旨在从动词重叠小句的句法功能角度研究动词重叠的语境表现和语法功能。动词重叠在作主语、谓语、宾语、定语、状语、补语的能力及相关限制与动词重叠的语法意义密切相关。谓语中心的限定用法与其他句法位置的非限定用法必然体现某方面的一致性，这是探索动词重叠核心语法意义的出发点。第二类，动词重叠的现实语境和非现实语境分布。现实/非现实的情态特征既适用于已然/未然的限定时间区分，也适用于动词重叠广泛使用的非限定用法；它们都是特定现实/非现实语境的动作行为，其句法语用细节（如主宾语功能、把字句、疑问句、否定句等）受到现实/非现实的情态制约。以否定为例，大多数研究者认为，动词重叠无法适用于否定，除非是在反问句、条件句、强调句等特殊句式中。为什么动词重叠优选这类语境呢？动词重叠能否离开这类语境被否定呢？从现实/非现实角度看，反问句、条件句、强调句、祈使句以及否定句本身都是非现实语境，动词重叠对它们的选择适用的实质是对非现实语境的整体适用。所以，否定性反问句、条件句等都可以用动词重叠，非祈使意义的陈述否定句中也可以用动词重叠。体会下列例句的非现实相关性。

　　（9）怎么不看看再说？
　　（10）不杀杀他的威风，他就不知道你的厉害。
　　（11）我连油壶倒了都不扶一扶。＊我不扶一扶倒了的油壶。

(12) 他还没来得及爱爱他的妻子和孩子。

例(9)—(12)说明,无论是现实中尚未发生的,还是理论上可能发生的,或者评价中无论发生与否、何时发生,以及现实中没能发生等情况,其事件的现实实现都是不完全的,动词重叠都能适用。有时候肯定的动词重叠不太好,而否定则很自然,如例(13)。这种特征甚至影响到动词重叠作定语的功能,肯定句中不能作定语的动词重叠在否定句中就可以成立,如例(14)。

(13) 他几次路过家门都(没有)/*回家看一看。

(14) 认识刘晓庆已有 8 年,但一直(没)/*有写一写的缘由。

现实/非现实的差别还关涉动词重叠的动词选择。已然的现实表达中,有的 VV 不能成立,有的却可以[例(6)—(8)],非现实语境中的动词重叠却不受类似限制。现实/非现实的差别很可能标志着动词重叠的内部功能分化。例如,与非现实语境形成对比,已然现实语境中的动词重叠不凸显自主可控性,也不限定动词的口语性,不限于体现相关动作行为的动态性。例如:

(15) 不经意地朝它们远远地看一眼,心里有个地方就很深地痛一痛。

(16) 茶房朝那二十元钞票努努嘴。

例(15)中"痛"是非自主的,显然不同于用于非现实语境的动词重叠。例(16)中"努嘴"是书面描写词汇,非现实语境中很难用到这样的动词重叠。可见,现实与非现实的语境情态差异关联着动词重叠的内部分化,对研究确定动词重叠的语法意义至关重要。

二、动词重叠的小句语境差别：限定与非限定

限定与非限定的区别实际是句中主要谓语动词与其他动词性成分的区别。限定动词通常带有时体特征，体现动词所表动作行为与表达时间的相对关系，即绝对时间。非限定动词没有与现实表达相关的时间特征，不体现绝对时间，只能体现相对于主要谓语动词的相对时间，或不显示时间特征。体现相对时间的非限定动词一般与谓语中心所表动作行为有一定的联系，共同构成谓语。不显示时间特征的非限定动词通常表现动作类型，其动词性不显著、不明确。限定与非限定的区别在有动词形态的语言中表现突出。限定动词有时体变位，而非限定动词不发生动词变位。汉语中没有系统化的动词变位，但可以通过否定添加的位置、正反疑问等判断限定性的谓语中心动词。如例（17）、例（18）中分别是"想"和"吃吃"为句中的限定性动词。

(17) 他想去凑凑热闹。
　　 他想不想去凑凑热闹？／＊他想去不去凑凑热闹？
　　 他不想去凑凑热闹。／＊他想去不凑凑热闹。
(18) 你吃吃看。
　　 你不吃吃看？／＊你吃吃不看？
　　 你不吃吃看就不知道味道。／＊你吃吃不看就不知道味道。

（一）限定动词重叠

限定性的动词重叠是其作小句谓语中心的情况，包括动词重叠作独立单句的谓语中心，或者复句中任一分句的谓语中心。单句和复句中的限定性动词重叠都可以是肯定的或否定的，是陈述的或是疑问的。例如：

(19) a. 您给评评分呀!
 b. 也不瞧瞧是谁?
 c. 他们就不想想,迟早有水清时候。
 d. 我嫁人、离婚、生孩子、调工作都没问问我妈。

(20) a. 我去去就回来!
 b. 既然小人已经纠缠了我们那么久,我们何不壮壮胆,也对着他们鼓噪几下呢?
 c. 一天不跟战士们谈谈心,或是生一顿气,心里过不去呀!
 d. 你们也不问问这辆车走不走就上。

限定性动词重叠中,否定用法比较特殊,所以否定和疑问常配合使用构成反问句,如例(20)b;或用于条件句中,构成否定性条件,如例(20)c。当然,少数否定性陈述句中也存在使用动词重叠的情况,如例(19)c、例(19)d。例(19)c还含有反问的否定语气,例(19)d表达带评价特征等陈述性否定。

限定性动词重叠在用于具体的现实情况表达时,多体现未然时间,用于单句;在用于常然或条件、假设等论理语境时,多体现泛时时间,即"理应如何"或"通常如何",其中常然表达可能是单句或并列复句,论理表达则多是复句。例如:

(21) a. 休息时,听听音乐,请家人读报。
 b. 他们将在这里度过悠闲而充实的一天。听听曲艺,打打牌,要杯清茶拉拉呱,看看报纸;高兴了也可以当回"票友",亮一嗓子京剧。

(22) a. 不信你就试试!
 b. 如果我多看她一眼,她就笑笑。
 c. 不先问问陈家要不要,在人情、道理上也说不过去。

通过对例(21)、例(22)中各例子进行比较,可以看出即便是表常然或者论理条件等也存在内部差异。在常然表达中，有的时间泛化特征显著，如例（21）a，有的时间联系相对具体，如例（21）b。在论理句中，有的与现实时间关联强，像是祈使，如例（22）a，有的与每次具体动作有关，如例（22）b，有的时间特征则相对抽象，如例（22）c。

某些虚化副词性成分，有的与动词重叠的反问祈使用法有一定的来源关系，有的体现比较和选择的意义，有的表催促或建议。它们都能增强动词重叠的祈使意味，成为祈使用法的限定性动词重叠的常见附加成分，常用的如"不如、不妨、最好、还是、干脆、要不、再、先、多"等。例如：

（23）还是等等梁委员吧，已经等开了，也不在这一时半刻的！
（24）你最好把此事跟他聊聊。

限定性动词重叠的用法可以简化为以下句式结构：

单句

（a）（主语）+VV/"V一V"。
（b）（主语）+为什么/怎么/何/也/就/不 VV/"V一V"？
（c）（主语）+没/不 VV/"V一V"。
（d）（主语）+时常/有时/常常/偶尔/每……/不时 VV/"V一V"。

复句

（a）（如果/要是/只要）……，就/便/只好+单句（a）；如果/要是……，+单句（b）。
（b）（如果/要是）不/没 VV/"V一V"，就/便+结果句。
（c）（主语）+时常/有时/常常/偶尔/每……/不时 VV/"V一V"，VP。

需要强调的是，单句（a）（c）（d）和复句（c）并不限于未然表达，在一定条件下也可以针对已然事件。如前例（19）d

的否定句，肯定句如前例（15）、例（16）。

（二）非限定动词重叠

非限定动词重叠的语境表现相对复杂，大致分为五类情况：第一类是能愿动词带动词重叠，第二类是计划、安排、愿望、要求等未来导向性动词带动词重叠，第三类是"有无""获取"等存在性动词带名词短语加动词重叠，第四类是动词重叠修饰其他动词短语，第五类是动词重叠作支配对象或评价说明的对象。

1.第一类情况：能愿动词带动词重叠

能愿动词带动词重叠的情况与一般联动结构中其他动词引入动词重叠的情况稍有不同。表"可能、必要、意愿"等的能愿动词通常有一定的虚化倾向，很多语法书将其称为助动词。由于这类动词体现小句的动词限定性，其后所带其他动词性成分则没有限定性意义，我们仍然将此类动词引入的动词重叠看作非限定类。在引入动词重叠时，能愿动词与计划、打算等动词的作用是一致的：在语义上，两类都是于动词重叠之前附加评价、将然等非现实意义；在形式分布上，能愿动词常常与计划、打算等动词配合或交替使用。

能愿动词可帮助动词重叠成句，使动词重叠自由用于叙述句，不限于祈使。能愿动词构成疑问句，会使整个句子带有常然论理的色彩，因此无须反问或间接祈使也能使用动词重叠。常用的能愿动词包括表可能的"能（够）、会、可以"，表必要评价的"应、该、要、必须"和表主观意愿的"敢、肯、要、愿意"等。例如：

（25）娟儿，你得讲讲道理。

（26）而初级机大多只能玩玩游戏、编些简单程序。

(27) 那天来一个外商，跟他们那儿一个企业家谈生意，非要见见县长。
(28) 难道休息的时候还不能自己拿自己开开心吗？
(29) 便宜得很，味道也不错，大爷要不要尝尝？
(30) 妈的谁要是不信，敢不敢给老子打打赌？

例（25）—（27）是叙述句中能愿动词引入动词重叠的例子，其中，例（25）可以理解为弱祈使，例（26）是对客观情况的评价，例（27）是对过去情况的叙述。例（28）—（30）是疑问句中能愿动词引入动词重叠的例子，其疑问的内容集中在能愿动词上，其中例（28）是反问句，例（29）、例（30）是一般是非问句。比较上述例子可知，能愿动词的添加是独立于条件假设等复句的动词重叠非现实使用条件，即非限定动词重叠结构是否用于复句中并不影响其成句能力。另外，"能愿动词+动词重叠"还能用作小句宾语、内嵌于相关结构。例如：

(31) 他希望能够和总理卡拉曼利斯"单独聊聊"，探讨推迟举行奥运会的可能性。
(32) 我想问一声，谁能救救那些没良心的大人？

例（31）中，"能够聊聊"作"希望"的宾语，既说明"能愿动词+动词重叠"作用于所在小句（local clause）的范围，也体现出第一类结构与第二类结构中"愿望要求动词+动词重叠"的语义相近和配合关系。例（32）表明作小句宾语的第一类结构不限于陈述句，也可以是疑问句，这进一步说明此时动词重叠的成句限制范围是靠动词重叠最近的小句。因此，第一类非限定动词重叠小句结构可忽略复句与内嵌等情况，简化为：

(a)（主语）+应/该/可/能/要/会/愿意+VV/"V—V"。
(b)（主语）+应不应/该不该/可不可以/要不要/会不会/愿不愿意+VV/"V—V"？

（主语）+（是不是）应/该/会/要/可/愿/肯+VV/"V — V"（吗）？

特殊疑问词+应/该/会/要/可/愿/肯+VV/"V — V"？

2．第二类情况：未来导向性动词带动词重叠

"计划、打算、愿望、要求"等未来导向性动词带非限定动词重叠的结构只表明动词重叠的相对后时发生，并不在乎其发生的时间状态是已然还是未然。从语义上讲，未来导向性动词大致分为五个次类：第一次类是表示"计划安排"的动词，包括"决定、要、打算、准备、安排、借机、答应、同意、设法"等；第二次类是表示"愿望要求"的动词，包括"想、希望、建议、主张、盼望、试图、提出、要求、愿意、执意、提议、决心"等；第三次类是表示"使/让/请/托"的动词，如"使、让、请、求、答应、帮、派、教、批准、代替、欢迎、雇佣、呼吁"等；第四次类是表价值评价的动词，如"值得、有必要、有可能"等；第五次类是表"趋向"的动词"来、去"，它们已基本虚化为动词的后时标志，类似于英语不定式的 to。它们的共同语义特征是所有动词都使得动词重叠表示的动作行为具有未来时间导向，即动词重叠所表动作行为必须后于限定动词所表示的动作行为发生。五类动词与动词重叠构成的结构为：

(a) 决定/打算/安排/同意+VV/"V — V"。

(b) 想/希望/建议/要求/试图+VV/"V — V"。

(c) 让/使/叫/请/托/派/劝+NP+VV/"V — V"；
邀请/邀约/拜托/奉劝/要求+NP+VV/"V — V"；
嘱咐/安排/命令/说服/督促/促使/组织/号召/应允/防止+NP+VV/"V — V"。

(d) 值得/有必要+VV/"V — V"。

(e) 来/去+（地点）+VV/"V—V"。

由于"计划安排""愿望要求""使/让/请/托"和"趋向"关注的动作行为必然会在这些"计划安排""愿望要求"等之后发生，其相对的未来导向显著。表价值评价的（d）类结构，其未来导向表现在从"正面价值"到"动作实施"的规约推理之上，当前认定为值得做的通常会在未来实施。从单纯评价的角度讲，（d）类属于泛时评价，但与未来时间并不冲突。以上语义表达的动词构成动词重叠局部结构成立的充分条件。上述（a）—（e）结构无论以分句形式存在还是以句内成分形式存在，都能使动词重叠符合成句要求。例如：

(33) 都是第一次来北京，趁春节人少，我打算带着家人好好看看北京城……
(34) 可他说"我特喜欢您演的刘大妈，也特想在您家坐坐。"
(35) 巡逻的鬼子，也挟着上了刺刀的大盖子枪，来中国商家逛逛了。
(36) 他看到他们被机枪射成两半，看到他们祈求上帝和母亲救救他们。
(37) 似乎都值得读读、想想。
(38) 我想，他们那两下子，肯定不如你，就想请你来写写。

例（33）—（38）以复杂句为主，但无论是像例（33）、例（37）那样直接用（a）(d) 小句格式的，或是像例（34）、例（35）那样用（b）(e) 结构作复句中分句的，像例（36）那样（b）结构用作动词宾语的，还是像例（38）那样配合使用（b）(c)（e）成句因素的，未来导向性动词是使动词重叠能够正常使用的关键。另外，很多动词或动词性结构无法归入上述五个次类，但它们的未来时间导向性也能使相应的动词重叠句成立,如"抽空""试着""趁机""提醒""示意""赞成""尽可能""想办法"等。例如:

(39) 您别急,别生气,再想办法求求董事长。
(40) 打这事后,我尽量多抽点时间遛遛马路……
(41) 我也不想跟车回去,正好咱们趁机上街转转。
(42) 好,等我回去查查。

3. 第三类情况:存在性动词带名词短语加动词重叠

第三类情况是表"有无"的存在动词和表"使存在"的"获得、买卖"类动词引入的动词重叠结构。此类非限定动词重叠结构可形式化为:

(a) 有/没有+NP+VV/"V一V"。
(b) 找/弄/买/做/拿/租/给/挣+NP+VV/"V一V"。

(a) 类结构中,动词重叠对 NP 有修饰限制的作用,相当于不定式定语。如果(a)类 VV/"V一V"之前有特定成分或其他成分标明其动词性,则"有/没有+NP"与 VV/"V一V"构成连动关系。(b)类结构有两种理解:一种与一般的(a)相同,动词重叠修饰 NP;另一种与特定的(a)类相同,动词重叠与其前成分构成连动关系。(a)(b)结构中,NP 不是无定有指的名词短语,就是抽象名词。例如:

(43) 木板床上有了床垫,还有个枕头,床边有把板凳可以坐一坐。
(44) 孩子总得有两件衣服穿穿,饭食也接不上了。
(45) 格泽尔停了一下,以便他们有时间想一想。
(46) 就是这条后腿长了点,有没有办法修修它?
(47) 他邢大伯身旁又没啥人,有条狗也解解心闷。

例（43）、例（44）中"有/没有"的宾语 NP 为无定数量名词短语，VV 修饰说明 NP。例（45）、例（46）中 NP 为抽象名词，VV 说明 NP 的用途和特征。例（47）中 VV 之前添加了副词"也"，使整个"有+NP+VV"结构倾向于连动理解。值得注意的是，(a) 类结构中否定的"没有+NP+VV"更自由、更常见，如果是肯定性的，则通常在整个表述中有评价性能愿动词，或者用于疑问、条件等语境条件下。另外，当 NP 为抽象名词时，(a) 类结构与第二大类（d）的评价结构有所交叉，如"有机会、有必要、有条件、有资格、有兴趣"等既是评价结构又是"有"字结构。这样的"有"字结构就不一定需要条件、否定、疑问等语境帮助其成立了。具有连动性质的第三类情况的动词重叠如：

（48）这么着吧，甭上集了，闹半斗小米子吃吃。
（49）饿了就从包袱里掏出些锅饼吃吃。
（50）雅芝这一阵子情绪低落，我正想找几个朋友陪陪她。
（51）哪里都是烫的，他找不到个地方去坐一坐。

在没有附加成分的情况下，连动的 VP+VV/"V一V"会像无标记使用的动词短语一样，被理解为祈使句，能够自然成句，如例（48）。如果用于叙述句，则需要条件复句、"愿望要求"等未来导向成分、否定成分等语境条件的帮助，如例（49）—（51）。

4. 第四类情况：动词重叠修饰其他动词短语

动词重叠修饰其他动词短语表现为动词重叠用丁类连动结构。所谓类连动结构，即动词重叠与其他动词短语并非构成平等关系，而是偏正关系。从功能上讲，根据动词重叠在类连动关系中的位置，动词重叠相当于状语或补语。动词重叠作状语的情况较少，但某些动词重叠常作状语，另一些动词重叠偶尔作状语。

动词重叠作类补语，通常表目的、结果。修饰性动词重叠的常见结构如下：

(a) VV/"V — V"+VP。

(b) VP +VV/"V — V"。

(a)为状语常用结构，(b)为补语常用结构。由于(a)(b)与连动结构没有形式上的区别，因此动词重叠的此类用法容易被忽视。实际语用中，可以依靠语境作出正确的判断。先看动词重叠作状语的例子。

(52) 老实说，那回我要是狠狠心收拾了他，老子还会有今天！

(53) 但他们为了争取这位客户，咬咬牙接下了订单。

(54) 全屋就老何不剩，像往常吃好梨一样洗洗吃。

为了方便与连动结构区分，我们选择了叙述已然情况的例子。这样，可以通过已然标记等考察 VV/"V — V"+VP 的表达重点，从而确定两者是修饰关系还是并列关系。例(52)中，动词重叠不能添加已然标记"了"。例(53)中，动词重叠"咬咬牙"若变成"咬了咬牙"似可成立，但会将抽象的"咬牙坚持"变成具体的"咬牙齿"，与原句表达的意思不符。例(54)中，"洗洗"明显表"吃梨"的方式，更不能加"了"。可见，动词重叠可表动作行为进行的方式，像"狠狠心、咬咬牙"等动词重叠的状语修饰功能具有一定的规约性。像"洗洗、掰掰、热热、问问、吃吃"等活动动词在特定语境条件下也可作状语，如"闻闻臭、吃吃香①"类似于"吃着香，闻着臭"，但主要用法还是表动态的动作行为。另外，动词重叠状语通常采用 VV 式。

动词重叠用作目的、结果补语的情况很常见，它们通常不带

---

① 这个结构也可以看作表说明的主谓结构，动词重叠作主语。

助词"得"字。这类结构通常理解为连动关系,只有在语境中考虑动词重叠与其他动词短语的相互关系,才能体会其修饰作用。例如:

(55) 有的时候,他觉得应该别五支,摆摆阔。

(56) 姨丈跑来我们家,死求活求,好歹要我妈去陪淑英姨娘几天,坐坐镇,压压她的胆儿。

(57) a. 他劳累了一天,正躺在热炕上歇歇衰老的身子,而你却闯进去说:"冷元哥!你儿子死啦……"

b. 这是我为毛主席七十大寿填的一首词,表表心意。

例(55)—(57)中,"摆阔、坐镇、歇歇"等都不是具体的动作行为,而是表达动作行为的某种性质,具体的动作行为只是"别五支钢笔""陪姨娘"和"躺在热炕上"。动词重叠从动作行为作用性质的角度,帮助说明需要实施或已然实施的相关动作行为的原因或意图。例(57)更具有说明性,其"VP+VV"结构由表进行的副词"正"修饰,"歇歇衰老的身子"显然不是结构中的主要成分,因为动词重叠不受进行态副词修饰。将动词重叠分析为前面动词短语的补充修饰成分,能更好解释进行态的使用。实际上,在这些动词重叠之前,还常出现或添加表目的连接的"好、要、来"等成分,其补充修饰作用更加明显。例(57)b中,"表表心意"独立修饰前面的句子,说明已然行为"填词"的主观意图。

5. 第五类情况:动词重叠作支配对象或评价说明的对象

动词重叠作支配对象或评价说明的对象时,动词重叠作小句主语或者宾语,或者介词宾语。常见结构为:

(a) 主语+是/不是/只是/就是/为的是/不过(是)+VV/"V—V"。

(b) 主语+满足于/局限于/喜欢/顾不上/忍不住+VV/"V—V"。

(c) VV/"V—V"也好/不错/可以/不难/没什么/无可厚非/是必要的/有利于……/是一种休息/感觉不一样。

(d) 除了/为了 VV/"V—V"+小句；
把 VV/"V—V" 当作……；
在 VV/"V—V" 中，……；
小句+比如/譬如/像 VV/"V—V"。

（a）（b）为动词重叠作动词宾语的结构，（c）为动词重叠作主语的结构，而（d）是动词重叠作介词宾语的结构。无论是哪种结构，动词重叠都出现在评价性语境当中，要么是评价的对象，要么是与其他成分一起构成某种评价。（a）（d）类主要是目的、性质、特征评价，（b）类主要是特征评价，（c）类为价值评价。例如：

(58) 但他们无非只是说说而已。

(59) 我不过在街上散散步。

(60) 也有一些同志，下到基层仅仅是为了走走形式、做做样子，或是为了向上级汇报。

(61) 当初我演戏的时候，倒喜欢听听别人的评论。

(62) 想想这些也好，想想也是安慰。

(63) 在这种情况下，听听学校老师的意见也很有必要。

(64) 为了换换空气，调节一下精神，杨沫索性也于晚间人静时，打开禁门……

例（58）中动词重叠表性质，说明"他们是说而非做"。例（59）中动词重叠既表性质也表目的，"我的行为"其目的、性质也仅限于"散步"。例（60）中糅合了（a）（d）的特征，即"走走形式、做做样子"充当"为了"的宾语，而目的短语"为了……"作"是"的宾语，整个句子表目的评价。例（61）中"听听别人的评论"作"喜欢"的宾语，说明"我"的特点。例（62）中"想想"作主语，后面带价值评价。例（63）也是动词重叠作主语表评价的例子，其特点与第二类中的（d）结构"有必要+VV／'V一V'"相关，它们采用了一样的评价词语。实际上，第五类（c）中很多评价词语都跟第二类（d）结构中的评价词语相近或相同。例（64）是简单的动词重叠作介词宾语的例子，由介词的性质决定动词重叠所在结构的目的评价作用。

综合动词重叠的限定和非限定用法的实际语用结构，可知：第一，动词重叠的实际用法远超出祈使句的范围，其语用复杂性是造成研究和习得困难的主要原因；第二，动词重叠的复杂语用结构有规律可循，动词重叠在限定用法上优先选择祈使句作为标准语境，从而满足其语法要求，疑问、条件、否定、常然等泛时语境也能够满足动词重叠的语法要求，从而构成其限定用法的常规语境。动词重叠的非限定用法占据其所有用法的绝对优势，各类非限定用法结构都能满足动词重叠的语法要求。通过探索动词重叠限定和非限定用法的共同特征和限制范围，就能够弄清动词重叠使用的语法要求具体是什么。下面，我们将从现实/非现实的动词重叠语境角度讨论和解答这个问题。

三、动词重叠的整体语境差别：现实与非现实

这一部分讨论动词重叠对非现实语境中的自由选择和在现实语境中受到的选择限制。这不仅有助于弄清动词重叠的内部分化和主要语法特征，同时也能为无形态标记的语言中非现实类别的判定提供新的证据。

现实/非现实是一对情态范畴，基本差别较为明确。现实情态所关联的表述具有现实性，即相关情况已然形成或正在发生。

相应的，非现实情态所关联的情况没有现实性，即相关情况没有形成或尚未开始。关于现实/非现实在语言中的表现及其范围存在着广泛的争议。很多有形态的语言具有专门的现实/非现实形态标记，但不同语言的现实/非现实标记的适用范围却不一样。例如，在对于未然、疑问、否定、常然的现实/非现实归属上，有的语言将否定、疑问划入现实，将未然、常然划入非现实，而有的语言将否定、未然、常然都标记为非现实，有的语言甚至将一部分常然、否定等归入非现实，将另一部分常然、否定归入现实范畴（Palmer，2001）。对于像汉语这样的无形态语言来说，否定、疑问、常然等的现实/非现实归属自然更难定论（沈家煊，1999；张伯江，2000）。张雪平（2012）指出否定、意愿句的现实/非现实其实是一个语义理解分裂的问题，相对于现实肯定描述的否定、意愿句是现实的，而作为常规状态表述的否定、意愿句是非现实的，即现实/非现实在语言中的不同表现，并不是理论本身的问题，而是对实际语言理解的差异问题。

就动词重叠的语境特征而言，其未然、否定、常然、条件、疑问等都体现的是非现实性。这是我们根据动词重叠的限定/非限定实际表现得出的结论。所有动词重叠的非限定用法都不可能是现实的，因为它们没有绝对时间表达能力、不与现实时间相关联，它们在现实中发生与否不是其需要表达的内容。如果考察非限定动词重叠的大语境，我们会发现非限定的动词重叠的出现，要么体现相对未来发生，要么帮助体现评价性泛时。体现相对后时的非限定动词重叠，其语义类别包括祈使、计划安排、愿望打算、使令要求、后续动作等，囊括非限定类别的第一类（a）的大部分，第二类所有（a）(b)(c)(e)和（d）的一部分和第三类（b）等结构。体现泛时评价的非限定动词重叠，其语义包括评价、修饰限定、补充说明等，囊括非限定类别的第一类（a）的一部分和全部（b），第二类（d）的大部分，第三类

(a) 和第四、第五类的全部结构类型。此外，动词重叠的限定用法中，否定、疑问、常然、条件等都是动词重叠自由使用的条件，与非限定用法更为接近或相互配合，当属于非现实范畴，即单句类型中的（b）（c）（d）和所有复句类型。表未然的单句（a）也属于非现实范畴。在所有动词重叠的语境表现类别中，仅有表已然描述的单句（a）类属于现实范畴。

我们对动词重叠的上述现实/非现实分类，有理论和现实两方面的充分理由。其一，理论上上述分类符合动词重叠的标记性表现。调查发现，只有单句（a）类的现实表达受到语法限制，即不是所有能重叠的动词都可以那么用，也不是所有能重叠的动词都能单独那么用。也就是说，动词重叠的语境标记性只限制动词重叠的现实用法。剩下的动词重叠都能自由使用，而其中祈使、条件、论理、疑问等都是语义上确定的非现实表达，根据语用表现和标记一致性特征，可以认定自由使用的动词重叠的限定用法都是非现实的。非现实性是动词重叠的无标记语用条件。常见的动词重叠误用多数出现在现实标记用法中，如：

(65) ＊他星期六学校玩一玩，后来回家了。

(66) ＊我在路上走走，碰到一个人。

现实用法的这类错误至少受动词语义特征的限制。只有可短时反复的人类肢体动作动词才能较自由地用于现实描述。如：

(67) 他眨眨眼。

(68) 说着站起来，拉拉玉儿的头发，继续说：鬼丫头，死心眼儿！

"拉手、眨眼"等动作具体且能短时反复，现实性强，边界清晰，延续性弱，因而用于现实句很自然。不同动词的短时反复性和具体性存在一个渐变的序列，有的动词具体但短时可反复性不那么显著，也可以在特定语境中取得短时反复性，从而用于现实句。例如：

(69) 他看看我，笑笑。

(70) 罗盘伸出两个手指头比比，"罪有应得。你不管有意无意也是有条人命案。……"

例（69）中"看看、笑笑"是指"看一眼、笑一下"，例（70）中"比比"不是"比较、比赛"，而是一次性的"比划"。即便是可短时反复的表肢体动作的动词，在现实语境中单用也不常见，通常带后续动作表达或者有交替动作与之相互确定动作界限。

延续性强或抽象性突出的动词要用于现实限定用法必须有其他成分的帮助，以标记动词重叠的终结边界即现实性。对延续性动词而言，常用方法是添加后续结果成分，如例（71）。对抽象动词而言，就是添加后续动作成分，从而使抽象动词短语转化为具体的动作意向，如例（72）。

(71) 等等你不来，我就留她吃晚饭了！

(72) 他定定神，张开眼，就看见面前也有一双眼睛在看着他。

前面对非限定用法的分析和限定用法中非现实用法的举例都说明，在非现实表达中，动词重叠的使用是自由的。至于动词重叠现实用法的详细限制条件以及其对动词重叠语法意义的影响，留待后面章节讨论。

其次，现实语用中动词重叠非现实用法的各种类别具有融合特征，它们语义互通，标记成分混用。比如，限定性祈使表达可以通过添加非限定能愿动词或者未来导向动词来实现，也可以通过问句、评价句间接实现。例如：

(73) 你应该到汤富海家显显圣呀。

(74) 我到邢大婶家张张口去。
(75) 怎么不找地方躲躲雨呢？
(76) 他们都回来了，大家聚聚倒不错。

限定性疑问基本都是论理疑问，可以添加能愿动词和未来导向成分，常常同时表达价值评价和祈使。如：

(77) 哪位（能/来）请请我啊？能借几张给我使使吗？
(78) 能不能先请各种各样的"文化"之争降降温？

否定句常与疑问句配合使用。否定句中隐含能愿评价，可添加相应的能愿动词。如：

(79) 何不追追这样的明星？
(80) 你一直都很诚实，你甚至从来都不（会）装装样子。

条件、目的句常常使用能愿动词，常然句也会带上评价或者未来导向动词。如：

(81) a. 三仙姑去寻二诸葛，一来为的是（要/想）逞逞斗气的本领，二来为的是（要/想）遮遮外人的耳目。
 b. 要是他不愿开口，我可以吓吓他！
(82) ……，时常还能跟姥爷、姥姥散散步、踢踢球什么的。

非限定的各类动词重叠用法的标志词也常常相互配合使用。如：

(83) 希望你能到场，给 A 师鼓鼓劲。
(84) 即使去不了根儿，起码也能在老百姓面前叫他们露露丑，亮亮相。
(85) 当下革命热情高涨，几乎决心要到街上放放火，扔扔炸弹，喊喊口号。

(86) 粞的父亲大约是背部很痒，不断地扭动着身体，使衬里的衣服可以挠挠背。

总之，从标记和语义的角度来看，非现实语境的动词重叠从泛时或相对未来两个角度表现非现实性。泛时角度的非现实动词重叠或者用于评价，或者用于非时间性状态说明。相对未来角度的非现实动词重叠表祈使、愿望、要求、目的等。从标记的角度看，非现实限定的否定、疑问、常然、条件等语境标识与非限定非现实的能愿、将然、愿望要求、计划打算、价值评价、目的等成分标识相互配合、相互隐含。可见，各类动词重叠的非现实用法具有相当程度的内在一致性。

其三，现实语用中动词重叠非现实用法的各种类别没有特定的主句时间限制，基本都可以出现在各种时间特征的句子中。动词重叠的语境复杂性的重要特征是，出现在各种类别各种层次的内嵌结构中，非现实性是保证动词重叠成立的条件，因而在最小结构层面的非现实性就能够保证动词重叠的合法使用。限定性动词重叠的引用自然不用说，具有很大的自由度，比如对话描写中引用的祈使、疑问等。例如：

(87) 讲到采豌豆吃，想到"豌豆荚荚，大家摘摘"的童谣。
(88) 他说："咱们祝祝索瑶吧？"

常然用法的动词重叠可以表过去常然、未来常然和泛时常然，也可以出现在条件、目的等复句中。交替动作作为一种特殊的常然状态，可以很短暂，也可以具有较大的时间跨度。例如：

(89) a. 召乌力吉偶尔有过几次在院里拔拔草。
　　　b. 现在，有空就来骑骑双人车，身体舒坦多了。
　　　c. 而那些外行们，却总是爱之太深，忧之太勤，时而看看它，摸摸它，摇摇它，看是否牢靠，招招它，看是不是死了。

(90) a. 人们似乎看不过来了，又顾着细看人头，又舍不得音乐队，大家东撞撞西跑跑，似乎很不满意只长着两个眼睛。
　　 b. 儿女帮他进进货，他看看门店记记账。
　　 c. 有钱的人家里并没有什么事的。倒倒茶，端端菜，递递烟。

例（89）中a、b、c分别体现确定的过去常发生的、现在按规律发生的和按照道理常发生的动作。例（90）则是重叠连用，通常是用动作交替的方法表达常然，这种常然同样可以是过去的、具体的一小段时间内发生的，也可以是过去或者现在较长一段时间内发生的，还可以是按常理应该交替发生的动作行为。所以说，动词重叠用于非现实常然表达，其本身并不要求特定的时间片段。动词重叠表达的常然倾向于说明一种规律，而不凸显动作的具体性。同样，条件句中的动词重叠可以是已然情况、未来情况或者没有具体的针对性。如例（91）a中条件是未来的活动，而b则是过去的情况，例（92）是假设的一般情况。

(91) a. 闷闷就好了，得先挪挪它的气性。
　　 b. 但一些厂家或个体户简单到用筛沙子的筛子筛筛，用人工搅搅就卖钱了。
(92) 如果给它们归归类，大致可以分为四种类型。

　　非限定用法的动词重叠，只要具有合法的非限定形式，就能出现在各种内嵌层次中。因此，非限定动词重叠所在句子针对的情况可以是过去的、现在的或者泛时的。例如：

(93) 以前我以为女人都是弱者，她们能做的不过是任任性要点儿小脾气掉掉眼泪什么的，可是我错了。
(94) 我还巴不得有人告告他呢。
(95) ……以为是一般流感，抗抗就过去了。

(96) 朋友们还没走净，虎妞为顾全大家的面子，想拦拦父亲的撒野。

动词重叠作定语，完全是非时间的表达，多数遵循非限定动词的结构条件。如例（97）中，动词重叠通过常然表达、体现泛时评价、计划打算、条件性等构成支配定语。例（98）通过动词重叠结构修饰的中心语体现非现实的未来时间导向，动词重叠可以直接作同位定语。

(97) a. 那种朝三暮四这儿钻钻，那么看看，随风倒的人和事，不会长久。
b. 说到戏曲，他是个可在坛子上伸伸脚舒舒腰的专才。
c. 常昊这时出战"一定要会会他"的羽根直树，初战告捷。
d. 这些上班钻山，下班看山，火了骂骂山的热血男儿，毫不心动，依然坚守在隧洞工地上。

(98) 当然也包含有向她述述辛苦表表功劳的意图。

上述讨论进一步证明，动词重叠的语用条件是底层结构（local structure）层面上的非现实要求，非现实语用结构是动词重叠的基本表述结构。非现实动词重叠具有最广泛的结构和最多的用例，受到最少的语法限制，因此非现实语境是动词重叠无标记语境。现实性动词重叠用法动词受限、语法语义受限，用例较少，因而现实语境是动词重叠的有标记语境。动词重叠用法的现实限制，以及现实限制与动词重叠表现形式及语法意义的相互关系有待关注。

四、本章小结

本章根据 CCL 语料库中获得的 VV/"V — V" 重叠使用例

证，详细分析和总结了动词重叠的语用结构和语境条件，发现动词重叠不仅作为限定性动词结构出现在祈使句中，也出现在一系列表达否定、疑问、条件、常然等非现实语境中；更多的动词重叠作为非限定结构出现在能愿、意愿、计划、打算、安排、要求等动词后面构成未来时间导向的表达，或者出现在限定、修饰、说明、评价等结构中，构成被支配说明或者评价的对象或修饰限定说明等成分。从现实/非现实情态的角度来看，动词重叠是无标记用于非现实语境的，主要体现未来时间导向的非现实性和泛时评价说明导向的非现实性。动词重叠不能单独直接用于现实语境，即限定的现实表达的动词重叠是有标记的，其限制范围狭窄，其特性值得专门研究。本章对动词重叠实际语用结构和语境条件的梳理，希望有益于人们对动词重叠语法意义的深入研究，进而有益于促进动词重叠相关的语言教学。

第七章　动词重叠的非限定表现：主宾语用法

动词性成分作主宾语与其作谓语的主要差别是指称性增强、时间性减弱。动词重叠的主宾语用法①属非限定语境类别，与谓语用法相比不适合凸显时间相关的时量、动量等，这对动词重叠的语法意义概括构成不利影响。如例（1）—（4）中，动词重叠VV（短语）无法与动词原形VV（短语）形成时量对比，"短少"特征不明显。例（1）中"湿湿脚""踩踩水"可以解读为隐含"少量"意义。例（2）的表达与"短时少量"意义不相同，"看看、住住、用用"意为"看着、住着、用着"。例（3）、例（4）突出动词重叠的方法/目的意义，也很难说作为方法目的的活动规定了相关时量、动量，更谈不上"短少"；"拔拔草、省省钱"不会跟"拔草、省钱"进行时量对比。

（1）即使不是在海中翻腾，在海边湿湿脚，踩踩水也是有的。
（2）汪百龄看看很舒畅，住住很适意，用用倒也很方便。
（3）最好的办法就是到花园里去拔拔野草。
（4）谁不想住得高级，我不过是想省省钱。

---

① 由于主宾语功能主要采用VV形式，"V—V"形式很少用，对动词重叠主宾语功能的考察集中在VV上。这也是VV和"V—V"比较显著的区别之一。

主宾语功能通常认为是受限的特殊的动词重叠用法。李宇明（1998）认为，时量动量蕴含于动词重叠中，使其在主宾语位置体现出更强的动态性。强动态性让动词重叠主宾语功能比动词原形受到更多限制，主宾语用法比例极低（李珊，2003）。这一解释有两点可以讨论：一是量性特征与动词动态的相关性问题，"相关"并不等于"因果"，如何相关、谁因谁果还是互为因果需要进一步考察。动词动态必然表现为过程，联系时和量，但动态过程不一定是可计量的，如瞬时动词、短时达成动词、抽象动词等有过程但不需要计量①；动态过程也不一定是需要计量的，如主宾语位置的动词重叠表活动类型，其时量可不作考虑。二是动词重叠的主宾语用法与其动态性的关系问题。动态显著可能造成动词重叠主宾语用法受限，动态不显著可能使动词重叠主宾语用法很常见；具体要看动词重叠用法的现实表现。李珊（2003）的调查对象是文学作品，其中动词重叠以直接引语的谓语祈使为主，显然对评价性质的主宾语动词重叠不公平，因为对象平衡才有利于呈现真实的动词重叠主宾语用法与其谓语用法的相互关系。

我们考察的北京大学 CCL 语料库网络版全部单音节动词重叠数量巨大、用例丰富、分布相对均匀，有利于搞清楚动词重叠主宾语用法是否特殊、有何特殊，为基于动词重叠句法功能共性探究其语法意义提供了研究基础。本章首先讨论动词重叠句法功能的比例问题，证明主宾语用法与谓语用法相对一致，并不特殊；其次论述动词重叠主宾语用法的指称性问题，证明主宾语位

---

① 这联系到另一个问题，就是可重叠动词的范围。瞬时动词重叠常见的有"醒醒、睁睁眼"等，抽象动词重叠如"开开恩、闭闭眼（表放弃）、显显富、撤撤职"等，短时达成动词重叠如"换换位置"等。后面有章节集中论述实际重叠动词的范围及其与动词重叠语法意义的关系。

置上动词重叠与动词原形的接近性；最后讨论动词重叠主宾语用法与动词原形的语法意义差异。

一、谓语功能参照：动词重叠主宾语用法之不特殊

理论上，动词重叠动态性强，其主宾语用法受限且相对其谓语用法数量稀少。但调查结果显示，作主语和作宾语①的动词重叠与作谓语的动词重叠数量相当，甚至总体数量多于作谓语的动词重叠数量。以口语常用的"听听""走走""聊聊"为例，动词重叠主宾语用法和谓语用法的比例分别是614∶636，354∶332，187∶129②。动词重叠的句法功能并不受其动态性与特定句法位置动态容纳力的影响。实际上，祈使用法是动词重叠谓语用法的主要阵地，如果用于陈述或以陈述为基础的疑问，动词重叠则更多地体现出主宾语、定语等功能。也就是说，相似的意义，从祈使转化为陈述，其中的动词重叠就需要从谓语位置转移到主宾语位置。从祈使谓语到谓词宾语的例子如例（5）和例（6），例（7）和例（8）。

（5）得了，咱们聊聊吧。
（6）我想跟你聊聊。
（7）我好好想想吧。

---

① 主语用法的动词重叠容易判断，宾语用法的动词重叠包括动词重叠作谓宾动词宾语，作系词"是、算、等于"或者介词"除了、比、把、为、在"等，以及举例成分"例如、比如"等的宾语。动词重叠的谓语用法主要是动词重叠直接作谓语或动词重叠作连谓结构构成成分的情况。

② 需要说明的是，短时肢体动词短语的重叠以表已然现实动作描写作谓语为绝对优势，如"摇摇头/手""咬咬牙/嘴唇"的主宾语用法与谓语用法的比例分别为21∶1202和20∶182。这类重叠用法与特定动词语义相关，又优先选择已然现实语境，它们可能与一般未然用法的动词重叠存在差异，其类别归属有待考证。

(8) 我希望好好想想。

动词重叠的祈使谓语用法即对某种愿望、要求等的表达，如果要陈述，动词重叠通常就变成表愿望、要求的谓宾动词、助动词等的宾语。常见的此类动词、助动词包括"想、希望、要、可以、能、肯、得、愿意、同意、乐意、打算、计划、决定、呼吁、提倡、邀请、喜欢、准备"等。由此可知，动词重叠作宾语和作谓语的差异只是陈述和祈使的表述选择不同。动词重叠作主语，其表陈述还是祈使可能有些模糊，其原因是，在表达愿望要求时两者可以取得一致，例如：

(9) 逛逛怎么样？
(10) 去找他谈谈也好。

在例 (9)、例 (10) 当中，作为愿望要求的动词重叠短语，无论是被提问还是评价肯定都相当凸显，说话人的愿望倾向性不会改变。例 (9) 可以看作"祈使+附加问"，或者主谓句。例 (10) 可以看作"附加评价的祈使"，也可以看作动词重叠短语作主语的复杂主谓句。也就是说，祈使句中作谓语的动词重叠，在陈述句中可以作主语，表达相似的愿望要求。当然，根据句子结构的不同，作主语的动词重叠表祈使的能力参差不齐，例如：

(11) 我站站，直直腰好！
(12) 看看可以，说话算话。
(13) 老同学在一起谈谈心、吃吃饭，有什么值得大惊小怪的呢？
(14) 失去了自由，看看外边的汽车、行人也是种乐趣。

例 (11) 中，动词重叠表示说话人的愿望，像自我祈使，也可解释为对已然个人行为的评价解释。例 (12) 表容让、允许，接近于对他人的祈使，但也是评价表态。例 (13) 更多地倾向于对已然行为的性质评价，不再被理解为祈使。例（14）完全是对行为类型的性质归类。

通过比较例（5）—（14），可以看出无论动词重叠的句法位置如何，它们的共同点在于说话人对动词重叠相关动作行为表达评价倾向。作谓语的动词重叠的评价倾向就在祈使的态度中；祈使是说话人希望要求的动作行为。作宾语的动词重叠的评价倾向体现在谓宾动词或助动词中，因为这些谓宾动词表愿望、要求等。作主语的动词重叠的评价倾向是谓词主语句的本性；所有谓词主语都必须用于评价句，评价倾向由主语与谓语的关系决定。换句话说，评价性是动词重叠句法应用的基本语义要求，动词重叠只是在不同句类中句法功能表现不同。动词重叠表祈使作谓语，隐含评价。反过来，某些未然的动作行为的肯定评价也可以用作祈使，此时动词重叠作主语。如果动词重叠评价句不表未然的动作行为，或者不是肯定倾向评价，那么动词重叠作主宾语表评价，但不用于祈使。

动词重叠的评价性体现在祈使与陈述、谓语功能与主宾语功能之间的相通性，还体现在其谓语功能对评价性助动词的容纳能力上。很多祈使句中的动词重叠谓语都可以添加"得、要、能、需要、应该、可以、肯、敢"等，从而变成助动词宾语。例如：

(15) 我得瞧瞧你……这孩子真是头是头，脑是脑。/我瞧瞧你……

(16) 你能谈谈印象吗？/你谈谈印象吧。

(17) 这是他的名片，你可以去找找他。/这是他的名片，你去找找他。

(18) 咱们要跟他们算算细账。/咱们跟他们算算细账。

反过来，很多表愿望、要求等的动词重叠评价陈述也可理解为委婉间接祈使。例如：

(19) 我想去海边走走。
(20) 你们应该多出去玩玩，散散心。
(21) 你跟他单个单说一说，就是求求他，也不碍。
(22) 听听音乐，读读闲书，实在是夏天里最快乐的事情。

例（19）—（22）理解为祈使的基本逻辑是，表愿望的动作行为可以在未来发生，也值得发生，则可看作祈使。

当然，偏向于抽象评价和常然状态的动词重叠主宾语用法主要就是评价，不一定跟祈使相关。常见的动词重叠主宾语评价句结构包括"是/算/表示"等系词句［如例（23）］，"值得、顾不上、忘了、不免、来不及"等评价谓宾句［如例（24）］，"除了、只有、为了、把、比如"等介词宾语句［如例（25）］，以及带其他评价成分的一般评价句等［第六章动词重叠非限定分布第五类情况，如例（26）］。

(23) a. 原先缝缝绣绣只是做做嫁妆，而今，外面的人喜欢起这种乡土织品……
   b. 起初，人们以为他只是做做样子罢了。
(24) a. 酒酣耳热之际，少不得谈谈风月。
   b. 钱氏的野心是决不止于做做"上帝之梦"的，他还想……
(25) a. 他这是自谦，把业余写写旧体诗说成是比打马牌下象棋略胜一等的营生。
   b. 机警也罢，幽默也罢，都让你在随便翻翻之中，求得片刻小憩。
(26) a. 等等也没什么，我没有什么要紧事。
   b. 往往好事说说容易做做难。

综上，动词重叠的主宾语用法与谓语用法本质上都是用于非现实评价，差异只在于时间（已然/未然）、句法表现（限定/非限定)、表达功能(祈使/陈述),两者可相互转换,数量上也不分伯仲。动词重叠的主宾语用法并非动词重叠的特殊用法,所受限制并非来自主宾语位置动态性的不足。

二、动词原形参照:动词重叠主宾语用法之特殊

动词重叠的主宾语用法看起来特殊,是因为主宾语位置是非时间性的体词位置,更多体现静态的事物类别,作为抽象类别的动词原形更适应主宾语的静态位置。相比之下,作为动词形态的动词重叠出现在主宾语位置,表达动作行为的类别而非动态的动作行为,与动词原形作用相当。这种动态与静态的矛盾给人以动词重叠的主宾语用法特殊之感。

主宾语位置的动词重叠非常接近动词原形,两者在形式和语义上都有极大的可比性。动词重叠像动词原形一样,常被当作活动类型加以概括、列举、对举、比较和评价。有时候,语境直接表明动词重叠表达的是一件事、一种活动、一种方法等,例如:

(27) 方法可以是散步,与别人聊聊与考试无关的事情。

(28) 无事拿来献献宝,夸耀于人,更是一乐。

有时候,动词重叠用在列举性的短语之前或之后,表示活动类型举例。此时,动词重叠可以单独出现,如例(29),或者与动词原形短语并列,如例(30)。

(29) 在剧团里也就是跑跑"龙套",拿拿衣服什么的。

(30) 在周末适当地从事一些不带竞技色彩的休闲体育活动,比如打打球、爬爬山,或者与亲友一起郊游。

动词重叠表达活动类型列举时,常常与概括、对举比较和目的评价联系在一起,常用结构为"除了……,就是""不是……,而是……""不如、不及、满足于、习惯于、喜欢、情

愿、不仅仅是、不过是、就是、无非是、在……中、为了、为的是"等。如例（31）—（35），动词重叠表达的是一种被列举、被评价的活动类型。很多时候，重叠与非重叠的动词短语并列表达活动类型，重叠动词容易与动词原形自由替换。例如：

(31) 那时他在灯泡厂的工会任职，除了刷刷安全生产的大字之外，就是给超龄青年办舞会、给火葬场的李师傅送烟票等等。
(32) 他情愿钓钓鱼，或者去化装舞会和酒馆消磨时间。
(33) 钱放在手里也是贬值，倒不如买股票撞撞大运。
(34) 它不仅"填填肚子"而已，还有交换信息、恢复疲劳等种种功能。
(35) 说俏皮话，打哈哈，不为别的，只为招大家一笑，露露自己的精细。

有时候，动词重叠直接作主语表示活动类型，接受谓语的解释说明。如例（36）、例（37）分别是对特定活动类型持续时间的说明和对其意义的解释。我们不能说持续半小时的"走走路、散散步"本身有个时量限制，也不能说表达特定含义的"耸耸肩、摊摊手"与"耸肩、摊手"能体现出不同的时量意义。不管重叠与否，它们都表示某类活动。

(36) 三个半小时就是说，早晨起来走走路、散散步半个钟头，只要你愿意做操、跑步、走路、爬山都可以。
(37) 耸耸肩表示无可奈何，摊摊手表示没有办法。

另外，对动词重叠所表活动类型的概括比较、对举评价等，也是对相关事件或活动的性质说明和限定。动词重叠表活动类型的例子很容易体现性质评价功能。动词重叠作主语，通常由谓语或系词宾语说明此类活动的性质特征，例如：

(38) 耿林竭力装出一副行家里手的样子,好像与女人调调情是他的家常便饭。

(39) 与政府部门、经济学家对对话,加强理解,取得共识,很有好处。

当动词重叠作宾语,特别是作系词宾语,并受到"不过、就、主要、充其量、随便、大都、其实"等副词修饰时,动词重叠很容易从表达特定活动类型转化为体现特定活动特征的事件性质说明。这类副词的主要作用是强调主语与动词重叠宾语的限定等同关系,即主语的性质不超出动词重叠规定的活动类型范围。例如:

(40) 在外行人看来,鉴定文物不就是看看字画,瞧瞧瓷器,挺有趣、挺潇洒。

(41) 看你的运气,投资技巧并不实际,因为股市并无记忆,大家都只是瞎估估。

(42) 张业生是个实在人,虽说这第一回出去主要是探探路子,可钱多少也得赚点儿。

(43) 他真要走,并不是吓吓她,也没有希望什么意外的效果。

例(40)—(43)说明,副词限定了活动类型,同时也限定了对相关活动事件的评价态度。无论动词重叠与否,句子表活动类型所关联的性质特征不变。例(40)中,"鉴定文物"限定为"看字画、瞧瓷器",就是"有趣、潇洒"。例(41)中对股票投资研究限定为"瞎估估"就说明不是正经研究。例(42)中"出去"的目的是"探路子",其评价态度体现在"钱也要赚点儿"上。例(43)中"吓她"跟"走"对比,"吓她"既是活动类型,也是活动性质,评价态度是"没有希望意外的效果"。

随着此类句式的广泛应用,动词重叠由表类型到表性质的特征越发显著，结果出现了一系列没有实际动作行为规定的抽象活动类型，常用为系词宾语，专门重叠体现活动性质。例如：

（44）司机的手正插在口袋里，似乎在寻找什么，或者只是插插而已。

（45）所以只动嘴不动手，每次只是骂骂，不敢说打。

（46）咱们不过是随便聊聊。

（47）没别的意思，就是说说。

（48）什么样的没见过，掐掐拧拧是解解闷儿。

（49）吴晗同志担任两套小丛书的主编，决不是挂挂名了事。

如果说例（44）—（47）经由对比和修饰同时体现活动类型和活动性质的话，例（48）、例（49）则直接由抽象动词短语本身体现活动性质，此处动词重叠替换为动词原形语义影响不明显。在例（44）中"寻找什么"和"插"对比，两者都是活动类型，但活动如果只限于"插"，也就成了特定情况下的活动性质。例（45）中"骂"和"打"对举，使得"骂"既是活动类型也是活动性质。例（46）"不过、随便"修饰"聊聊"，例（47）"没别的意思"针对"说说"，凸显出"聊聊、说说"表性质的用法。而例（48）、例（49），不管有没有限制性修饰成分，这类抽象短语的动词重叠都会被理解为性质表达。类似的抽象短语还有很多，如"饱眼福、走后门、拉关系、耍威风、开眼界、逞能、炫富、看热闹、望风、开玩笑、卖乖、开荤、翻旧账、碰运气、打擦边球、借光"等。它们重叠表性质用作系词宾语很常见，用作谓语需要结合特定语境才能理解为具体的动作行为。

总之，动词重叠作主宾语，在表达活动类型方面，其动态性不被突出，事类名词性凸显，与动词原形非常接近，替换差别不显著。在通过事类表达体现活动性质方面，动词重叠与动词原形也非常一致。也就是说，主宾语位置的动词重叠确有其特殊性，即接近动词原形,体现活动类型及其隐含的活动性质。

三、双重对比:动词重叠主宾语用法之"抽样类型"特性

动词重叠的主宾语用法与其谓语用法相通,其在主宾语位置表达活动类型及活动性质,基本功能接近动词原形,其谓语位置体现动态性,多有"短时少量"意义:动词重叠是动态的活动类型,能够体现与活动相关的量性特征。从经济(economical principle)和像似(iconic principle)原则来看,动词重叠形式更复杂,表达与动词原形不同的"活动类型"以外的"动态性"意义。动词重叠如何兼顾主宾语和谓语句法位置,体现活动类型及量性动态意义,是动词重叠语法意义研究的重要切入点。

动词重叠主宾语位置上的相对"动态性"表现为其活动类型表达更实际、更具体。比较例(50)、例(51)可知,动词重叠代表的活动类型在语感上更现实具体、生动活泼。例(50)中的"摸底"比"摸摸底"听起来要抽象严肃。与例(50)带抽象宾语不同,例(51)中"讲"与非常具体的宾语"哪些重要的修改"似乎难以搭配,原因就在于宾语现实而具体,无界抽象的"讲"与有界具体的"哪些修改"不甚协调;而"讲讲"就可以与之搭配,是因为它是现实有界的。

(50)对付洋老板的"雄心壮志"和为此而付诸实施的措施和绝招,也就是事先摸摸/摸洋老板的底。

(51)讲讲/?讲有哪些重要的修改,倒是很有意义。

沈家煊(2010)认为,无标记的动词原形应属于名词次类,被默认为表抽象的活动类型。动词原形需要附加其他形式以脱离名词默认的语义范围,凸显其动词性特征。时体、量化、结果、趋向等语义语法成分的作用是让其动词性得以实现。动词重叠作

为动词形态的一种，也是无标记动词原形体现其动词性的手段之一①。各类动词形式的差异就在于其使无标记动词原形体现动词性的方式上②。

　　动词重叠的特殊性在于，它一方面体现"活动类型"的名词特征，另一方面又有着脱离名词范畴体现动词动态性的趋势。我们把动词重叠既能表活动类型又具有动态感的语义特征概括为"抽样类型"（主宾语角度）和"具体量化"（谓语角度），两者通过表达功能转换取得一致。

　　动词重叠谓语的"具体量化"是指经由重叠形态，动词原形脱离抽象的类名词范畴，与具体的动作行为相关的时间、量性等特征相关联，即凸显动词相关现实具体化特征，也就是标记相关表达的动词动态性。动词重叠赋予抽象动词原形具体现实性，满足谓语句法位置对动词性的要求，相关表达能够成立。

　　动词重叠的"抽样类型"是指它通过截取动作行为的一个片段来代表相应的动作类型，就像我们通常用某一个苹果来向孩子展示"苹果"这个抽象的水果类别一样。动词重叠的"具体量化"是天然的动作行为的某个片段，这个片段带有具体现实活动的时间、量性、结果等特征而显得生动具体。动词重叠的活动类型表达与动态性通过这种"具体片段抽样"到"类型表征"

---

① 正因为时体、动量、结果、趋向等语法语义手段与动词重叠一样，都是让无标记动词动态化的手段，它们之间才不能相互配合使用。另外，在表意重点上，动词重叠是表模糊动态的，而时体、动量等表具体动态，在同一语法范畴内的语义冲突更能说明动词重叠不能与时体、动量搭配的原因。

② 2014年，在澳门举办的"第十八次现代汉语语法学术讨论会"上，潘海华老师评论了笔者讨论实际动词重叠与动词重叠语法意义的文章，将笔者的观点概括为无标记动词表 type，而动词重叠是某种 token。此概括相当准确，在此感谢潘老师的精辟建议。

而获得统一解释。

动词重叠在主宾语位置上的"动态"活动类型特性,可以通过它的抽样特征,即现实中可能的具体活动片段相关的有界时量、具体操作、可能终结等细节体现。需要注意的是,"抽样类型"仍具备一定的抽象性和模糊性,它不是限定的某一次具体的活动片段,而是现实可能的活动片段,其动态性也随语境变化。如例(52)中"使你松弛"的谈话是有限的、具体的,例(53)中已然召开的咸海问题谈话也是有始末、有细节的,它们的"抽样片段"相对现实确定。在理性评价语境中,动词重叠相关的现实感、具体性会相对模糊。如例(54)"谈、想"作为补救之道是抽象活动类型,若就一件事而言,相关的"谈、想"可以预期其具体活动范围。例(55)中对比"说、做"两种活动的差异更为抽象,但如果联系"说、做"的对象"抢"和具体"抢"的计划对象等,还是能够体会其现实关联和些微动态性的。当动词重叠表达鲜明的性质或概念归类时,其动态性会随抽样片段的模糊不确定而减弱到很不显著的程度。例(56)中讲对待祖传产业的做法是"守守",例(57)说明某类活动叫"吹吹风",其动态性明显比例(52)—(55)要弱得多。不过,在抽样与归类当中,还是有一点现实动态关联的。"祖产守护"对一个人而言也要表现为有限的具体的活动,"提前打招呼"对某一事件而言也是一个具体的限定过程。

(52) 我怕你紧张,和你说说话可以使你松弛一些。

(53) 中亚各国领导人已就咸海问题开了几次最高级会议,但只是谈谈而已。

(54) 补救之道是想想,也谈谈。

(55) 一个"抢"说说容易,做做却难。

(56) 祖传的产业,守守而已。

(57) 比方某事要提前打点招呼曰："吹吹风"；对某事采取比较缓和平稳的解决办法曰："软着陆"……

动词重叠"具体量化"的"抽样"动态性还体现在动词重叠与非重叠活动类型的并列对举上。当重叠与非重叠的动词作为活动类型在语境中出现时，很多非重叠动词表达的活动类型带有具体量化表达成分，如时量、结果等。例（58）、例（59）中"任任性、掉掉眼泪"与"耍点儿小脾气"，"喊上几声"与"扔扔石头"并列作为特定情况下的活动类型，说明动词重叠在表活动类型时可以带现实相关的量性特征。如果动词重叠直接与动词原形对举并列，我们也总能想象重叠式的过程、量性、活动细节等。如例（60）、例（61）联系语境就能感知"镀镀金、香香嘴"的具体活动和动态过程，从而体会其过程、始末、方式等细节。

(58) 以前我以为女人都是弱者，她们能做的不过是任任性耍点儿小脾气、掉掉眼泪什么的，可是我错了。

(59) 要不就是风平浪静，要不至多就是喊上几声，扔扔石头而已。

(60) 她们来美国，不过是赶时髦镀镀金，找个门当户对的夫婿。

(61) 人家养猪，是为吃肉香香嘴，我是想把它卖了，明年过春荒。

即便是抽象活动表达，其动词的重叠虽然更倾向于表性质，但其性质表达当中，仍然让我们联想到能够体现特定性质的具体活动细节，即抽样动态性。如例（62）说明地区性冲突对地球的影响算是"挠挠痒痒"那么微不足道，我们之所以能深切体会其微不足道，是因为"挠痒"的某个具体活动片段使我们感知其动作的轻微、随性、日常等特征。例（63）中"饱饱眼福"

是对活动"看"的定性，说不清"饱眼福"具体是什么动作行为，但由它定性的对象及其相关"看"等现实可能片段使我们能够体会"满足地、值得地""看"的具体过程与特征。

（62）规模的地区性冲突，但是对于地球这只破球来说，那充其量也只能算挠挠痒痒。

（63）一看之下，虽不能大快朵颐，倒也算饱饱眼福，精神会餐了。

所以说，动词重叠主宾语用法的特征与限制体现着动词重叠的语法意义。动词重叠的主宾语用法是其谓语功能"具体量化"适应特定句法位置的功能转换，作主宾语的动词重叠是抽样方式体现的动态活动类型。

四、本章小结

通过对动词重叠主宾语用法与其谓语用法的比较，以及动词重叠与动词原形主宾语用法的对比，我们发现，动词重叠作主宾语符合动词重叠本身的特征，与其谓语用法所体现的动词重叠特性相当。动词重叠的主宾语用法与其谓语用法无论在数量上还是在评价表达方面都具有一致性。

动词重叠的主宾语用法与动词原形表达活动类型的名词特性相近，同时又体现出鲜明的"动态"特征。动词原形表活动类型，体现的是抽象的活动名词类；动词重叠体现活动类型，通过活动抽样的现实具体关联体现其动态性。动词重叠所表活动类型的时量、起始、终结、方式等特征，我们可以通过抽样的活动片段去体会，并随语境得到不同的量性及其动态性解读。动词重叠在谓语位置主要标示类名词的抽象动词原形的动词性，体现"具体量化"，在主宾语位置上通过量化片段抽样实现其"动态活动类型"表达功能。

第八章　动词重叠的非限定表现：定语功能[①]

　　研究者们对动词重叠的定语功能关注较少。李宇明（1998）简单讨论过动词重叠作定语的限制条件，此后相关论述被研究者普遍采用。谓语功能的语感优势和现有定语功能的简要说明共同制约着研究者对动词重叠定语功能的关注。

　　定语功能在动词重叠的整体用法中比例不高，且限制颇多。在 CCL 语料库中，单音节 VV、"V一V"重叠形式的定语用法仅占整体用例的 1%~2%。很多时候动词重叠作定语都需附带其他成分或重叠连用，这与李宇明（1998）的观点一致。也有很多动词重叠可以单独作定语，现有研究不能涵盖动词重叠作定语的所有功能。更重要的是，动词重叠定语功能限制的实质、VV 和"V一V"定语功能的异同等问题尚待解答。数量稀少并不构成忽略动词重叠定语功能研究的理由。因为动词重叠作定语，相当于限定小句，在限定小句等内嵌结构中，动词重叠更能够体现相关语法结构的本质属性，减少了外在语境因素的干扰。动词重叠作定语之所以受限制，可能是定语功能对动词重叠的语法意义存在选择限制，也可能是动词重叠的本身特性使然。弄清动词重叠的定语表现，将有利于弄清动词重叠的语法性质。

　　[①] 本章中关于"V一V"定语功能的部分，修改发表于《商丘师范学院学报》2014 年第 10 期。

本章在考察重叠VV、"V一V"定语功能共性的基础上，比较了两者作定语功能的不同之处，继而探讨V、VV、"V一V""V一下"等的定语功能差异，以便确定动词重叠的语法性质。

一、VV、"V一V"作定语的共同表现

动词重叠能否构成合格的定语，首要决定因素是定中结构的性质。从制约动词重叠定语功能的角度看，定中结构分两种：同位结构和非同位结构。在同位结构中，动词重叠作定语与其所修饰的中心语具有等同关系；定语细化说明中心语的内容，中心语对定语起总结概括的作用。在非同位结构中，中心语是定语限制修饰的对象，包括动词重叠支配的主语或宾语，或者是动词重叠相关的时、地、原因等环境因素。同位关系使得定语位置对动词重叠没有特殊的限制，动词重叠定语只受其本身"表意清晰"的语义制约。非同位关系使动词重叠在定语位置受到特定的句法限制，这种句法限制是动词重叠定语功能的内在制约条件。

（一）同位结构中的动词重叠定语

重叠VV、"V一V"作同位定语，不受定语位置的句法限制，但要受其本身"表意清晰"的语义限制。同位定中结构的语义类型——引用型、意愿型和解说型会影响动词重叠作定语的能力和方式。

1. 引用型VV、"V一V"作同位定语

引用型VV、"V一V"最能直接体现同位定语的句法自由度。引用的内容是独立存在的，不受周围环境的影响，所以引用的VV、"V一V"本身能成立，其作定语就能成立。引用型的中心语范围很广，可以是抽象概括名词，也可以是具体事物名词，

中心语的性质不影响 VV、"V一V"定语的成立与否。例如：

（1）假惺惺地掉了几滴泪，然后带着"好好想一想"的任务上床睡觉去了。
（2）4月4日中央人民广播电台"午间半小时"播出了"救救严肃音乐"的专题报道。
（3）它还为诗人保持了一份"挥一挥手，不带走一片云彩"的洒脱。
（4）我们总是跳不出"邀请几个名人捧捧场，穿插几曲歌舞闹闹场，加上一点游戏收收场"的套子。

无论是单独使用［例（1）、例（2）］还是出现在复杂结构［例（3）、例（4）］中，引用的 VV、"V一V"都可以作定语，前提是引用部分本身能够成立。

2. 意愿型 VV、"V一V"作同位定语

意愿型 VV、"V一V"作同位定语，其中心语是表达"愿望、打算"等的抽象名词，如"夙愿、希望、要求、建议、理想、想法、计划、需要"等。VV、"V一V"通常可带确定的语义成分单独作定语，或带"想、会、要、去"等未来指向的成分，凸显其中心语的将然性质。例如：

（5）汽车到站后，我打消了逛一逛北京城的念头。
（6）也许人一到了这把子年纪，都有讲讲自己过去的欲望？
（7）他开始产生一种要对着镜子照一照自己嘴脸的理想。
（8）而我要回旧城区去看看的愿望，也不是三天两日的事了。

例（5）、例（6）中，VV、"V一V"带宾语，这是动词重叠本身表意明晰的要求。同样，例（7）、例（8）中，VV、"V一V"带宾语、状语或者其他相关成分，都是语义表达的限制，而

非定语位置的限制；这些附加成分在句法上是非强制的、可省略的。例（7）、例（8）中添加了"要、去"等成分，这些成分是可选性质的。

3. 解说型VV、"V一V"作同位定语

解说型VV、"V一V"作同位定语，其中心语是有概括性的抽象名词，如"活动、方式、心情、习惯、事实、意见、意思、负担、办法；游戏、风险、安慰、暧昧、做法、态势、情形、福分"等。根据其对不同中心语解释说明能力的不同，VV、"V一V"作定语的要求也有不同。"办法、心情、态度、意思、心理"等意义相对简单的中心语，通常可以由VV、"V一V"直接作定语。

(9) 八国峰会前夕，记者抱着闯一闯的心理驱车直奔"海岛"。

(10) 学生闹事，要向他们讲清楚危害在哪里，这就不能对他们只用拍拍肩膀的办法。

类似的还有"试一试的心态/态度/心情""等等他的意思/方式/做法"等。有的中心词意思太抽象、太概括，或者在特定语境中需要更具体的说明，这都会使VV、"V一V"需要附带其他语义成分才能构成合格的定语。如例（11）中，"习惯"迫使其定语必须带常规类语义成分"每天都要"。类似的还有研究者们常提到的"看看书、打打球的生活"这类例子。因为"生活"如果要体现活动规律，重叠连用是一种常见的选择。例（12）中，"世界"太抽象，一般动作行为如"说说话"或者"跟一个女人说说话"不足以明确界定它。界定和说明"世界"的情境很复杂，相应的VV、"V一V"就只能跟其他成分共同构成表意复杂的定语。

（11）不过他每天都要到长板凳上坐一坐的习惯，没有多久就成了众所皆知的事情。

（12）告别想找一个女人说说话的世界，去一个遥远陌生的国家……

实际上，引用型动词重叠同位定语也是一种解说性质的定语，只不过它的表现形式是原文引用，所以要对引用型和解说型加以区分。

三类同位定语的共性在于中心语只在归类定性上起作用，VV、"V一V"定语才是其所在定中结构的主要表意成分。适当改变相关句子结构，VV、"V一V"可以直接替代整个定中结构表意。如"看看他的愿望"就是"去看看他"，"拍拍肩膀的办法"就是"拍拍肩膀"，"救救严肃音乐的报道"就是"救救严肃音乐"。有没有对相关动作行为的归类定性，不影响VV、"V一V"的表意。因此，VV、"V一V"同位定语不受定语功能的句法限制，限制同位VV、"V一V"定语功能的是其本身的语义明晰性。

（二）非同位结构中的动词重叠定语

非同位VV、"V一V"定语主要有两种语义类型：意愿型和评价型。意愿型非同位定语通过"想、要、希望、建议、主张、决定、打算、愿意、试图、准备"等表示"愿望打算、计划主张"的动词引出动词重叠，然后修饰中心语。中心语既可以是动词重叠支配的对象［如例（13）、例（14）］，也可以是环境论元［如例（15）、例（16）］。

（13）啊，这是我从小就想试一试的技法哩！

（14）亚马孙河流域是我们向往已久、希望亲眼看看的地方。

（15）每当要踩一踩鞋底儿的时候，他得喊声："闸住！"

(16) 在我要写写喜峰口的时候，我总是想把喜峰口与那位女人联系在一起。

同位和非同位定中结构都有"意愿型"这一语义类别。两者存在对应关系，它们都以"愿望/打算/计划"等语义为中心，只不过非同位结构必须由VV、"V一V"定语体现意愿义，而同位结构的意愿义表现为中心语。

评价型是非同位VV、"V一V"定语的主要类别，其出现的数量是意愿型的2~3倍。评价型有两种主要次类：价值评价和规律评价。价值评价型的主要特征是动词重叠短语前带"可以、应该、值得、难得、需要、有必要、能够、够资格、敢于、喜欢、满足于"等价值评价成分，其中心语多为具体的人、物、时、地等。例如：

(17) 确实是个值得议一议的大问题。

(18) 吉尔想在四周找个能靠一靠的地方。

(19) 但不久，发现了几个可以谈谈的同学，后来又发现了几个……

(20) 大家呢，本不怕打架，可是和祥子动手是该当想想的事儿。

非同位结构中的价值评价型相当于同位结构解说型中带特定中心语的情况，即价值判断在非同位定中结构中作动词重叠定语的评价引入成分，而在同位定中结构里则体现为中心语，如"价值、必要、需要"等。这样，同位定中结构里的价值评价型里就可以由VV、"V一V"单独作定语。如例（21）、例（22）。

(21) 无论是龙是虎，都不是一般角色，都有练一练的价值。

(22) 我一面觉得北京城的今夜灯光实在亮得可以，有去玩玩……的需要，但另一方面……

规律评价的非同位动词重叠定语主要以界定常规活动或者事理因果的方法修饰中心语，说明中心语所具备的恒常特征。常规活动类规律评价使VV、"V一V"定语常附带"常常、时常、（每当）才"等成分及相关结构，如例（23）、例（24）。事理因果类规律评价，VV、"V一V"定语常常出现在条件句等复杂表达中，如例（25）、例（26）。相对于价值评价而言，规律评价的非同位定中结构相对复杂，出现数量要少很多。例如：

（23）我不知道肚子里那时常"敲敲边鼓"的小家伙，如果能听懂这一切，将作何感想。

（24）四顾无人才敢对镜拢一拢发式的小伙子；假装回头找人实则偷看漂亮异性的独行客……

（25）不过，她此刻正沉浸在一个前所未有的悲剧中，很需要母亲在一在场便能给予她的那点安慰。

（26）作家是干嘛的？大概是当不成记者只好躲在家里写写文章到处寄的那种人吧？

非同位定中结构中，中心语语义上基本都可以省略，构成以VV、"V一V"定语为表意中心的"的"字结构。这是非同位定中结构的共同特征，此处不再详述，仅举两个代表性的例子：

（27）需要说一说的是，孙甘露最初的小说能够变为铅字，实在也是很不简单。

（28）只须看看在那些年代里众多的评论文章，在今天还可资看看的，能有几多？

综合来看，非现实评价义对重叠VV、"V一V"作非同位定语具有关键作用。首先，从广义上说，意愿义隐含着特殊的肯定评价，即意愿指向的动作行为通常是被肯定的对象，也就是说，"想/要/试图做的"通常是"值得的、有必要的、应该的"。所以，在真正决定动词重叠定语功能限制的非同位结构中，评价义至关重要。作为旁证，即使评价义出现在定中结构之外的整个小句中，依然能够帮助重叠VV、"V一V"单独作定语，如否定句、"是/该……了"句等：

(29) 他平时连玩玩的时间都没有，而他还只是一个三十岁出头的青年人啊！

(30) 在市场竞争日益加剧的今天，他们该是换换脑筋的时候了。

(31) 不知不觉，认识刘晓庆已有8年，但一直没有写一写的缘由。

(32) 在我们自己的眼里，我们被自己的错误弄得如此声名狼藉。是变一变的时候了。

例(29)、例(31)说明，否定句使被否定的动词重叠定中结构隐含"应该如何"之义。例(30)、例(32)中"是/该……了"句的评价义是不言自明的。

根据对VV、"V一V"定语功能的考察，我们得出两点规律：第一，非同位定中结构中，动词重叠受到的限制是由动词重叠特性带来的句法限制；同位定中结构中动词重叠仅受自身是否"表意清晰"的制约。第二，动词重叠定语功能的根本限制可以概括为动词重叠作定语需要表达非现实的广义评价，包括意愿、价值判断、常规活动、事理规律等。

二、VV、"V一V"作定语的差异表现

定语位置是少数能体现VV、"V一V"差别的特殊环境。虽然VV和"V一V"大体上都能用作同位和非同位定语，受到原则上相同的限制，VV却比"V一V"更适合作定语。在体现动词重叠定语功能限制的非同位结构中，VV定语具有三类特殊用法：一是VV受方式状语修饰；二是VV结构体现常然性状；三

是 VV 短语单独作定语，直接说明内容、性质等。

首先，我们来看 VV 受方式状语修饰的情况。常见的方式状语有"只、随便、一般、仅仅、光"等，VV 作定语除了由这类状语修饰以外，一般不再带其他成分。例如：

(33) 大锛儿确实跟玉娥吹过那个牛，本是随便说说的枕边版本，不堪公开发行的……

(34) 有些……只是逛逛的消费者，经过"她"的吸引，变成了有意购买的顾客。

此时状语的作用在于限制 VV，体现某种性质；状语对 VV 结构的定语功能具有决定作用，去掉状语 VV 定语就不成立。如果这类 VV 替换为"V一V"，语意会稍有变化：表性质的特征有所减弱，而表具体活动的特征有所增强，但我们没有发现类似的"V一V"定语实际用例。

VV 作定语除了可以由方式状语修饰体现中心语性质以外，还能通过常规活动的展示描述中心语的特征。一般认为，"V一V"不适合常然表达，因为"V一V"量性明显、动作行为更具体，所以，此类 VV 定语不宜替换为"V一V"。也就是说，此类 VV、"V一V"定语的特征体现了 VV 与"V一V"的一般句法差异。例如：

(35) 那种朝三暮四这儿钻钻，那儿看看，随风倒的人和事，不会长久。

(36) 早晨开门到八点来钟，是锻炼身体的老人、喊嗓子练练腰腿的演员和候补演员们。

最常见的常然表达方式之一是多个动作交替的 VV，但不限于多个 VV 交替，VVP 与其他 VP 交替也可以，如例（36）。由特定时间词语暗示或由条件关系体现常然规律的也属此类。例（37）中的"过去"体现出了以前的常规情况。例（38）由位置状语"在外面"体现"我"的常规活动,从而体现"我"的社会属性。例(37)、例(38)也是用状语修饰的方式体现VV的性质特征,使其能够作定语,与方式状语修饰VV作定语的情况类似。所不同的是,这里的状语通过表达常规活动来限定中心语的性质。例(39)既可理解为从时间角度(即"做梦的时候")体现常然特征,也可从条件角度解释常然特征("只在做梦的时候")。例(40)由"爱好文学"间接体现"写写东西"的常规性。

(37) 过去买买旧书的人,大抵都会感到这方法的便利。
(38) 我也是一个在外面走走的人,我背得起这个黑锅吗,担得起这个恶名吗?
(39) 我夸道:"我们做梦想想的事儿你们全当真事办了。"
(40) 沈先生有时拉一个熟人去给少数爱好文学、写写东西的同学讲一点什么。

交替重叠表达的常然和带状语修饰的常然[如例(37)、例(38)],以及带附加成分的常然[例(39)、例(40)] VV定语通常都不宜替换为"V一V"。因为无论是由状语修饰还是环境成分限制的VV定语,都趋近于说明动作类型的性质,从而使整个VV结构具备一定的类属特征性。

直接修饰中心语的VV单独限定说明中心语,最能体现VV的性质描写特征。此类VV定语一般无法替换为"V一V"。其原因在于,VV定语的性质描写特征突出,动作具体性弱。此时VV的作用或接近于动词原形,如例(41)、例(42);或强调用途,如例(43)中的"看看/玩玩"表示"用于看看或玩玩";或类似于第一类结构省略了方式状语,如例(44)中"谈谈革命"可以理解为"只是谈谈革命"。对比例(44)与例(45),我们发现,省略方式状语可能是例(44)类结构的来源,但并不仅限于此。例（45）当然也可解释为"只是玩玩"的省略，不过不如直接使用"玩玩"那么贴切，所以"玩玩"是一种已然固化的性质。

（41）我倒希望有记者来帮我们写几篇说说理的文章。
（42）……也不在质量上、市场开拓上狠下功夫，始终产生不了效益，成了撑撑门面的摆设。
（43）这里所有的都是吃和住所需要的最起码的设备，除此以外并无一件看看的或玩玩的东西。
（44）我以为谈谈革命的人是有的，可是拼着命真干、不怕受苦、不怕杀头的人也真有。
（45）校长满脸玩玩的模样，眯着眼问大林……

三类特殊的 VV 定语具有极大的相关性，它们都是 VV 表达性质评价的手段，与定语的表达要求一致；其中的 VV 都或多或少体现出独立的性质描写能力。总之，VV 更便于说明性质，可以直接作定语，而"V一V"不凸显这种特征。

"V一V"作定语也有其特殊性。它有时候与动量表达相交叉，体现出一定的历时来源性。有的"V一V"定语像是表"一"量的动量结构，但也可以理解为虚化量，如例（46）、例（47）。有的"V一V"定语用在极性否定结构中，明显体现出来源于"一"量的极性小量意义，如例（48）、例（49）。

（46）老人家悻悻然，依然挺直腰骨，等另外一部差不多在每层都停一停的升降机。
（47）有的人还浑浑噩噩，处于麻木状态，真是到了拍一拍惊堂木的时候了。
（48）连他死没死的概念也没有，恍惚只觉得自己是个动一动都很困难的肉体。
（49）夜是那么长，只没有祥子闭一闭眼的时间。

在讨论 VV、"V一V"差异时，研究者（萧国政、李汛，1988；邢福义，2000；徐连祥，2002）常谈到 VV 与"V一V"的表量虚化程度问题。通常，VV 比"V一V"虚化程度高。上面的定语功能比较为我们提供了一个观察角度，即 VV 与"V一V"的动态表达具体性的差异。显然，VV 所表达的动态更抽象，而"V一V"描摹的动态更现实、更具体。

三、定语功能与 VV、"V一V"在动词结构系统中的定位问题

比较动词原形 V、重叠 VV、"V一V"与动量短语"V一下"、动结式，以及其他具体化表达的动词结构，我们发现，VV、"V一V"与动词原形 V 以及各种具体化动词短语在定语功能上形成相近或相离的关系。由此可以初步判断动词重叠在动词系统中的语法位置。重叠 VV 非常接近动词原形 V，又部分接近表达具体动态的动词短语，如表抽象动量的"V一V"。除 VV 接近动词原形 V 的部分外，重叠"V一V"与 VV 大部分重合，并更加突出动量且有一部分体现具体动量，向着"V一下"等动量结构靠拢。动量、动结式以及带时体、数量等成分的其他动词结构更加具体地展现动词在现实情境中的动态特征。简言之，动词原形 V—重叠 VV—重叠"V一V"—动量动结等具体化动词结构形成一个连续统，体现动词从表达抽象的动作类型到表达具体的动作行为之间的逐次变化。

动词自由作定语，是指动词原形可以自由修饰其支配对象或者相关成分。这时，动词不需要附带其他具体化成分，如时、量等表达。例如，"看的书/人/角度""吃的鸡/人/时候"都能成立。而动词重叠式"看看的书/人/角度""吃吃的鸡/人/时候"通常不能成立。值得注意的是，动词原形作定语，虽然涉及动词

的支配或相关对象，但并不表达具体时间情境中的动态事件，而是通过动作的类型特征来限定相关对象。正如沈家煊（2010）所言，汉语动词实际是名词小类。在没有其他条件的情况下，动词表达的是动作类型，即动词是动作行为的名称。当动词附加时体、数量等成分时，动词才真正体现动作。动词表动作类型是无标记简单形式，而表动态的动作行为是有标记复杂形式。当动词直接作定语时，它无标记体现动作类型，表达"中心语是某种动作类型的相关对象"之意。

在直接作定语这一点上，重叠VV与动词原形V接近。有一部分VV直接作定语，且所有特殊的VV定语都体现性状修饰特征，即中心语是具有VV类动作特征的相关对象。直接作定语的VV可以自由替换为V，却不能用"V一V"代替。例如：

（50）徐虎是一位普通职工，干的是维修民居、电线电灯和捅捅马桶/捅马桶/＊捅一捅马桶的普通工作。

（51）已经没有什么必要再去搞一些仅仅是变变花样/变花样/＊变一变花样的发明……

显然，"捅捅马桶的普通工作""变变花样的发明"指的是具有某种特征的相关对象，这种特征是以动作类型的方式来确定的。"V一V"的具体性相对VV要突出，无法通过动作类型特征定性修饰中心语。相关的一个现象是，带状语的特殊VV作定语时，其所带状语通常修饰动作类型，而非修饰具体的动作表现。例如：

（52）如果你认为他们无非是仅仅跑跑腿、磨磨嘴/跑腿磨嘴/？跑一跑腿、磨一磨嘴的推销商，那就大错特错了。

（53）随便翻翻/翻/？翻一翻的时候，可以不在乎版本之类。

例（52）中，"仅仅"限制的是动作的适用范围，不是具体的哪一次动作。例（53）中，"随便"直接说明"翻（书）"的性质。"V—V"的使用会让句子偏离原来的表达意图。不难看出，VV直接作定语，或者带状语作定语，与动词原形作定语也有差别。无论例（52）、例（53）替换为动词原形有多自然，我们还是能够感觉到VV的动态性，即便它不是具体的某一次动作，而是现实中某种动态性的动作行为。常然重复仍然使重叠VV能够以动作定性方式限定相关对象，同时增加了VV作为动作类型定语的动态特征。有很多区别于"V—V"的VV定语都属于此类。例（52）、例（53）都可作常然理解。同理，时间词语、条件从句都能从常然角度帮助重叠VV作性质定语，如前例（35）—（40）。

通过对动词重叠VV、"V—V"作定语的考察，可以证明"V—V"之所以不能像VV那样用于常然表达，实际上是VV、"V—V"在表达具体动作行为上的差别：VV更接近于动作类型，但带常然动态性，而"V—V"更贴近于表达具体的动作行为。

动词作定语可以直接通过动作类型限定中心语，也可以通过添加其他成分，在具体化的情境中确定中心语。动词带时体、数量、结果等成分作定语就属于后一种情况。例如：

（54）吃了一口的水果／看过的书／昨天卖完的那种水果／用坏了的瓶子。（自拟）

"V—V"与VV的定语功能大部分重合，但"V—V"具有少量不太显著的具体动量表达特征，更趋近于"具体化情境中确定中心语"的动词定语用法。"V—V"的动作行为具体化表达能力更强，接近于动量、动结等具体化表达结构。前例（46）—（49）中，"V—V"替换为"V—下"几乎没有区别。刘月华（1984）认为，动词的自主性会限制"V—V"的使用，非自主的动词不能用"V一V",但可以用"V一下"。这不符合实际情况,例(46)中"停一停"就是非自主的。从具体化表达的角度来看,"V一V"没有理由限定于自主动词。非自主用法能够说明"V一V"的具体化动态表达能力,如例(55)、例(56)。"V一V"是与具体化表达部分交叠的动词结构。

(55) 北京的蝴蝶扇一扇翅膀,纽约那边就来了一场暴风骤雨,世界的相关性。

(56) 不经意地朝它们远远地看一眼,心里有个地方就很深地痛一痛。

综合上述情况,VV、"V一V"在动词结构系统中的定位简括为图8-1。不同类别的垂直重合范围即其功能的交叉范围。

动词原形V

    重叠VV

        "V一V"

            "V一下"(具体化动词结构)

图8-1　VV、"V一V"的动词结构系统定位

四、本章小结

本章考察了动词重叠形式VV、"V一V"作定语的限制条件,以及两者作定语的区别。重叠VV、"V一V"作同位结构的定语,没有语法的限制,只有语义要求;作非同位定语,则要求定语VV、"V一V"表意愿或者评价,即广义评价。VV可以直接作定语,体现动作类型,或者表达常规活动类型。"V一V"作定语,可以表具体动量或者极性"一"量。

重叠VV、"V一V"作定语的限制及其功能差别折射出VV、"V一V"的语法定位。重叠VV可表动作类型,接近于动词原形,但又体现出一定的动态性。"V一V"与重叠VV大部分功能重合,但是不能表达动作类型或者常然规律,却能体现具体动量。动词原形V、重叠VV、"V一V"、动词带时体/数量/结果等结构的相关性在于,动词类型标示的特征逐步减弱,动态性具体动作行为表达的能力逐步增强。

第九章　动词重叠的特殊限定功能：
"把"字句谓语中心

"把"字句是汉语特殊句式，其对谓语动词有一定的要求，比如，动词要有实际影响力、动词需带宾语、补语、状语等复杂形式等。"把"字句的动词谓语中心要求是其核心意义表达的需要，它体现的是一种动作行为对某一确定事物的影响结果或状态。动词重叠是通常认为的完善光杆动词、构成"把"字句的成句条件之一。

这一章我们从"把"字句的成句条件来看动词重叠VV、"V—V"式的表意功能。主要语言现象是，动词重叠的两种常见形式在"把"字句中的成句作用并不相同。"V—V"自由构成"把"字句，VV构成"把"字句需要其他限定条件。本章通过考察VV、"V—V"的"把"字句的实际应用，阐明两者在表量确切性上的异同："V—V"随时伴有动量确切意义关联，而VV已经虚化丧失了确切动量性质，只体现抽象的量化意义；只有受到语境"V—V"动量提示影响的VV，才能自由作"把"字句谓语。

一、"把"字句中的动词重叠VV与"V—V"

动词重叠是"把"字句对谓语中心动词的各种成句要求之一，它跟动词影响力、动词带状语/补语/宾语、动词带"了"、动词是隐含结果的双音节动词等共同表达"处置"意义①。所谓"处置",也就是动作行为对特定对象实施特定影响,产生明确可识别的结果。动词重叠等各种动词限制都是为"处置"结果的明确性服务的。

实际上,对动词重叠"把"字句成句能力的说明需要作细致的修正。典型动词重叠形式 VV 并非适宜的表达明确结果的结构,它不能单独自由地用于"把"字句(陆俭明,1993),需要上下文语境的配合,来说明其动作行为的边界和相应的处置结果。例如:

(1) a. *把衣服拿拿。
    b. 你帮我把衣服拿拿,我掏钥匙。(自拟)
(2) a. *把衣服买买。
    b. 其他东西都齐了,明天再去把衣服买买。(自拟)

研究者(张谊生,1997;潘汜津,2006)从祈使句的操作性要求出发,将 VV 用于"把"字句的限制解释为:要求实施的非现实未然动作行为必须明确才好操作。其实,无论未然非现实的祈使,还是已然现实的陈述,"把"字句的结果都需要明确,以实现"把"字句的"处置"效果。例如:

(3) 田原把笔杆子晃晃,等候着。
(4) 小墩子便把拖碗的手往高举举。

对比"V一V"的"把"字句用法,可以发现基本上不能成句的 VV 换作"V一V"都可以成立。如例(5)、例(6)。

(5) 把衣服*拿拿/拿一拿。把马*骑骑/骑一骑。(自拟)

---

① 这里讨论的"把"字句是最常见、最具代表性的处置式"把"字句,也是动词重叠能够适用的典型"把"字句。像"把个凤丫头病了""把名字忘了"等"把"字句不在我们讨论之列。

(6) 把衣服＊买买/买一买。把红薯＊运运/运一运。（自拟）

"V一V"表达的动作行为结果就是比VV要明确，"V一V""把"字句比VV"把"字句更自然、完整。

语境中有一些常用的VV也可以单独构成"把"字句。比如"把桌子擦擦""把手洗洗"等。这种结构带有习语性质，由语境赋予其结果明确的意义，与添加上下文成分构成VV"把"字句作用相当，差别仅在于其语境是隐含的。"擦桌子""洗手"的祈使和结果都是默认的，它表现为对"桌子/手干净"的常规预期，以预期结果作为"把"字句祈使的明确结果，不需要表现为确切的结果量意义。换句话说，这类VV"把"字句是由预期明确结果而成句的，VV负责体现动作行为的过程动态性，而非像"V一V"那样体现明确的动量结果。我们换一下动词，或者"把"字宾语，句子的独立性就会减弱，直到不能单独成句。例如：

(7) 把桌子＊抬抬/抬一抬。把桌子＊修修/修一修。
(8) 把脑袋？洗洗/洗一洗。把椅子？洗洗/洗一洗。

当我们把对桌子的处置换成不那么常见的行为，其默认的预期结果就不再明确，VV"把"字句的成立就会受影响，如例(7)。如果相应的动作行为对于特定对象来说不那么常见，其预期结果也难以明确，相应的VV"把"字句的成立也会受影响，如例(8)。若将这些句子中的VV换成"V一V"会变得比较自然，说明"V一V"具备明确结果的作用。

简言之，VV、"V一V"的"把"字句成句能力就是各种条件下的帮助明确处置结果的能力，无论是语境上下文、习惯预期，还是添加状语、补语、宾语等结果成分。初步研究表明："V一V"具备独立地表达明确结果的能力，而VV不具备。这一部分的研究是要从语法意义异同的根源上探讨VV、"V一V""把"字句独立成句能力差异的实质，并说明两者的省略互动方式及其结果。

二、明确结果的方式差异：共时"把"字句中的VV与"V一V"

根据黄伯荣（1998）所列可重叠动词词表，我们调查了北大CCL语料库中VV和"V一V"在"把"字句中的使用情况。我们发现，虽然"V一V"用于"把"字句的数量和适用的动词数量都超过VV（调查共获得VV"把"字句277例，单音节动词99个；"V一V""把"字句354例，单音节动词101个），但是与VV数量上大大超过"V一V"的整体趋势不一致①，足见"把"字句对VV的使用有着很大的限制，VV整体的数量优势不足以克服这种限制。如果从省略的角度看（不少学者认为VV来源于"V一V"的省略），"把"字句中VV的数量理应大于"V一V"的数量，语言事实与此相反，说明把字句中"V一V"具有某种特殊价值，阻碍了"V一V"省略为VV的强大趋势。或者反过来看，我们现在见到的VV并不都是动词重叠，有一部分可能是"V一V"动量结构，而"V一V"动量结构也没有都省略发展为VV重叠。总之，"把"字句中的特殊表现，说明"V一V"与VV本质可能是不同的。"V一V"和VV对于"把"字句的适应性差异，正好体现它们的本质差异。

更重要的是，调查显示出"把NVV"和"把NV一V"成句的具体细节差异："V一V"倾向于单独构成"把"字句，VV需要特定状语、补语、宾语等的帮助才能构成"把"字句。单

---

① CCL语料库中，VV用例（43974例）约为"V一V"用例（15344例）的3倍。

独构成"把"字句的 VV 仅占 VV 把字句全部调查用例的 21%，而单独构成把字句的"V一V"所占比例为 69%。调查统计见表 9-1。

表 9-1　VV、"V一V"在当代"把"字句中的句法表现

项目	句法表现						
	状语			补语	宾语	连谓	独用
	位置位移	程度方式	对象范围				
"把 NVV"	37(13%)	34(12%)	36(13%)	65(24%)	22(8%)	24(9%)	59(21%)
"把 NV一V"	21(6%)	65(18%)	26(7%)	0	0	0	242(69%)

总体上，配合 VV、"V一V"构成"把"字句的成分包括位置位移状语、程度方式状语、对象范围状语、结果补语、数量补语、结果宾语、连谓成分等。它们都是"把"字句本身要求的那些动作结果明确化的成分。也就是说，没有动词重叠的情况下，这些成分也能帮助"把"字句成立，动词重叠的"把"字句成句作用不能与补语、状语、宾语等结果成分等量齐观。

具体而言，动词重叠"V一V"式是构成"把"字句的有效形式，可以单独使用成句，也可配合其他成分明确"把"字句结果。动词重叠 VV 式不是有效的"把"字句成句条件，不能明确表达动作行为的确切结果，状语、补语等结果明确化成分是 VV"把"字句的必有成分。即 VV、"V一V"体现"把"字句明确结果的方式不同："V一V"通过其自身动量明确动作行为结果，其作用类似于添加动量补语体现量的明确性；VV 需要通过结果说明成分体现明确结果，不能通过体现确切量来体现明确结果。

（一）动词重叠"把"字句中的状语

"把"字句中 VV、"V一V"共同使用的状语成分大致有三

类:位置位移状语、程度方式状语和对象范围状语①。整体上,"把NVV"带状语的比例相对较高,状语类别众多、表意复杂。位置位移状语、对象范围状语对VV构成"把"字句的作用稍微特殊,它是"V一V""把"字句中使用比例的两倍。程度方式状语是VV、"V一V"都普遍使用的状语成分,其对两种动词重叠形式构成"把"字句的区别作用不那么必要,是一种明确动作行为结果的添加强化成分。

1. 位置位移状语

位置位移状语通过创造具体情境,使人们体会动作行为的具体发生方式,从而说明动作行为的活动方向和最终状态,带来一种明确的行为结果。VV把字句中位置位移状语通常不可或缺,而"V一V""把"字句的位置位移状语则不一定是必需的。例如:

(9) 你们来一趟,就害得我把前因后果重新在心里过一过。
(10) 他把洋钱往前推一推。
(11) 她把针在头皮上刮刮,用劲在厚厚的鞋底上扎下去。
(12) 他们把帽檐往下扯扯,让帽檐遮着眼睛,等候黄风刮来。

例(9)、例(10)中,状语"在心里""往前"都可省去,把字句的动作行为可以得到动量明确的结果理解。例(11)、例(12)中"在头皮上""往下"不能省去,因为"把"字句需要利用它们创造现实情境,明确表达结果。例(11)中的"在头皮上"确定了"刮刮"的发生场所,现实的认知图示(schema)

---

① 有少数单音节副词状语不影响"把"字句的结果明确性,所以不纳入讨论,如"先、再、也、给"等。

让我们知道在头皮上刮让针变锐利是个确定量的短时动作。例（12）中"往下"限定了"扯帽檐"的活动空间和现实结果，即"遮住眼睛"。

2．程度方式状语

程度方式状语通过对动作发生的程度和方式的约束，使"把"字句中的 VV 具有更加明确的动作行为界限，从而达到结果明确的语义要求。例如：

（13）把发动机大力点儿按一按罢。
（14）她……过几天就要把东西来回倒一倒，换个样。
（15）你把情况仔细谈谈。
（16）来吧，我得把你好好洗洗。

例（13）、例（14）中的状语"大力点儿""来回"分别表处置行为的程度、方式，省略后不影响"把"字句体现明确结果。例（15）、例（16）中的程度方式状语"仔细""好好"省掉了就会比较别扭，会影响"把"字句表意的明确性。例（15）中，"把情况谈谈"不是个明确的指示，"把情况仔细谈谈"更能确定"谈谈"的明确结果——"谈仔细"。例（16）中若没有"好好"，"把"字句很难成立，"好好洗洗"则明确了动作的结果——"洗好、洗干净"，因而更适用于"把"字句。

3．对象范围状语

对象范围状语有明确动作行为结果的作用，需要依赖对语境的联想，通过范围确定相应的动作结果。动作行为的作用对象有时候也是一种作用范围，能起到明确结果的作用。需要注意的是，有时候对象状语就是动作行为涉及的人或事物，本身不体现动作行为的范围，所以不用于明确动作行为结果。有的范围状语也只是动作行为发生的大致范围而非特定范围限制，所以也不起明确动作行为结果的作用。这种情况下，对象范围状语可以省略。只有在状语对动词重叠"把"字句的动作行为结果起凸显作用时，对象范围状语才不适宜省略。"V一V""把"字句中，对象范围状语居多，通常可以省略，主要就是因为此时对象范围状语不是"把"字句的结果明确成分。VV"把"字句中的对象范围状语有一部分是用于明确动作行为结果的，它们不能省略。例如：

（17）我现在要把那笔赌账给你算一算啦！

（18）她把全队人马从头到尾望一望。

（19）你们俩从今天起，把其他事情都先放放。

（20）a. 他想把守活寡这桩事对康妮谈谈。
　　　b. 他把右手在船舷外的水里洗洗。

例（17）、例（18）中"给你""从头到尾"都可以省略，不影响"把"字句成句。例（19）中对象范围状语表示作用范围是"全部"宾语，可省略，而例（20）中对象范围状语的省略则不太常见。

由于动词语义限制，有的"把"字句必须带对象范围状语，即动词要求某一必有对象参与表达，如"调换、比较"类动词构成的"把"字句。有意思的是，这类带必有对象的"把"字句通常采用"V一V"重叠。VV重叠用在这样的"把"字句中似乎有点不自然，可能受到音节韵律的影响。轻声音节的VV用在句末跟复杂状语相配显得头重脚轻。例如：

（21）让金星和火星换个位置，就像你把家里的长沙发和短沙发调一调一样。

（22）他看女人总是把她跟母亲的那些同事们比一比。

总的来看，状语对于VV"把"字句的成立作用显著，即通过丰富语境明确动作行为结果。其中，位置位移状语和程度方式状语的结果明确作用比较强，对象范围状语的明确结果作用比较依赖对语境意义的理解。状语的"明确结果"作用的实现是人们对特定情境的一种现实理解。"V一V""把"字句对状语没有特定依赖，本身就可表达明确的动量结果。

（二）补语对动词重叠"把"字句的影响

补语对动词重叠"把"字句的影响显著，主要体现在句法上，VV"把"字句常带补语，特别是结果补语；"V一V""把"字句正好相反，没有出现带补语的用例。一般认为，动词重叠已经具备表量"有界完整"特征，其作用与动量、动补结构相当，因而动词重叠不能带结果、数量补语。VV带结果补语是一种古语现象和方言现象（邢福义，2000；石毓智，2007；贺卫国，2005；王红梅，2007）。实际情况是，无论是否受方言影响，现代汉语中"把"字句VV重叠带补语的比例都很高。不能不说"把"字句对动作结果的明确要求很高，而VV明确动作行为结果的能力不强。补语表达的明确结果与动词重叠VV的"有界完整"（陈前瑞，2001）不是同义竞争关系，而是相互加强意义的不同侧面。

VV所带补语几乎全部是结果补语，如"清楚、干净、高、低、干、碎、好、松、平"等，其中单音节词居多，仅有1例趋向补语。结果补语说明确定的动作结果，无疑能够满足"把"字句对动词部分的成句要求。省略结果补语，VV"把"字句不成立。用动词原形代替动词重叠VV，"把"字句成立且语义影响不明显。例如：

（23）我去弄把刀子来，把钢板也磨磨快/磨快。

（24）她还又一次把枕头拍拍松/拍松，把床单铺平。

(25) 让我把他的面孔认认清楚/认清楚，以后……

例（24）中"拍拍松"与"铺平"并列，足见这类带结果补语的结构中，动词重叠与动词原形的用法接近。在 VV 所带结果补语中，"好""清楚"的使用频率最高。值得注意的是，跟"黑、紧、直、光、开"等相比，"好、清楚"对结果的说明相对抽象。也就是说，"把"字句要求的动词重叠结构体现的明确结果并不等同于要求结果具体详细。

跟结果补语不同，VV 带趋向补语的例子不仅不常见，也很有方言的感觉。如例（26）中的趋向补语"起来"带来动作事件的明确结果，即"养野禽"。

(26) 可是孟明极力反对，他用我们自己编的竹笼子把野禽养养起来，让它们吃我们的口粮。

(三)"把"字句动词重叠带宾语的情况

"V一V""把"字句没有出现带结果宾语的情况。VV 需要结果宾语帮助构成"把"字句，其所带宾语主要有两类：具体结果宾语和带结果意义的抽象宾语。

1．具体结果宾语

具体结果宾语以结果的达成作为动作界限，体现 VV 事件的明确结果。如例（27）、例（28），"队"是"排"的结果，队列产生，结果明确；"换肩"的结果更明显，就是"换到另一个肩上"。

(27) 把问题排排队，依次解决。
(28) 他把水桶换换肩，他们知道了：要小心。

2.带结果意义的抽象宾语

带结果意义的抽象宾语与具体结果宾语非常相似，它们其实是复合词或者固定短语中的宾语性成分，这类复合词或者短语以常识方式明确结果，体现动作事件的边界。例如：

(29) 把这碗菜回回锅吧。
(30) 这位南开大学经济系毕业生还打算把经济学知识再"回回炉、淬淬火"。

(四) 连谓结构对"把"字句动词重叠的影响

连谓结构对"把"字句动词重叠的影响，也就是陆俭明（1993）提到的 VV"把"字句完句方法。陆俭明（1993）提出，动词重叠必须用于连谓结构的"把"字句的先行部分，即"把VV"后面需要带其他谓词结构才能成句。如"把菜炒炒"不太自然，不能单独说，而"把菜炒炒吃"就可以。"V一V""把"字句可以用于连谓结构的先行部分。在连谓结构中，VV 必须用在其他动词短语前面，以后面动作标记 VV 动作行为完结的界限，体现明确的结果。例如：

(31) 你把例句查查背一背。
(32) 你最好赶紧把衣服穿穿，跟我回家！
(33) 把鸡蛋煮煮给孩子们吃。
(34) 他们决定把这件事暂且放一放，等一等再说。

如果 VV、"V一V"相继使用，只有例（31）那种顺序，反过来会很别扭。像例（32）那样的句子，可以把"穿穿"用在把字句中，因为后面"跟我回家"明确了"穿好衣服可以回家"的确切结果。例（33）"把鸡蛋煮煮"后面有"给孩子们吃"，结果就明确为"煮熟可吃"。例（34）中"放一放、等一等"都可以单独使用，不用后续句来明确结果。

其实，连谓或添加后续句等以语境实现明确结果的方式，与语境常规预期让"把 NVV"可以单独使用的作用方式相当。连谓、后续动作的发生会赋予前面 VV 终结界限，说明结果状态，其他语境或情境预期也会触发对 VV 结果的明确性理解。情境预期对习语性"把 NVV"成立的作用前面已经说过。这里举两个交替动作、语境照应的例子。例（35）"把这个望望，那个望望"自然是"想看清楚"的结果，例（36）"把这地亩过过"就是想得到"弄清虚头"这个结果。

(35) 高夫人把她们这个望望，那个望望，在心中一个一个地称赞。

(36) 谁要说地亩有虚头，咱就再推举个公证人，再把这地亩过过。

总之，在当代实际语用中，动词重叠的两种常见形式构成"把"字句的能力有差别，原因在于重叠"V—V"通过自身动量体现明确结果，而 VV 需要借由句法条件（如状语、补语、宾语等）和语境条件（如常规预期、后续表达等）帮助其体现明确结果。换句话说，"V—V"体现 VV 所不具备的明确动量，即明确结果，便于单独构成"把"字句；VV 体现非明确动量的有界事件，不足以明确动作行为的结果，需要其他结果明确化成分的辅助构成"把"字句。对"把"字句的适应性说明，同样是有界量化表达方式，VV 不体现明确动量，而"V—V"倾向表达动量明确性。

三、表量明确性的互动影响：历时"把"字句中的 VV 与"V—V"

从历时发展的角度来看，"V—V"省略为 VV，可能的语法意义变化是损失掉动量明确性，或者说，当代 VV 与"V一V"之间的重要区别是"V一V"仍然给我们动量明确感，而 VV 不再有这种感觉。音节的虚化带来动量意义本身的虚化，音节的"一"量意义也是具体动量的像似表达。

有两方面的证据表明"V一V"的明确动量影响到"把"字句中 VV 的省略和单用。当 VV 能够明确被看作"V一V"的省略时，就能体现明确动量结果从而单独构成"把"字句。

第一，在使用某些特定动词的时候，如短时动量动词，VV 单独构成"把"字句不易受影响。例如：

(37) 听见她在下楼时高声唱出些不伦不类的话，总要把眉毛皱皱/皱一皱。

(38) 他还用手把头发拍一拍/拍拍，把衬衫抖一抖/抖抖。

例（37）、例（38）中的"皱、拍、抖"等动词，其所表动作行为在现实中按确定动量方式发生，持续时间很短，结果边界分明。此时 VV 和"V一V"显然是替换省略关系，这能够解释当代单独运用 VV 的"把"字句中约 10% 的例子。

第二，历时证据表明，"把"字句的明确结果要求一直都在阻碍"V一V"向 VV 省略；而且当含"把 NV一V"的句子出现数量增多时，含"把 NVV"的句子就会有少量出现。我们先看一下元明清时期"把 NVV"和"把 NV一V"的使用情况，具体数据[①]见表 9-2。

---

① 此处统计的是单音节动词的情况，同时只统计"把 NVV"和"把 NV一V"单独使用的情况。这是因为历时语料中它们几乎都是单独使用的。

表 9-2　元明清时期重叠 VV 与 "V一V" 用于 "把" 字句的数据统计

项　目	语　料					
	《全元戏曲》	《水浒传》	《西游记》	《封神演义》	《红楼梦》	《儒林外史》
"把 NVV"	0(0%)	0(0%)	8(2%)	0(0%)	6(1%)	0(0%)
"把 NV一V"	9(3%)	11(9%)	45(26%)	4(13%)	13(7%)	4(6%)

在元明清时期的语料中，"把"字句中的 VV 和 "V一V"发展变化不大，它们都因为"把"字句表意的明确结果要求而出现较少。"把 NVV"的使用一直都是零星现象，用得非常少。

"把"字句中的"V一V"可以省略为 VV，其条件是类似的"把 NV一V"大量出现。表现在统计数据上，《西游记》和《红楼梦》是所有文献中出现"把 NV一V"和"把 NVV"数量最多的文献。例如：

（39）如此，先把四书讲一讲。（柯丹丘《王十朋荆钗记》）

（40）难得当着郭先生在此，我们把这话说一说。（清，《儒林外史》）

（41）且把书意念念我听。（明，《西游记》）

（42）贾琏道，"紫鹃姐姐，你先把姑娘的病势向王老爷说说。"（清，《红楼梦》）

像例（39）、例（40）中"讲、说"一类动词，"处置"性并不强，但是"V一V"形式能够明确动量，从而在历时和共时语料中都很常见。例（41）、例（42）中的 VV 显然是受类似"V一V"动量明确的影响省略而来的用法。言说动词构成的"把 NVV"也是共时语料中能够自由使用的"把 NVV"中的主要类别之一。

类似的，历时语料中一直都有短时动作动词 VV 明确理解为"V一V"动量省略，自由用于"把"字句的情况。从古到今，这类"把"字句都是利用动词重叠明确动量满足成句条件，无论动量表达为"V—V"完全式还是其VV省略式。例如：

(43) 行者笑道："烦星官也把我头上摸摸。"（明，《西游记》）

(44) 都来奔抢绣球，被行者喝一声，把牙傞傞，把腰躬一躬，长了有三丈高。（明，《西游记》）

例（43）中有前文提到昴日星官"摸一下"猪八戒，然后为其"止疼"的情况，所以这里"摸摸"显然是"摸一摸"的省略。例（44）中无论是语境中的后续句还是"傞牙"的现实情况，都说明了"傞傞"与"傞一傞"的省略关系。所以说，"V—V"的明确动量意义对于省略来源的VV单独构成"把"字句有促进作用。

综上，"V—V"动量特征显著因而所表结果明确，VV受其影响在理解为其省略式能够明确表达动量特征时，可以单独构成"把"字句。从"把"字句单用限制可以推论，VV可能不完全来源于"V—V"的省略，或者省略后的当代VV、"V—V"属于不同的语法结构，表达不同的语法意义，又或者两种情况兼而有之。总之，结果是VV、"V—V"具有显著的交叉融合表现，且"V—V"比VV更偏动量表达，VV的量化意义抽象到不能体现确切量及明确结果。

最后需补充的是，VV的"把"字句单用限制体现在历史上和当代方言上的结果补语搭配方面，且当代"把NVVC"并不少见或方言味十足，都说明VV的量化表达能力很弱，它需要结果成分明确"把"字句处置效果，其"把"字句作用与动词原形接近，不同在于VV更为动态。如《全元戏曲》中的两个例子，VV都是通过结果补语和抽象带结果双音节动词明确动作行为结果的。例如：

(45) 我脱了这衣服，我自家扭扭干。（杨显之《临江驿潇湘秋夜雨》）

(46) 先把新女婿撒和撒和，不认生。（郑德辉《邹梅香骗翰林风月》）

四、本章小结

本章主要讨论了现实用例中动词重叠 VV、"V一V"构成"把"字句的实际表现，从而说明动词重叠不是"把"字句动词成句的完善条件。典型的动词重叠 VV 式并不能自由构成"把"字句，它仍然需要其他句法语境条件来明确动作行为的处置结果。不如 VV 典型常用的动词重叠"V一V"式可以自由构成"把"字句，体现确切动量，从而明确动作行为结果，也可以添加其他条件让处置结果更加明确，即 VV、"V一V"体现"把"字句明确处置结果的方式不同。VV 用位置位移状语、程度方式状语、结果补语、结果宾语、连谓结构、语境上下文等句法语境条件表达明确结果，类似于动词原形 V 用于"把"字句的情况。"V一V"通过自身明确动量满足"把"字句的明确结果要求，类似于动量补语的作用。在现实和历时语料当中，都有一部分 VV 单独用于"把"字句的情况，它们是由语境和"V一V"动量共同作用的结果。语境条件和语境预期会让习语性或不常见的"把 NVV"获得明确结果的理解。动词语义中附带的规约化明确动量加上"把 NV一V"的影响，会让"把 NVV"获得类似"V—V"的确切动量理解，从而体现明确结果，满足"把"字句的成句要求。

从"把"字句单用限制反观动词重叠的两种形式，可以认为，"V一V"体现明确动量的有界量化，而 VV 体现非动量性的有界量化，两者的当代差别仍然主要是表量明确性差异。"V一V"更像动量结构，而VV更能代表动词重叠。当然，音节弱化和动量结果明确性不同也会对VV、"V一V"的"把"字句选择使用造成一定的影响。

第十章　动词重叠的特殊限定功能：已然陈述谓语[①]

　　动词重叠的时间分布有着显著的倾向性。动词重叠主要出现在未然表达[②]中，其中假然、常然、将然都具有未然特征（李宇明，1998），动词重叠也出现在已然表达当中（刘月华，1983；戴耀晶，1993；邢福义，2000；杨平，2003；张旺熹，2006）。

　　把未然/已然放到现实/非现实的语境中考察，会发现已然用法的动词重叠非常特殊，它属于现实情态范畴内动词重叠作谓语中心且表达过去切实发生的情况，而动词重叠的绝大多数用法都属于非现实范畴的各种类别。也就是说，动词重叠的已然表达是动词重叠唯一一种现实范畴的用法，它与多种非现实范畴的用法形成对照。表现在实际语用限制上，动词重叠描写已然事件过程不适合用 VV（萧国政、李汛，1988），留学生也很容易在这方面出现错误（吕滇雯，2000）。例如：

　　（1）＊我昨天做梦，梦到自己在街上玩玩。
　　（2）＊他走走路，回到家里。

　　[①] 本章相关内容修改发表于《电子科技大学学报（社会科学版）》2016 年第 1 期，题目为《动词重叠 VV 式的已然表达问题》。
　　[②] 朱景松（1998）对动词重叠进行的是表意分类，并将其基本特征概括为具有大小不等的祈使性，其实也是说动词重叠倾向于未然表达，可用于已然描述，如叙述类动词重叠。陈立民（2005）对动词重叠语法意义的概括也说明他在时间分布上与多数研究者持相同观点。

（3）＊这是我看看书的地方。

（4）＊他想想这个事情走着回家。

吕滇雯只关注了问题的表面，认为动词重叠不表进行，不能作定语等决定了上述错误。前面第七章、第八章已经讨论过动词重叠用于已然描写或作定语、作状语等各种功能。其实，上述错误的根源是留学生希望用动词重叠表达他们心中的"短时少量"意义。之所以说"在街上玩玩、走走路、看看书的地方、想想这个事情"，是因为他们觉得这些动作行为都"短时少量"，所以专门采用了动词重叠的形式。但是，动词重叠的"短时少量"意义要加上很多附注，比如用于已然描写要如何、作定语要如何、作非谓语中心要如何等等，甚至"短时少量"也只是动词重叠的一种明显的表现意义，而非根本语法意义。不管作定语还是谓语中心，还是类似方式的状语［如例（4）］，上述例子中的动词重叠都是错误的已然表达。也就是说，留学生把"短时少量"的动词重叠理所当然地等同于现实已然的固定的"短时少量"表达结构。这种想法符合人们对确定量的自然理解。张旺熹（2006）就认为，未然的动作行为无法确定其起点和终点，是无法界定为有界小量的，即"现实已然"是"短时少量"动作行为的附加含义。换句话说，动词重叠的"短时少量"意义最适合从现实已然表达中证明，而恰恰是动词重叠的已然表达不具备典型性，会受到更多的句法语用限制。这使我们有必要重新审视动词重叠的已然表达，并考虑以此为基础的"短时少量"意义。为方便讨论，我们以公认的动词重叠的代表——VV式作为论述中心。

一、已然陈述动词重叠的语义语境限制

狭义地讲，动作词重叠的已然用法就是动词重叠在现实已然

陈述中作谓语中心的用法；它不包括动词重叠在已然表达中的非限定用法，或者带有常然、假然性质的已然情况说明。纯粹现实的已然动词重叠陈述，与非现实的已然环境中的非限定、常然、假然用法表现出不同的动词选择和语境限制。

朱景松（1998）指出，常用的重叠动词是表人的感官肢体动作的动词。实际上，重叠动词的范围不仅包括表人的感官肢体动作动词，还包括表人的抽象活动动词，以及表物的具体活动动词等。从已然陈述重叠的角度看，表人的感官肢体动作动词应该分作两类：一类是可以已然描述的现实短时肢体动作动词，简称"现实短时动词"，另一类是一般动作动词。例如：

(5) a. 我挥挥手，摊开纸，拿起笔，沙沙地写下了那个不朽的名篇。
　　b. 两人碰碰杯，干了杯中酒。
　　c. 他得意地眨眨眼，坐在了前面的车辕上。
(6) a. *她唱唱歌，离开了小酒吧。（自拟）
　　b. *他跑跑菜市场，然后回家做饭吃。（自拟）
　　c. *下午我写写作业，就帮妈妈做了晚饭。（自拟）

像例（5）中的动词就是现实短时动词，它们的性质接近于瞬时动词［如例（5）b、c］，但比瞬时动词的持续时间要长一点。这类动词的动作行为发生在一瞬间，如果带"着"，则表反复，如果重叠，则表短时反复（邵敬敏、吴吟，2000）。也就是说，像"挥（手）、碰（杯）、眨（眼）"等动词实际是瞬时动词，它们重叠后引起瞬间动作的反复，从而具有延续特征，且这类动作无论反复与否，都具有现实短时终结的自然特性。与之相对的是一般的动作动词，可以一直持续，没有现实自然的终结特征，它们通常不能自由应用于现实已然陈述。

在我们调查的715个单音节动词中，有231个动词为现实短时动词①，它们常用于现实已然表达。最常用的现实短时动词有：看看、望望、摇摇、点点（头）、耸耸、擦擦、摸摸、拍拍、吹吹（气）、抹抹、亲亲（小孩）、挠挠、捏捏、笑笑、蹙蹙（眉）、掀掀、搅搅、拌拌、直直（腰）、睁睁（眼）、吐吐（舌头）、欠欠（身）、努努（嘴）、扁扁（嘴）、吸吸（鼻子）、晃晃（脑袋）、按按（帽子）、舔舔、抖抖（衣服）、挑挑（眉）、闻闻、招招（手）、伸伸（脖子）、拱拱（手）、探探（身）、敲敲、挥挥、转转（眼珠）、摆摆（手）、拉拉（衣袖）、握握、皱皱（眉）等。它们基本上都是表示人体肢体或器官动作的动词。由于这些具体的动作在现实中具有固定的、可预期的行为模式，动词语义能够体现出动作的进行方式和持续时间，使其带有短时少量和自然终结的特征。当它们用于现实已然表达时，就能够适应内容表达和时间表达双重的确定性，起到现实动作行为描述的作用。

  与之相对的一般动作动词有：吃、等、玩、说、种（菜）、争、调（工作）、填、磨、（整）理、站、走、跑、赶、搜、爬、烫（头/衣服）、涂、喂、热（菜）、挖、带（小孩）、躺、做、干、贴、议、骑、追、找、拿、哭、演、搬、拖、减、扛、传、守、埋等。这类动词中可持续动词占多数，它们的动量确定性不强，描述性不足。因此，在具体动作描述的已然陈述中，这类动词使用起来都有点别扭。

  还有一些动作动词所体现的动作行为并不单纯，如夸、求、审、比、救、帮、玩、挑（毛病）、建、拖（时间）、访、游（览）、会（朋友）、请（客）、躲等。它们接近于一般动作动词，又带有抽象动词的特征。由于动作的复杂性，动词重叠不适合描

---

① 动词具有多义性，这里"现实短时动词"实际指的是动词的某一义项。

述其具体过程，因而通常不能用作已然陈述谓语。如将例（7）、例（8）中的"帮帮忙""访访亲戚"理解为常然或者非现实用法，可以成立；如果作为现实、具体的已然行为陈述则很不合适。动作行为的复杂性会增加其抽象性，削弱其具体描述的动量终结性。

（7）a. 在完成本职工作之余，小江还常到档案室去帮帮忙。
　　 b. *小江昨天在档案馆帮帮忙，然后去了图书馆。
（8）a. 可曾出去走走，访访亲戚么？
　　 b. *她访访亲戚，去菜市场买了点菜回家。

另一类不能用于现实已然重叠的动词是抽象动词，包括感知动词"爱、恨、怨、吓、愁、烦、痛、乐、气（他）、宽（心）、狠（心）、担（心）、伤（心/感情）"等，以及固定短语中的动词"回（礼）、尽（心）、（祝/贺）寿、较（劲）、讨（欢心）、摆（阔）、灭（威风）、应（景）、撑（门面）、破（俗）、充（数）、吊（胃口）、劳（神）、丢（脸）、找（茬）、见（世面）"等。这类动词与具体动作没有直接挂钩，所以无法描述其动作行为过程及动量终结性。如例（9）b、例（10）b都不成立。

（9）a. 这一次，我只是想吓吓姓滕的，并不想来真的。
　　 b. *那一次，我吓吓姓滕的，（打他两拳）。
（10）a. 这次老六团要给你们撑撑腰。
　　　b. *这次老六团给他们撑撑腰，（他们大干了一场）。

通常情况下，现实短时动词用于已然描述的动词重叠常需要带后续句，描述相继的几个具体动作。如前例（5）、例（6），再如：

（11）他摸摸宁金山的头，揣揣他的手，亲切耐心地问长问短，活像一位老母亲。

（12）她摁摁胸口，好像有点紧张，她说。

去掉后续句，仿佛描写句没说完。有时候，现实短时动词的重叠也可以单用，带有文学描写的特殊色彩。例如：

（13）"对，要干就干个狠的。"小媳妇瞟瞟许逊。
（14）说着把褂子放在台阶上，紧紧皮带，舒舒胳膊。
（15）高晋喝了口矿泉水，放下杯子，抿抿嘴。
（16）梅佐贤向韩云程撅撅嘴。

很多时候，现实短时动词的已然重叠可以在中间加上已然标记"了"。但后续句的要求以及现实短时动词的限制，并不仅仅是因为现实短时动词能够省略"了"用于已然重叠。比较例（17）、例（18）可知，一般动作动词和抽象动词的已然描述理解起来都有表意不清的地方，并不是省略了"了"的缘故。之所以"挖了挖潜力""浇了浇愁"给人话没说完、表意不明确之感，是因为这类动词的已然重叠陈述不像现实短时动词那样，体现明确、清楚的动作行为及完结量。当然，现实短时动词本身有瞬间特征，在现实中有特定的发生模式，也是其容易省略"了"的重要原因。

（17）a. 他突然站住，回转身子，向我顿顿/顿了顿手杖。
　　　b. 她拢拢/拢了拢鬓角的发绺，继续看着书。
（18）a. 中间他还抽空到养殖场去了两次，要洪塔山挖挖潜力/*挖了挖洪塔山的潜力。
　　　b. 一年以来，他经受了生活、情感、贫困的煎熬，只以酒浇浇/*浇了浇愁。

如果一般动作动词、抽象动词等不是用作已然陈述谓语，不表动作行为描述，而是表达已然情况的现实结果的构成部分，其已然重叠就可以成立。此时动词重叠不是句子的谓语中心,而是获得结果的附加方式,其证据就是动词重叠加"了"反而不好,特别是例(20)、例(22)。

(19) 昨天夜里,我想想/想了想你说的话也有道理。
(20) 我们等等/*等了等你不回来,就吃了。
(21) 看着倒在附近的圣骑士尸体,算算/*算了算至少有二十人牺牲,其中还包括……
(22) 我们五人边玩边走,走走/*走了走四周就没人了。

当然,如果动词重叠只是用于已然语境中,其本身并不是已然陈述谓语,那么相关动词和语境都没有特殊要求。例(23)—(26)中,虽然动词重叠都是出现在已然现实的大环境中,但动词重叠本身是非现实的,不受动词语义或后续句的限制。例(23)、例(24)中,动词重叠表过去非限定;例(25)中,动词重叠表常然非限定;例(26)中,动词重叠是评价性的非限定用法。

(23) 到苏州,曾想尝尝塘鳢鱼,未能如愿。
(24) 后来,小学老师想看看有谁实现了自己的愿望,他发现只有一个人实现。
(25) 朱辰第一次见到大海,玩得很开心,但就是不下去,顶多到海边湿湿脚……
(26) 有时候,他觉得应该别五支,摆摆阔。

总之,已然表达的动词重叠能为我们区分现实短时动词这类特殊的重叠动词,甄别具体动作行为描述的语境限制,同时也表明了已然动词重叠本身的特殊性。

二、已然陈述动词重叠的表量具体性

已然动词重叠的表量有显著的具体性倾向。动词所表动作行为越是简单、具体，表量特征越清晰，其动词重叠越容易用作现实已然陈述谓语。随着动词所表动作行为的复杂抽象，其重叠用于已然陈述的可能性下降。

显然，已然描述语境是一个要求具体动量表达的特定环境。现实短时动词的已然重叠很多时候表达的是具体的"一次"动作，例如：

（27）秋林瞟瞟娘，想，自己这次到前线，没准儿就和爹一样长眠异地了。

（28）总书记向大家拱拱手："给乡亲们拜个早年！"

像"瞟""拱"等动词，显然只能表示一次性的身体动作，"瞟瞟"就是"瞟一眼"，"拱拱手"就是"拱一下手"，类似的动词还有"弯（腰）、探（身）、耸（肩）、摊（手）"等。虽然整个动作的持续时间长短不一，但总的来看，它们都是瞬间完成的动作，一般也不会反复多次延续。这类短时动词的动作具体性和量的确定性都非常强。

其他现实短时动词的动作具体性与一次性的短时动词差不多，只不过其动量的确定性没有固定为"一次"，而是随着语境的不同，可能是"一次"，也可能构成少量反复的"一套"动作。"一套"动作自然比"一次"的复杂度要高一点，但现实中，其具体可感的特征是不变的，相应动量也是明确的。"眨、舔、摸、指、摇、点、亲、睁、正、翘、拭、缩、按、压、抿、喷（鼻子）、吮、吸、展（肩）、嘟（嘴）、努（嘴）、瞪、扬（手）、甩（头）、扶、揣、掠、昂（头）、搂、蹙、扭、抱、挤、碰"等都属于这一类。例如（29）、例（30）中的"皱皱鼻子""抹抹汗"可能是一次动作，也可能是有限、反复的几次动作构成一套动作。

（29）他皱皱鼻子，咧咧嘴没敢哼声。

(30) 三姥爷抹抹一头的汗，跑上去看宋家掌柜的身子。

相对的，一般动词和抽象动词表示复杂的动作或动作表现不明，其动量较难确定，已然陈述的能力就会受限制。即便有后续句帮助明确动作终结的界限，但因为其所表动作行为的具体性差，无法实现为动量确定的已然动作描述。例如：

(31) 我在外边躲躲，等鬼子走了，妈妈再来领你。/？我在外边躲（了）躲，等鬼子走了，我把孩子领回来了。

(32) 黄所长让他们坐一会，自己去去就来。/＊黄所长自己去（了）去，回来陪他们聊了会儿天。

反过来讲，有的非现实短时动词，如果在特定语境中可以作为具体的现实动作行为来理解，其动量容易确定，就可以用在已然重叠当中。如例（33）中，"查查"就是"查了查"，其所表"查电表"的动作行为很具体、很明确，就是看一眼电表读数记下来，所以"查"虽然不是现实短时动词，此时却具备了现实短时动词的动作动量具体性，其已然重叠用法很自然。例（34）很有意思，它是已然描述，更是泛时空的描述，主要说明船家撑船的技巧。"停停"虽然在特定语境中动作具体、动量确定，但其表意还是重在规律描述上，所以"停了停"不能用。这说明在常然规律影响下，现实时间特征的减弱同样削减了动作行为的具体量性，所以已然描述的可能性下降了，非现实用法的特征增强了。例如：

(33) 今年8月的一天，我偶然查查/查了查家里的电表，计算一下电费，哎呀，怎么这个月的电费要50多元！

(34) 船家懂得游客的心情，站在船尾乐得休息休息，一篙下去，慢慢拔起来，停停/＊停了停，再轻轻下篙。

同理，具有多义性的动词在表现实短时动作时，可以已然重叠，表一般动作行为或抽象活动时，则不能用于已然描写。比较例（35）、例（36）中 a、b 两例，可以看出其中的选择差别。类似的"摸（鼻息）/摸（良心）""转（街）/转（眼珠）""尝（咸淡）/尝（手段）""吹（眼里沙子）/吹（风）/吹（牛）""扫（肩上发丝）/扫（地）"等，都是表现实短时动作且动量具体明确，可以已然重叠；而表一般动作、抽象活动时较难进行已然重叠陈述，详见例（35）、例（36）中 a、b 两例的对比。

(35) a. 我先试试/*我先试（了）试。
  b. 连忙把手伸进克朗肖的衬衫底下试试/试了试心跳，他一下呆住了……

(36) a. 这消息传到了伦敦的朋友那里，他们多方设法邀请我去英国"换换空气"/*去年我在英国换（了）换空气。
  b. 他站住双脚，稳稳地用双手扶着扁担换换肩/换了换肩。

与之类似的，重叠动词"看、笑"等常用于已然动作描述，此时，它们选择体现的是该类动词的现实短时意义，其动量为"一次"。例如：

(37) a. 他回过头来，又看看/看了看经理室显得冷落的景象，他好像做了一场春梦。
  b. 徐守仁看看/*看了看湖边的情景，听着娘吐自肺腑的心声，他没法拒绝娘对他的良好愿望。

(38) a. 她不自然地笑笑/笑了笑。
  b. 我请莫时仁谈谈他的政绩，他总是笑笑/*笑了笑避谈（该话题），又聊起别的话题。

在例（37）a中，"看看"是具体的"看一眼"，所以替换成"看了看"很自然，而例（37）b中，"看看"是一种非现实背景描写，不是现实具体的已然陈述，所以"看看"不是表"看了看"，而是表"看着"。例（38）a、例（38）b中的"笑笑"都表示"笑一下"，但例（38）a是具体现实的已然动作，而例（38）b则带有非现实常然状态的特征，所以，此时"笑笑"的具体量化特征减弱，替换成"笑了笑"就不成立。

总之，已然描写的动词重叠都是所表动作行为具体、动量明确的动词的重叠。或者说，已然表达限制其中的动词重叠使其动作具体、表量明确。这与非现实动词重叠难以表量明确具体形成鲜明的对比。

三、已然动词重叠的现实陈述本质

已然描述的动词重叠就是动词重叠必须用于陈述句中心谓语的情况，而大多数动词重叠都适用于祈使等非现实语境。从陈述与祈使的差异看，已然动词重叠的特殊性可想而知。受到陈述的限制，已然动词重叠会选择不同于祈使句的特殊动词。如非自主可控动词［例（39）］、书面语描写动词［例（40）］或者贬义动词［例（41）］。形容词用作重叠动词，如果出现于已然表达，其所表语义必须是动作具体、动量明确的，如例（42）。非自主可控动词还有"痛、愣、呆、升、降、停、下（雨）、晃、亮、闪"等用于已然描述，书面语描写动词还有"掠（头发）、纵（身）、蹙（眉）、欠（身）"等，贬义动词在已然描述时都不能看作特殊愿望，类似的还有"嫖、谝、受（打击）"等。例如：

（39）桑叶很恐惧地闪闪眼睛，"我要做手艺，我要活命。……"

（40）云梅有点紧张，觑觑丈夫。

(41) 她怜惜我，对我百依百顺，还在物质享受上反过来惯惯我。

(42) 校长夫人红红脸，咧着嘴笑着说……

显然，已然陈述只要求相应的动作行为具体、易量化，对于自主可控、口语合意愿等没有明确限制；也不要求动作行为有很强的能动性，所以形容词动词化以后只要表量明确、动作具体，不需要祈使句的能动效果依然能够成立。

已然动词重叠不仅是陈述，而且是现实性的陈述。它必须描写现实情况，而不是对常然规律、假然条件、已然愿望打算、评价态度等的非现实陈述。因此，已然语境中的动词重叠表意偏向于常然、假然、非限定的愿望打算、评价态度等时，也就是非现实表达了，就不再受动词重叠已然表达的动词语义语用限制。如前例（22）—（26）、例（34）、例（37）、例（38）。再如：

(43) 开头说得好听，借，借借就不还了。

(44) 农忙时种地，闲了锈些台布，做些油糕、豆腐什么的卖卖。

(45) 他找着一家大药材铺，也只当碰碰运气地去敲敲门。

(46) 他便上座，与张师傅家长里短地聊了起来。洗头、理发，推推，剪剪，刮刮如仪。

例（43）陈述的是过去的情况，说某人借了东西不还，但此时"借借"表达瞬时动作结束后的状态持续，评价某人相关的行为规律，不是陈述现实的具体动作，所以非现实短时动词可以重叠作陈述谓语。例（44）讲过去的常然活动，"卖卖"是对"做些油糕、豆腐"的非限定修饰，说明其用途。例（45）是描述已然情况，但动词重叠在其中作状语，修饰主要的已然动作行为，表达重点在评价相关动作行为的方式。例（46）虽然是陈述典型的现实情况，使用的并非现实短时动词，表达的是非现实的规律，原因就在于理发过程虽是已然现实活动，但重在常规说明"如仪"。

现实陈述中的已然动作行为必然描写清楚、具体形象，才能够满足表达需要；否则表意不清，就起不到已然描述的作用。一个很好的例子就是，如果并非现实短时的动词，要用于已然描述，需要很多语境细节来明确其动作过程和结果。例如：

(47) 她说说/? 说了说又住口了，仿佛在仔细斟酌字眼。
(48) 那时我们还没有番号，以后托了些人去说说情/说了说情，才放了。

不管是具体的延续"说话"还是抽象的"说情"，要描述过去的情况，都需要后续句表明其终结或者需要先前的句子表明相关动作行为的具体细节和结果。如果是单纯描述，则难以成立。比如"下午我走（了）走"不如"下午我在公园走（了）走"好。而"下午我在公园走（了）走，然后回家睡觉"就非常自然了，原因就在于"然后"的动作行为，以及"在公园"的情境确定了"走走"作为"散步"的具体方式和动量特征。

反之，如果不用作现实陈述的已然表达，即便是现实短时动词重叠，也不需要体现动作的具体性和动量的确定性。如例(49)"咬咬牙"作定语，说明"事小"，不凸显具体的咬牙动作和动量。例(50)"弹弹、啃啃"交替持续，作方式状语，因而相关动作虽然具体，量却无法确定。例如：

(49) 绝大多数运动员并不畏惧训练时体力上的艰苦，那只是咬咬牙的事。
(50) 大黄狗正在枣树下东弹弹、西啃啃地捉狗蝇，王家父子来了。

总之，现实陈述性为已然重叠的动词语义选择和表量特征提供了很好的解释，同时也为某些不符合可重叠动词特征的动词

（非自主可控、非口语随意、贬义、非能动）的重叠提供了一种附加说明。

四、本章小结

综合种种表现特异性，可以认为，已然现实表达的动词重叠属于动词重叠中的另类。它要求使用动作行为具体的现实短时动词重叠，或者要求其他动词重叠也体现类似的具体短时意义，表现具体量。它不受祈使相关的可重叠动词的"自主可控、口语、非贬义"和重叠语境"能动性"的限制，并要求表达现实陈述意义。而且，可重叠动词特征当中"可反复"一条，似乎也是专门服务于现实短时动词类的。那么，已然现实陈述的动词重叠是否与其他动词重叠存在根本差异呢？

已然动词重叠 VV 的上述特征使我们联想到"V一V"重叠式。现实短时动词的已然重叠所表达的"一"量意义明确，而且此类动词也常用"V一V"已然重叠形式。例如：

（51）小吕挺一挺胸脯，深深地吸了两口气，舒服极了。
（52）柔嘉鼻梁皱一皱，做个厌恶表情道……
（53）他摘下草帽，向外甩一甩水。
（54）他们把酒浇着猪耳朵，那肥猪说也奇怪，动一动耳朵，又晃一晃脑袋。

更有意思的是，"V一V"式在已然现实陈述中已远不如 VV 常用，但其对带"非自主可控、书面、贬义"等色彩的动词容忍力却比 VV 还强。例如：

（55）在街口瞧见一部汽车，认识是陆家的，心里就鲤一鲤。
（56）咏梅怔一怔，看见了安迪。
（57）眼睛睁开一条缝，如装死的狐狸身子全无动静，偷眼窥一窥四周。

（58）闲着没事也偷着去嫖一嫖，回来晚了，小夫妇也拌一通儿嘴，好在是在夜里，谁也不知道。

已然动词重叠的存在及其特殊性，是否说明只有一部分重叠 VV 形式源自"V一V"，而且继承了"V一V"的具体表量意义？或者说只有一部分"V一V"省略发展为重叠 VV，有一些"V一V"不容易或不适合省略为 VV？这对弄清动词重叠的内部构成和语法意义有重要的参考价值。

结合上一章"把"字句动词重叠限制的情况，似乎动词重叠存在内部来源差异和分化的可能性很大。有的动词重叠 VV 式来自动量"V一V"，所以有特定动词选择和动量明确的表意要求，它们适应现实陈述，能够很好地体现"短时少量"，而另一些动词重叠并非来自动量"V一V"，体现的是更抽象、模糊的有界量化意义，它们体现非现实祈使或评价等，其量性不显，主要不是表达"短时少量"的。分化的观点对于解释动词重叠的复杂语用和教学指导都比较实际有利。

第十一章　动词重叠的非现实表现：
　　　　直接否定的语境限制[①]

动词重叠的否定限制在讨论动词重叠的语境、语用时偶有提到（朱德熙，1982；毛修敬，1985；王建军，1988；赵新，1993；张爱民、杜娟，2005；华玉明，2010）。概括起来有三点：一是动词重叠一般不被直接否定，二是否定的动词重叠用于反问句，三是否定的动词重叠用于假设句。研究者普遍认同上述关于动词重叠否定用法的基本事实，却很少关注动词重叠能或不能被否定的原因。

毛修敬（1985）提出，"不……不/就"假设句中作假设条件的 VV 应该理解为引用成分，表达的是"应该、理应"的肯定意义。这似乎将否定陈述的动词重叠与肯定祈使的动词重叠在性质上画了等号。相近的观点是，动词重叠不单独出现在否定格式中，其假设、反问等用法中的否定形式都应理解为肯定（华玉明，2010）。华文强调动词重叠的主观意愿性决定了动词重叠本身不能被否定，并引证洪波（1996）关于肯定/否定祈使句的观点，进一步指出动词重叠表说话人心理上希望的动作行为，因而不能被否定。也就是说，动词重叠不能被否定，是因为表祈使的

[①] 本章内容曾作为论文提交复旦大学"语法描写和解释讨论会（2013）"讨论过，并发表于《语言研究集刊（第十二辑）》。此处作了适当修改。

动词重叠不能被否定，而动词重叠祈使不能被否定，是因为动词重叠祈使要表达人们希望的动作行为。显然，把动词重叠的功能等同于动词重叠祈使句的功能，其前提和结论都失之偏颇。动词重叠在叙述时可以不受"非贬义愿望"的限制。同样，否定性的动词重叠也不是非要用于祈使句，并不能用祈使句的否定限制来解释。例如：

(1) 活着嘛，干吗不活得自在点。开开心，受受罪，哭一哭，笑一笑，随心所欲一点。
(2) 我嫁人、离婚、生孩子、调工作都没问问我妈。

一般对"吃苦、打击、丢脸"等不太符合愿望的动词重叠会从不同于"享福、开心"的角度进行解释。比如"让他吃吃苦"等祈使句符合说话人的愿望，而"我想吃吃苦"则是一种特殊的愿望，此时"吃苦"已不是坏事。但例(1)"受罪"无论从哪个角度讲，都是一种对现实生活状态的说明，不符合愿望，也不可控，却可以重叠。例(2)是典型的动词重叠直接被否定的叙述句，完全不涉及祈使愿望句要求的肯定意义。我们熟悉的反问、假设句中的动词重叠否定也不一定表肯定，除非我们把肯定的范围扩大到涵盖一切情况，即逻辑上任何表达都有其相关的否定表达，对这一否定表达的否定则看作一种肯定。例如：

(3) 你们要从王家河旁边经过，不看看你的干女儿跟干女婿么？
(4) 外国人如果不亲眼看看，也许以为是在听神话。

例(3)中，"不看看"的肯定意义是"应该看看"，但这种意思是隐含的。更重要的是，反问从事理上肯定"应该如何"，与"不看看"的肯定祈使形式"要看看"表意不同。例(3)不仅可以表示事理上应该的动作行为，同时还表达了从否定角度对未来情况的测度，即"不去看看……吗"。例(4)中"不亲眼看看"表假设条件,但结果句是一个性质论断,没有相应的否定成分,也不能断定该复句就是表整体肯定。因为,"如果不看看,就以为是神话"和"如果看看,就不会以为是神话"都不是某种"负负得正"的肯定。当然,将例(4)改写为"如果亲眼看看,就会相信",整句表达肯定。但这样的话,任何一个表达都可以有相应的肯定形式,再谈动词重叠只能被肯定就没有意义了。此外,即便有两个否定成分分别用于假设复句的条件和结果,也不能说条件分句中的否定成分就单独表肯定意义。

从原因的角度分析,会发现动词重叠的否定语用在表现上存在更多复杂的细节,涉及动词重叠的根本语法限制——非现实性。这一章以重叠 VV[①] 的实际用例为基础,考察动词重叠否定与疑问、假设等的配合限制,以及"不/没"否定动词重叠的异同,证明动词重叠的直接否定限制实际上是一种非现实要求,疑问、假设复句、评价陈述等都是帮助汉语动词重叠否定句确定体现非现实性的语境条件。同时进一步证明,汉语否定句存在现实与非现实的双重性,其具体的情态性质要依据特定的表达需要和理解角度而定。

本章主要分三个部分进行论述:一是意愿否定"不 VV"限制体现将然非现实性,讨论其意愿陈述用法的不可行和假设条件用法的必然性;二是意愿否定"不 VV"限制体现疑问非现实性,讨论疑问与"不 VV"配合的语用结果:间接祈使与事理论辩;三是情况否定"没 VV"限制体现评价非现实性,讨论其与显性和隐性评价成分的配合关系,以及"不/没"通用的非现实关联。

---

① VV、"V—V"的直接否定限制相当,根据典型性原则,我们以 VV 为代表说明动词重叠的直接否定限制。

一、意愿否定"不VV"限制体现将然非现实性

现实与非现实是一对语境情态范畴。简单地讲,已然实现的、确定的是现实的,未实现的、不确定的是非现实的。现实/非现实的概念区分虽然清楚,但某些具体语句的情态归属则颇具争议。否定句就是其中之一,其表现为:各种语言对否定句的现实/非现实情态标记处理不一样(Palmer,2001);在对现代汉语否定句的现实性归属上看法不一。一般认为,汉语否定句属于非现实句(沈家煊,1999;张伯江,2000),但也有研究者考虑"不/没"的否定性质,从而得出具体的不同结论(李敏,2006;王晓凌,2009;张雪平,2009)。张雪平(2012)主张,否定句具有现实/非现实双重属性,因为否定本身就具有命题内否定和命题外否定两种逻辑性质。否定辖域高于命题,则命题表达的内容在现实中还不存在,因而否定句体现泛时的非现实性;命题辖域高于否定,则可以将否定句看作一个否定判断,即从否定的角度确定现实,体现现实性。也就是说,否定句既可以表达带有否定特征的现实情况(正如"我讨厌他"是一种确定的现实,而"我不喜欢他"也是一种确定的现实,虽然后一句话带有否定词,但两者在确定某种现实情况的时候有一致性),也可以体现泛时持续的"未实现"非现实状态。有具体时点参照的未实现状态用"没"构成否定,而没有具体时点的未实现状态用"不"构成否定。张文所讨论的否定句仅限于"由否定副词作标记的简单否定陈述句",至于否定因果句、假设句、疑问句等则不在讨论范围之内。这些超出简单否定陈述句的复杂情况正是我们要深入考察的地方。我们将会证明,虽然大家罗列出假设、常规、未来、祈使、意愿、否定等非现实句,但各种非现实因素的作用并不均等,至少否定的非现实性需要特定条件加以确定。"不VV"

表达意愿否定，而意愿本身不能独立满足动词重叠的非现实情态要求（张雪平指出意愿句也有双重性，因为我们同样可以把意愿成分看作命题内或者命题外成分），因此"不VV"不能单独用于陈述，除非构成假设条件或者疑问句。这一部分主要讨论"不VV"表意愿否定、用于陈述句的情况。

众所周知，副词"不"用于连续否定，而"没"用于离散否定（朱德熙，1982；郭锐，1997；石毓智，2001）。通常，动词原形如果不带体现具体时间特征的成分，自然理解为祈使，如动宾、动补、动量和动词重叠形式，如"坐、坐沙发、坐好、坐一会儿、坐坐"。"不"否定动词，不是否定性祈使，而是表达否定意愿，具有泛时特征，结合具体情况则体现将然性。如"不吃不喝"表示"不愿意吃/喝"，其自然结果是"（将来）不会吃/喝"。同样的，动词重叠等结构作为不体现时间特征的动词性成分，其否定也不能是否定祈使[①]，只能表否定意愿。此时，无标记祈使的动词重叠实际上体现相应的意愿陈述意义。虽然，动词原形可以构成合格的意愿否定陈述句，动词重叠却不能单独用于陈述性的意愿否定句。在我们调查的北大CCL语料库单音节动词重叠的40000多个VV用例中，带否定因素的重叠VV有1900多例，动词重叠直接被否定的有550例。没有一例陈述性"不VV"或者类似显性意愿否定的"不想/愿意VV"。类似表意愿的动词除"想、愿意"外，还有"要、去、来"等。"不VV"与"不想/愿/去VV"等在意愿将然表达上语义相当，很多时候可以替换使用。

"不（想）V"与"不（想）VV"的差别在于前者是完全

[①] 含否定意义的祈使句如禁止、劝阻等，常用否定副词"别/不要"，而非"不"。"别/不要"构成的否定祈使也不能用动词重叠，如可以说"别看"，但不能说"别看看"。

否定,而后者是部分否定。绝大多数研究者接受动词重叠表"量"的观点。一定量的否定相当于完全否定的一部分。比较下面的例子:

(5) 我们不干/＊干干研究工作①。(自拟)
(6) 他不想看/? 看看这本书。(自拟)

动词重叠无论表达的量②如何,都是动词原形所表动作行为的一个动态部分。根据霍恩等级(Horn Scale),如果需要否定某种动作行为相关的意愿,直接否定动词就可以了。否定动词原形就包含了对相应动词重叠的否定。相反,否定的动词重叠形式相对复杂,既不能增加语义效果,又会使语句表意不明确,因而用"不(想)VV"的陈述形式不是一个好的选择。需要注意的是,由于肯定与否定的不对称性,肯定意愿句可以选择动词原形,也可以用动词重叠。因为,肯定全部和肯定部分能够体现不同的

---

① 此处＊表示的是例子在作为现实愿望表达时不能成立,即"我们不干干研究工作"相当于"我们不干研究工作"时不成立。例(6)的情况与此相同,但似乎受动量VV影响,例(6)比例(5)要容易成立。此外,这里的句子只能单独理解,不能作为条件假设句或评价句等来理解;后面将会证明条件、假设和评价正是否定性VV成立的非现实条件。

② 在2013年召开的"语言的描写与解释"学术研讨会(复旦大学)上,张谊生教授提出动词重叠应该有两类,表小量的VV,如"看看情况去",和表常然活动的VV,如"看看书,打打球",我们应先界定否定性动词重叠所讨论的动词重叠类别。有两类动词重叠的说法,说明学界认识到"小量"意义对非祈使常然类动词重叠的解释困难。一种解决办法是保留"小量"解释,区分两种动词重叠。本书前几章的研究说明区分可能是比较有效的办法。如果统一解释两类动词重叠,也需要重视动词重叠的内在构成差异。本章讨论的动词重叠否定包括"小量"与"常然"两种情况,因为非现实情态限制对上述两种情况的动词重叠的解释是一致的。本书末尾将在实际用例的基础上,结合前面章节的历时、共时探讨,统一解释动词重叠的语法意义。

意义。

更重要的是，意愿句的否定会使意愿句的非现实性减弱，造成否定意愿的"现实"与否定动词重叠"非现实"的不匹配，从而使重叠VV不能使用。这是否定性动词重叠限制选择非现实语境的直接证据。意愿句如果是对某种心理状态的确定陈述，是现实的，其重点在意愿（或具体表现为意愿成分）；如果将意愿看作虚化成分，意愿句的着眼点在于意愿关联事件的将然性，则是非现实的（张雪平，2012）。这种对意愿句双重性的概括更适合说明肯定句。当意愿被否定，由于否定词的焦点化作用，意愿将会成为表达重心，而意愿辖域内事件的将然性则会弱化，整个否定意愿句就很难凸显非现实性。这样，我们就能够解释例（5）、例（6）与例（7）、例（8）的对比，即否定本身不能确定表达非现实性，否定与意愿配合构成否定意愿，使意愿句倾向于现实性，因此，受非现实限制的动词重叠不能直接陈述否定或者用作否定意愿成分的宾语。

（7）他想看/看看书。（自拟）
（8）我们干/干干研究工作。（自拟）

"不VV"不能单独用于陈述句，却可以用于假设复句表假设条件。此时，否定性的动词重叠表示未来某种动作行为不发生，这是产生某一特定结果的条件。最典型的例子是常被提到的双重否定假设复句，即"不VV"作条件分句，而结果分句中有"不"体现相关结果，如例（9）。否定性假设条件不限于用否定词"不"，也可以用"非"，如例（10）。

（9）或说神敬完了，对于庙前庙后，庙左庙右，还有些偏爱的，不说说不痛快……
（10）可是今天似乎有千言万语在心中憋闷着，非说说不痛快。

表达肯定意义的副词"非"就来源于固定格式"非……不可/不行",即主句和从句均含否定的假设复句的紧缩固化。由此不少研究者认为假设复句中的动词重叠否定仍然表达肯定意义。这种看法不恰当地将动词重叠的意义等同于其所在复句的意义,同时也忽略了"不VV"假设复句的复杂情况。我们发现,结果分句不一定要有"不",也不一定体现字面否定意义,如例(11)—(13);甚至有的结果不好说是否定的,如例(14)、例(15)。

(11) 周、陈两家是紧隔壁,不先问问陈家要不要,在人情、道理上也说不过去。

(12) 我养牛有瘾,一天不看看牛、摸摸牛,心里就别扭。

(13) 在家憋闷得慌,不玩玩儿,我干什么?!

(14) a. 最后,他来到汉普顿宫,感到要不填填肚子,准会哇地哭出声来①。

b. 可我实在想打,我顾不了那么多。不想想办法我只好和你们俩对打。

(15) 天这么冷,你要不暖暖身子驱驱寒气,我不忍心。

例(11)中"说不过去"是一个否定义短语,与例(12)中的"别扭"一样体现的是某种情理上的负面评价,否定的意义不能加之于"不VV",表达肯定意义"VV"。同理,例(13)这类假设结果句反问的否定倾向只是一种事理评价(李宇凤,2010),反问不表示"要干什么",而表示按道理讲"没事可干"。像例(14)这样的句子,充分说明"不VV"的假设条件

---

① 自然表达中,通常采用的动词重叠否定会比"不/没VV"复杂,如带将然标记"去",或者状语成分,或者"不/没V_{p_1}VV"等,但可以肯定VV重叠在语义上是被否定成分。为了使例证清楚,我们对例子中的干扰成分进行了适当的删改。

特性，其前有假设连词"要（是）"，其结果句跟一般的假设句没有区别。当然，我们可以勉强认为"哭出声来""对打"是不好的结果，为了避免此结果，肯定需要"填填肚子""想想办法"。但这样的解释无限扩大了否定的范围，对比例（15）会看得更明白。"不忍心"形式上是否定的，却具有与例（11）—（14）中结果相反的肯定意义。也就是说，"不忍心"是我们情理上应该肯定的，正如"说不过去""别扭""哭出声来"是应该否定的。那么，我们到底以何种标准判断"不VV"假设复句中的结果分句表肯定还是否定呢？

可以确定，假设句中的动词重叠否定并不表达字面肯定意义。假设句中"不VV"条件常伴有否定性的结果评价，只能保证"不VV"是我们推理后倾向避免的动作行为。"不VV"假设句不是一个间接肯定的祈使句或者愿望陈述，因为很多此类假设句用于事后解释，如例（11）、例（13）。假设句中的条件性"不VV"，跟肯定性的假设条件没有本质的区别，只不过它以不实施某种动作行为作为条件。假设性使"不VV"体现将然时间指向，具备非现实性，从而可以成句。

需要补充说明的是"不VV"的假设"将然性"以及"将然性"与"意愿性"的关联。"不"否定动词重叠的"意愿性"是指实施或者不实施某个动作行为是行为主体的主观选择。对于已然发生的事情我们无法选择，可以选择的只有未来的动作行为。因此，"意愿性"隐含"将然性"。假设性意愿的特点在于，假设条件中的动作行为以相关事件发生之前为参照点，这样，行为主体才可以假设选择实施或者不实施某种动作行为。因此，无论意愿假设句针对已然情况进行假设评论，还是对未然情况进行假设推理，其条件分句所表达的内容都具有将然性。举例来说，例（12）"不看看牛、摸摸牛"表常然规律，可以选择发生在表达之后表将然，也可以在说话之前，表过去将然；例（13）说话人已然"玩儿"了,"不玩玩儿"的将然性是指如果在找人玩儿之前,说话人选择"不玩玩儿",即过去可能选择的活动相对于选择之时是将然的。例(15)中"不VV"关联的情况是让你"暖了身子驱了寒"还是"去暖身子驱寒",对于"不VV"的假设将然性没有直接的影响。总之,"不VV"能够用于假设复句表条件,是因为假设的非现实性满足了"不VV"的非现实要求。

二、意愿否定"不VV"限制体现疑问非现实性

"不VV"不能单独用于陈述句,却可以自由用于疑问句。疑问表明所问内容是不确定的,自然也是非现实的。这部分将阐明,疑问的非现实性能够使动词重叠适用于具有现实/非现实双重性的否定形式。

首先来看疑问的非现实性与肯定类动词重叠的配合关系。疑问特征只能加之于陈述之上,因而对动词重叠的疑问也就是对意愿陈述的疑问。只要语义上意愿表达得当,动词重叠适用于各类疑问句。由于直接针对意愿提问最简单,所以是非问、正反问、附加问最为常见;选择问相对较少,特指问涉及意愿的相关时、地、人等方面,相对更少。例如:

(16)"二爷也刮刮?"
(17)世济,是不是唱唱,让唐先生听听?
(18)再躺躺好吗?
(19)现在的问题是我还是就职呢,还是看看再说?
(20)谁(来)帮帮他?

有时候,"愿意、想、要、去、来"等助动词用于构成动词重叠的意愿疑问句,它们是体现动词重叠意愿性的显性标记。如例(20)中两种形式都有实例。特别是正反问当中,显性意愿

成分的使用更频繁，如例（21）。意愿成分在动词重叠疑问句中的大量使用，直观地体现出动词重叠用于陈述时的意愿性。

（21）外边热闹得很，要不要去听听？/你想不想尝尝？
（22）你愿意跟他们聊聊吗？

疑问语气，无论加之于肯定还是否定的动词重叠，都能通过疑问的不确定性保证动词重叠需要的非现实条件。意愿否定的"不VV"加上疑问语气就能自由运用。例如：

（23）我最近正在研究《周易》，拿小叶练练技术。你们二位不算算？
（24）小姐俩大老远奔一趟，不转转？

例（23）、例（24）其实是从否定角度对未来行为的测度，其中隐含事理上的否定意味，即体现"应该、理当VV"之意。但其本身并不直接表反问否定，即例（23）、例（24）不等于"你们二位要算算""小姐俩要转转"。本质上，"不算算、不转转"是一种可能的未来情况，但说话人用疑问旨在确定受话人的主观意愿并引导其未来行为。如果添加副词"还、也、都、从来"等语气成分，说话人的主观倾向会更明显，从而使"不VV"疑问形式向反问过渡。例如：

（25）你们还不换换房子？
（26）人们都不想想，那时李府大奶奶还在世，难道……？

例（25）可以理解为对否定意愿的确认，也可以理解为着重事理论辩的反问。例（26）则只能理解为反问，因为此时无法询问"人们"的意愿。这类"不VV"疑问形式中，副词"也"修饰的结构最常见，基本相当于反问标记。例如：

（27）这电费没错儿，你也不算算家里有多少"电老虎"！
（28）现在何不想想呢？

反问的"不VV"表达事理评论，不是对"不VV"的直接语义否定。此时，反问的事理评价性，即常然规律的非现实性，对于"不VV"的成立非常重要。反问的事理否定评价可以间接表达祈使，因为"合理的通常是应该做的"，而"应该做的就可以去做"；否定评价与间接祈使在事件时间允许的情况下可以相通。但是，事理评价的非现实意义对于"不VV"来说是更基本的特征，主要表现为两点：一是有的"不VV"反问句只表评价，不能引申出间接祈使；二是祈使是间接的，必须以事理评价为基础，因而主观评价性副词、原因疑问词、"应该、能、许、兴"助动词等常用于"不VV"反问。例如：

(29) a. 不过，还不兴说说咱的难处？
   b. 门儿一开，顺着门四脚朝天的倒进一个人来。"喝！我的老头！开门不听听外面有打呼的没有哇。"

(30) a. 为什么不写写吹牛的事？
   b. 有道是山不转水转，你就不能想想法子？

例（29）中 a、b 两例一个是单纯论理，一个是批评已然行为，所以不再引申为祈使。例（30）中 a、b 两例都表间接祈使，但是从反问凸显成分的应用可以看出事理否定在其中的重要作用。无论"不VV"反问表事理否定还是间接祈使，它们都能满足否定性动词重叠对非现实情态的要求。反问体现事理评价的泛时性，祈使体现事件的将然性，两者都是非现实的表达形式，这是"不VV"的疑问形式能够成立的根本原因。

三、情况否定"没VV"限制体现评价非现实性

除了意愿否定的"不VV"，还有"没（有）VV"的动词重叠否定。作为离散否定，"没（有）"否定描述已然情况，倾向于体现现实性，即确定的带否定性质的现实情况；但也能体现非

现实性，即否定辖域内的事件没有现实实现。在简单描述句中，"没（有）"不能否定动词重叠，所以像例（31）、例（32）那样的句子不成立。其原因与"不VV"不能单独用于陈述的情况相当，即"没V"涵盖"没VV"的语义范围，"没VV"形式相对复杂又不具备附加的表达价值，否定词"没"也不能保证动词重叠短语的非现实性。

（31）*他没有看看沿途的道路①。（自拟）

（32）*我们没试试这种药。（自拟）

请注意，例（31）、例（32）不成立，是指其单独使用的情况。

与"不VV"一样，复杂句中的"没VV"可以用于陈述，或者由疑问帮助其成句。所不同的是，"没VV"用于陈述需要借助于评价语义的非现实性，而不是假设条件的意愿将然性。评价成分可以是各种语法性质的成分，可以出现在句子的各种位置上，或者隐含在整个表达当中。"没VV"前后分句中表内隐否定的动词（如"怪""抱歉""遗憾""抱怨""后悔"等）、含否定意义的形容词及其短语（如"枯燥""辛酸""好苦""活该""忙得"等），以及由否定词构成的动词短语②（如"不喜欢""不乐意""不该"等）都可以使"没VV"用于陈述句。例如：

（33）a. 说不定是他自己糊涂了，只怪他一直心不在焉，没有看看沿途的道路。

---

① 同前面例（5）、例（6）的情况相似，*表示句子在脱离语境的情况下，作为现实陈述的理解是不成立的。如果用作隐含评价则可以成立，即说"没VV"表示"应该VV"。

② 一个有意思的现象是，"不VV"作假设条件的复句，有时候是由否定动词短语构成的评价单句，如"到了上海不看看这种地方，等于没有来过"。

b. 我也很奇怪并后悔当时没有问问有关张先生的种种生平往事。
(34) a. 似乎是随便地走，歪着肩膀，两脚谁也不等着谁，一溜歪斜地走。没有想想看，碰着人也活该。
　　　b. 这一阵子忙得也没和你说说心里话，你对水山哥到底怎么样呀？
(35) a. 当初，我就不喜欢你们的婚姻，既没看看八字儿，批一批婚，又没请老人们相看相看。
　　　b. 在她看来，李大个子不该管闲事，把白玉山拉走，没有给她出出气。

例（33）是由评价动词帮助"没VV"成立的句子。其中例（33）a的评价动词"怪"带"没有看看"所在的复句作宾语；例（33）b的评价动词"奇怪、后悔"作谓语，而"没VV"作宾语。例（34）是评价性形容词及其短语帮助"没VV"成句的例子，在例（34）a中"活该"作"没VV"后一分句的谓语；例（34）b中"忙得"作谓语，带"没VV"作补语。例（35）a是否定词"不"和心理动词构成短语，出现在"没VV"前一分句，间接评价"没VV"，例（35）b是否定词"不"修饰事理评价助动词"该"，出现在"没VV"前第二个分句中，直接评价"没VV"。

语气、强调、数量、范围、转折等副词也可以直接或间接使"没VV"体现评价义，从而用于陈述句。预设否定副词"并"、转折副词"却"、小量副词"就"、总括副词"都"等，都常用于修饰"没VV"。例如：

(36) 老楚打来一壶开水，并没擦擦或涮涮碗，给文博文满满地倒了一杯……
(37) 也许这个北方人对雪花有一种难言的迷恋，却没有想想那是个什么年代。

(38) 什么产前、产后，顺产、难产，这个，那个，她就没问问她娘，她自己是怎么生下来的。

(39) 你从参加工作以来，都没去玩玩看看，现在你已50多岁了，再不出去就没机会了。

例(36)中预设否定的"并"表示"没擦擦或涮涮碗"是不符合预期的，即评价为"不应该"。例(37)中"却"用于转折连接，即表明"却"所在分句不符合推论预期。例(38)中"就"附带"少、小"评价义，即"只是、局限于"，从而间接引申出极限义否定评价，即"没问问她娘"很局限却没有做到。例(39)中"都"说明"没去玩玩看看"是很长时段以来的普遍规律，这与一般社会情况相左，因而含有轻微的否定态度。本章前面的例(2)就属于此类情况，即将"嫁人、离婚、生孩子、调工作"等活动"都没问问妈妈"评价为特殊情况，不同于事理常规。

语气副词"也、还、都"、时间副词"从来、始终"、强调副词"甚至"等通过强化说话人的主观态度，直接表达对"没VV"的否定评价。例(40)—(43)中"没VV"都含有"应该VV"的评价义。

(40) 哎，这些入也没看看老妹子，真想啊！

(41) 你都没有想想你在说些什么。没有人把我拖进任何事中。

(42) 自从"五三"以后，抵制日货的口号叫了两三年，各商店始终没有摸摸良心，多卖些本国货，少卖些日本货……

(43) 他并不认识韩信，他甚至也没有谈谈话，考察考察，看看这个人到底怎么样。

评价成分有时直接修饰"没VV"，有时却离得很远，有时候评价义甚至隐藏在整个表达中，没有特定的成分直接促成"没VV"的评价理解。例如：

(44) 因为工作的头绪纷杂，是很久没有坐坐和想想了。
(45) 那不行，我还没问问那两个鬼魂呢，她们为什么投井？
(46) 你没瞧瞧冯大全的，那才算大地主哩！
(47) 果然到家还没歇歇脚，母亲就唠叨说……
(48) 我坐着终于没有动，没有抱抱她，我只是静静地问。

例(44)中"很久"可能帮助整个句子体现一种向往的状态，从而间接评价"没坐坐和想想"，但"很久"本身显然不能体现评价义。例(45)中"不行"指向"没问问"相关的事件，所以使"没问问"显得不合适。例(46)由"才"和感叹的共同作用使得"没瞧瞧"像是吃了亏，间接体现"应该瞧瞧去"的评价义。例(47)由"就"的连接和"还"的语气作用共同评价，"母亲唠叨得太快了"。例(48)则只有上下文才能表明对"没有抱抱她"的评价意义。

各种对"没VV"的评价都从事理角度着眼，即"应不应该""能不能够"。这种特定的评价性质体现在"不该"的直接运用上，也体现为"没能VV"时而替代"没VV"表达相关的意义或者添加于"没VV"当中。如例(49)、例(50)中的"能"都可以省略。

(49) 她虽然没能看看这个光明的世界，但整个光明的世界却看见了她高尚的心。
(50) ……最遗憾的是"孔雀南北飞"的不定生活使她没能在母亲有生之年多陪陪她。

"没VV"的事理评价性还体现在添加了原因疑问代词、反问副词和情态助词的，由"没VV"构成的反问句中。此时，

"没VV"不是出现在陈述句中,却体现事理评价的陈述力量,如例(51)、例(52)。例(53)的"没VV"反问句直接用于陈述,其陈述性事理评价性更明显。

(51) 当时为什么不往前凑几步呢?为什么没有摇摇尾巴呢?
(52) 在评定它的时候,除了分析作品本身之外,难道不应该看看它的社会效果么?
(53) 为什么您从来没有想想事情并不一定是这样,因为您的痛苦也是我的痛苦……

各种纷繁复杂的事理评价都能使"没VV"构成合理的表达,证明"评价性"是"没VV"成句的基本语境条件。评价的事理特征表明"没VV"更多地体现泛时性,而非限时性,指向"没VV"发生之前或之后可能的动作行为选择。多数时候,"没VV"表达的情况已然存在不可改变,如前例(40)—(44)。有时"没VV"可以转化为将来采取的行动,如前例(45)、例(46)。无论所评价的事件发生与否,如果讨论事理上"应该/可能"的选择,评价的对象都是"VV";"没VV"也是其中的一种选择。也就是说,事理评价针对的是否定辖域内没能实现的情况,而非一种否定性的确定情况;评价义使得"没VV"体现非现实的一面,这是"没VV"合理使用的根源。

实际上,评价—反问—疑问具有连续渐变的相关性,"没VV"通过评价非现实性成句与"不VV"通过意愿将然非现实性成句是相通的,主要表现为两点。第一,"没VV"表达否定事理评价,也根源于反问用法。例如:

(54) 赵老什么反应?没做做说服劝解工作?
(55) 他就一点没想想少只胳膊是多么不幸和痛苦吗?
(56) 没看看别人忙的样子,水都接不过来,你还在那里弄……

223

(57) 你爱我，可你没问问我是不是爱你？
(58) 在叙述完了那对男女的平淡至极的故事以后，却并没有唱唱那匹马的结局。

例（54）—（56）可以看作"测度疑问—反问"的发展序列。例（54）着眼于过去的具体情况确认，但根据推理隐含"应该做做说服劝解工作"之意。例（55）由极性成分"就一点"强化了否定评价倾向。例（56）"没VV"直接用于连续叙述中，反问形式有直接用作否定评价的趋势。例（57）有两解，"可"的转折作用使"没问问"近于陈述，而整个表达又像反问。例（58）是直接用其他否定评价源代替反问否定评价的情况。总之，动词重叠的事理否定首先出现在反问中，然后固化为陈述性的事理否定评价。

第二，虽然"没"表达限时义，"不"表达泛时义，但在对未实现的"非现实情况"的评价上两者可以通用。也就是说，"不VV"通常可以替代"没VV"，而在针对限时情况时，"没VV"也能替代"不VV"。"没/不VV"在限时情况下的通用说明泛时评价模糊了两者的界限，这也从一个侧面证明了评价句中的"没VV"体现的是其非现实义。"也不/没VV"的互通性最强，如例（59）、例（60）。类似语境中使用"不/没VV"皆可的例子还有例（61）、例（62）。

(59) a. 你问我："星期六晚上也不玩玩？"
　　　b. 隔着松墙我招呼了他一声："也没玩玩去，博士？"
(60) a. 哦，你穿衣服速度可真快！也不想想……算了！
　　　b. 就等吧，等到黄河清，日头从西边出来！你也没有想想，既然破了杞县城……
(61) a. 你不问问这是什么天气。
　　　b. 你没问问谁能帮你找个工作？
(62) a. 小吕并没有歇歇，他还是沿着支渠来回溜达着，不过心里安详多了。
b. 老虎走了，黑瞎子也不歇歇，也不吃啥，光顾收拾干仗的场子。

评价—反问—疑问的连续性以及"不/没 VV"的相通，其实是它们在非现实性上相通的具体表现。动词重叠否定"不/没 VV"的语境限制（假设句、意愿疑问、评价反问）就是否定性动词重叠体现非现实性意义层次的限制条件，动词重叠的非现实要求以及否定的表意作用共同决定了动词重叠直接否定的语境限制。

四、本章小结

本章讨论了"不/没"否定动词重叠时受到的语境限制，包括"不 VV"用作假设条件、用于测度—反问句、"没 VV"用于陈述和反问评价句等。这些限制概括起来就是"不/没 VV"的非现实情态限制，即否定的动词重叠必须体现其非现实性。

否定动词重叠的非现实限制根本原因在于"不/没"的陈述性质使得无标记祈使的动词重叠，在否定之后转化为陈述，并受到陈述的各种限制。疑问、假设条件等表达都有其陈述性内核，即以某种可陈述的内容为基础。也就是说，"不/没 VV"的语用限制植根于重叠 VV 用于陈述所受的限制，引用的动词重叠就不受否定限制[①]。例如：

[①] 毛修敬（1985）在解释"不……不/就"格式对动词重叠的适应性时，就认为第一个"不"之后的动词重叠可以看作引用，即 VV 表祈使。这算是让动词重叠具备非现实性的一个手段，即祈使将然。不过，综合比较假设句的各种情况和我们下面讨论的真正引用的例子，可以断定此时动词重叠基本不是引用（有引用的），更主要的是它们与引用的动词重叠在将然非现实表达上有共性。

(63) 女园艺师有些生气了："我干嘛要谈谈！我也许一辈子都不'谈谈'呢！"

(64) 衙门里同事的有三个加了薪。沈二哥决定去见长官，没有想想看。……"几时才能不想想看呢？"沈二哥重了一句，作为回答。

引用的效果是，无论在何种语境下，动词重叠都能保持原有的表达形式。所以，在例（63）、例（64）中，否定与否，动词重叠都适用。显然，引用类动词重叠还是表祈使，它通常是说话人用以重复和否定先前某一祈使、凸显其反驳态度的方式。

这样看来，否定性动词重叠受到的非现实表达限制应该不局限于否定，肯定的动词重叠只要表陈述，很可能也受此限制。例如：

(65) a. 你/我/*他看看。
b. 让你/我/他看看。
c. 你/我/他要（想）看看。
d. ?你/?我/?他看了看。

人称、能愿词、使让结构等对动词重叠肯定用法的影响说明，非现实的祈使或者愿望表达可以自由使用动词重叠，现实的情况陈述受到某种限制。下一章我们集中讨论这个有意思的研究话题。

第十二章　动词重叠的现实/非现实系统差异：祈使与陈述[1]

祈使用法是动词重叠在语感和数量上的优势用法，是对其进行研究的基本参照（朱德熙，1982；刘月华，1983；毛修敬，1985；赵新，1993；李宇明，1998；陈立民，2005）。朱景松（1998）考察了包括"叙述、评议"等陈述表达在内的动词重叠用法，极力主张动词重叠的各种用法与祈使相似度越大，动词重叠的可能性就越大，并推论动词重叠的核心意义是"强化能动性"。

祈使用法是最典型的非现实动词重叠，作为研究基础有其合理性，但也带来了一些问题。理论上，祈使主导的动词重叠研究必须能够覆盖动词重叠的所有情况。杨平（2003）试图以"主观小量"覆盖包括祈使的未然和非祈使的常然动词重叠，并指出"强化能动性"是自主动词的语感而非动词重叠的功能。还有研究者[2]提出"存在两类动词重叠"，即"常然"动词重叠和一般祈使愿望句的动词重叠。显然，陈述性动词重叠与祈使性动词重叠存在差异，需区别对待。教学实践上，非现实祈使的动词重叠

---

[1] 本章内容发表于《语言教学与研究》2016 年第 6 期，原题为《祈使与陈述：动词重叠的差异表现》。此处作了适当修改。
[2] 在 2013 年 12 月复旦大学"汉语描写与解释语法"讨论会上，张谊生、洪波、唐正大等专家提出常然的"周末就看看书，打打球"与常用于祈使的"看看、听听、说说"等属不同的两类动词重叠。

简单好用，而现实的陈述性动词重叠常常让留学生犯错。例如：

（1）＊整天，我在上海街头逛一逛。

（2）＊每天只顾玩玩儿，很少学习①。

王雪婷（2011）把这类偏误归入时态错误，其数量最多（占32%）。它们实际是动词重叠的已然、常然陈述用法的偏误。陈述用法是动词重叠语用复杂的主要原因，是留学生学习动词重叠的难点所在。与祈使用法的简单非现实相比，陈述用法中现实/非现实因素的配合处理更复杂，是其习得困难的根本原因。

出于理论和实践的双重考虑，我们寻求动词重叠在各类语境中的统一解释，探讨其祈使用法与陈述用法的共性和差异。由于学界对动词重叠式的范围看法不一，动词重叠式"VV""V一V""V了V""V了一V"等相互关系复杂，为简化问题，集中讨论，这里只考察动词重叠的典型形式VV，相关研究结论主要是就VV而言。除特别说明外，文中例证皆来自北京大学CCL语料库单音节VV重叠②。我们从重叠动词的特征、动词重叠的句法表现和语体倾向三方面对比动词重叠在非现实祈使和现实/非现实陈述中的不同表现，以便剥离祈使对动词重叠的制约作用，为动词重叠的语法解释和对外汉语教学打下基础。

一、重叠动词的特征

可重叠动词的特征是动词重叠研究的基础，是动词重叠语法意义的参照坐标。通常认为，动词重叠是对可重叠动词特征的某种操作；不具备可重叠特征的动词，无法进行相关操作则不能重

---

① 偏误语料来自北京语言大学HSK动态作文库。

② 检索获得CCL语料库单音节动词重叠例共为43974条，重叠用动词715个。为节省篇幅，突出重点，有的例子作了适当的删减。

叠。表面上不具备可重叠特征的动词，通过重叠也能获得可重叠特征。例外情况常被解释为"特征改变"，或搁置为"个别例外"。可重叠动词的基本特征通常概括为"自主可控"性、"非贬义"或"合意愿"性、"口语"与"轻松随意"性、"可延续可反复"性 等。这一部分将系统说明可重叠动词的各种特征具有不同的句类关联，体现不同的内在特质。

（一）"自主可控"性

"自主可控"这一特征及其扩展解释是非现实祈使愿望句的特定要求，与动词重叠本身没有根本关联①。准确地讲，并非重叠动词②必须"自主可控"，而是整个动词重叠所在的祈使结构需要具备"自主可控"性③。这是致使句、变化句（朱景松，1998）中能够采用受动性"非自主可控"动词重叠的原因。例如：

（3）叫他好好痛痛！让房价再跌跌！让他生生病！让沟里的水往外流流④。

（4）让他在京城讨饭，丢丢他爹的脸！教他也红红脸！给他们曝曝光！

如果动词重叠单独构成祈使，自然要求重叠动词本身"自主

---

① 马庆株（1988）在区分自主/非自主动词时，评价基准就是祈使的适应性。
② 我们把抽象的理论上能够用于动词重叠的动词称为"可重叠动词"，语料中实际出现的用于动词重叠的动词称为"重叠动词"。
③ 这也契合以动词事件作为动词重叠研究对象的思想（戴耀晶，1997；陈立民，2005）。后面对重叠动词情状特征的说明也是以动词事件为考察基准的。
④ 朱景松（1998）"表示变化"的动词重叠例证。朱文中"表示变化"的句子在有的研究中被称为"容让句"。

可控",从而让祈使结构"自主可控"。对比例(5)、例(6)。

(5) 看看!等等我!擦擦桌子!
(6) *水流流!*房价跌跌!*你生生病!

另外,"自主可控"依附于祈使者的主观愿望,与重叠动词本身的常规性质可以不同。如典型的非自主动词重叠"醒醒"很常见。在愿望假定及语义适宜的前提下,通常能被强加"控制"意的非自主可控动词都可以重叠祈使。正如魔术师对盆子里的水说"涨"或者"涨涨",施咒者对人偶施咒"病"或者"病病",重点不在于动词是否自主可控或者重叠,只要说话人认定自主可控便可祈使。

在陈述中,重叠动词可用于现实描述或非现实评价,都不必"自主可控"。常见的"非自主可控"[①]的重叠动词有表人的动词,如"失、受(罪)、病、死、有、愣、吃(亏)、打(冷颤)"等,和表非人事物的动词,如"升、亮、长(高)、发、下、停"等。例如:

(7) 这下子该着田大瞎子受受了。
(8) 她仍旧织她的毛袜子,在电视机前打打瞌睡。
(9) 雨季已经来了,三天两头地下着。停停,下下;下下,停停。
(10) 再说了,烟总归是一股烟,冒冒气而已。

当然,非自主可控动词和自主可控动词相比数量少,重叠用量更少。理论上可重叠的非自主可控动词比实际出现的还要多一些。如"亏、误(事)、中(奖)、崴(脚);漏、缩(水)、颤、

---

① 我们参照马庆株(1988)和袁毓林(1991)的研究,以不能进入肯定和否定类祈使结构为标准确定非自主可控动词,并参考两位学者所列非自主可控动词例证。

褪（色）"等都可以用于重叠陈述。

动词重叠陈述即便采用自主可控动词，也不一定表现其自主可控性。这取决于陈述中动词重叠表达非现实评价愿望所带祈使特征有多强。比较例（11）中的例证会发现，祈使要求明显的"变变"自主可控性更强；如果只是描述现实情况，人的参与就会减弱，从例（11）a—例（11）d自主可控性逐渐淡化。总之，动词重叠对重叠动词语义的"自主可控"性没有特殊要求，只有基于非现实祈使优势地位的特定的附带倾向。

(11) a. 大家要变变脑筋。
　　　b. 浇头隔段时间要变变，让职工吃不厌。
　　　c. 花样儿变变就能多挣钱。
　　　d. 千万根白蜡杆底下，有人被打倒了，有人被赶跑了，生活总要变变样子。

（二）"非贬义[①]"或"合意愿"性

我们的调查和前人研究都表明多数重叠动词体现"非贬义"或"合意愿"性，但并非所有的重叠动词都要求"合意愿"。"合意愿"性同样是非现实祈使的要求，并依托于祈使者的主观愿望。"非贬义"与"合意愿"并不一致："合意愿"更为基本，"贬义"性表达只要符合说话人愿望就可以重叠祈使。所以，对受事而言贬义负面，而对说话人而言合意的动词可以重叠祈使，如例（12）、例（13）；从社会常识看"不合意"的动词也可以看作祈使者的特殊愿望而重叠祈使，如例（14）、例（15）。

[①] 综合多位学者的看法（刘月华，1983；赵新，1993；朱景松，1998），"贬义"动词及动词事件要作宽泛理解，包括内容上或色彩义上不好的、负面的、消极的动词，不限于根据色彩义褒贬对立定义的贬义词。

(12) 丢丢他爹的脸!
(13) 煞煞他的威风!
(14) 养几条狼狗耍耍威风!
(15) 你能不能骗骗我?

非现实评价陈述或现实描述中的重叠动词不需要"非贬义、合意愿"。常用于陈述的贬义动词有"杀、抢、偷、揍、亏(本)、逗(能)、翻(案)、煽(动)、示(众)、害、坑(人)、坏(事儿)"等。它们在陈述中不体现说话人的"合意愿"性,语境理解不改变其贬义特征,甚至"谝、嫖、吹(牛皮)、造(反)、蒙(人)"等贬义突出的动词也可用作重叠陈述。如例(16)、例(17)为主观评价性陈述,"逗能、耍威风、调情"不能说符合陈述者的愿望,它们只评价相关情况。例(18)a和例(18)b对比说明非现实常然陈述表达不在乎重叠动词是否符合一般意愿。例(19)、例(20)中"惯、怨"不可能理解为相关对象的特殊"恶劣"愿望,只能是说话人的常然情况陈述。

(16) 在老百姓面前逗逗能,耍耍威风还差不多。
(17) 人们只是"调调情"好象也欠厚道……
(18) a. 犯人与犯人之间,相互吹吹牛皮,那是常有的事情。
　　　b. 比方某事要提前打点招呼曰:"吹吹风";……
(19) 她……对我百依百顺,还在物质享受上反过来惯惯我。
(20) 加之"生米已煮成熟饭",姑娘只好怨怨作罢。

总之,"非贬义""合意愿"是体现非现实祈使愿望的合适条件,不是重叠动词的根本特征。陈述中的重叠动词不是非现实的祈使愿望表达,不必"合意愿"。

（三）"口语"与"轻松随意"性

重叠动词的"轻松随意"主要体现为"口语"动词优势。祈使性重叠基本不采用书面性强的动词，但这并不妨碍陈述中动词重叠对书面动词的选择。原因在于非现实祈使表达对日常行为的控制愿望适合口语词，而非现实陈述主要体现评价特征；现实陈述是对已然情况的描述，口语、书面语都可以进行评价和描述。有对应口语词的书面语重叠动词包括"议、奠、面（圣）、证、慰、奏、话、贺、耽（搁）、别、助、思"等，它们只用于陈述中表达非现实评价说明［如例（21）、例（22）］。还有一些书面性描写动词，如"纵（身）、揎、沐、驱、抒、拥、掇、抚、拂"等，也只用于现实性重叠陈述［如例（23）、例（24）］。

（21）他们的后半生虽不免历历坎坷……毕竟还是依愿而行了。

（22）这里寻寻，那里找找，怎么也找不到。

（23）他从桌子底下钻出来，拭拭头上的虚汗。

（24）那姑娘朝前伏伏身子，压低声气，还是让刘维祠不幸听到了。

随着句子祈使性的减弱，动词重叠对书面语词汇的容纳力会增强。祈使句中，重叠动词较排斥书面语词；陈述结构的祈使功能句中，重叠动词可以采用书面语词。如例（25）为引述祈使，使得"访访"不像直接祈使句那样要求用口语性明显的"采访采访"。例（26）为评价性陈述，在特定语境中"应该做的事"可以提喻为"做某事"的祈使，这使"论论"可以起间接祈使的作用。

（25）政协八届四次会议民族组的秘书说，请你访访布朗族的女委员鲁时仙吧。

(26) 论论两者之间关系也好，也许有益于人们正确对待金钱……

动词重叠对书面/口语词的选择，是陈述与祈使的现实/非现实特征的差异限定使然，不是重叠动词的内在特征。重叠对单音节、双音节动词的选择倾向也不能说明重叠动词"口语"的"轻松随意"。因为某些双音节动词比相应的单音节动词更口语化、更随意，如例（21）、例（25）、例（26）；祈使句的语用要求远大于音节数对重叠动词的影响，"严肃庄重"的双音节动词可以重叠祈使并带口语性[1]，如例（27）、例（28）。总之，"口语""轻松随意"是适应非现实中特定类别——祈使的特征，并非重叠动词的要求。动词重叠还包括非现实评价陈述和现实性描述陈述。

(27) 楼上你们两个别这样！——（让）人家恩爱恩爱嘛。（百度贴吧）

(28) 谁来崇拜崇拜我啊！（百度贴吧）

（四）"可延续可反复"性

调查显示，"可延续可反复"动词在非现实祈使和现实描述/非现实评价陈述中都占优势，看不出祈使和陈述对重叠动词情状的直接影响。但是，祈使和陈述的现实性差异会间接制约"可延续""可反复"动词的适应力。

---

[1] "剥夺、抗议、镇压"等严肃动词都可重叠祈使，如"镇压镇压罪大恶极的坏人"，同时语义变得相对"口语随意"。这与词义较重的动词通常用于评议重叠、语义变轻，而评议句也有祈使意味（朱景松，1998）是一致的。

"可延续"动词突出匀质过程的延续和无内在终结,即活动(activity)事件,理论上应该自由重叠。实际上,"可延续"动词自由适应本身具备非现实性的祈使句,如例(29)、例(30);选择适应不同"现实性"特征的陈述句。例(31)、例(32)与例(33)、例(34)的对比说明,可延续动词重叠表已然现实陈述受限,而表未然、常然、假然等的非现实评价说明类陈述相对自由。

(29) 说说吧。去听听。等等。想想看。
(30) 让他歇歇。出去走走。谈谈你的想法。给我瞧瞧。
(31) *我昨天在街上走走。(自拟)
(32) *他等等我,我们一起去上课了。(自拟)
(33) a. 他想睡睡。
    b. 我特意来看看。
    c. 他建议我们谈谈。
    d. 他盼望听听秦妈妈的意见。
(34) a. 骂骂心里痛快些。
    b. 周末就是看看书,写写字。
    c. 这样闹闹,往后媳妇性子柔。
    d. 不过是想想而已。

"可反复"动词重叠的祈使和陈述分布与"可延续"动词重叠基本互补。"可反复"动词体现非匀质变化和过程终结,构成短时完结(accomplishment)事件①,由重叠凸显其反复延续之过程。"可反复"动词重叠倾向于已然现实描述,如例(35)、例(36);也可用于非现实祈使,如例(37),或少量用于非现实陈

---

① 通常,"活动+终点"构成完结事件,瞬时实现的是达成事件(achievement)。"可反复"动词事件在短时过程性上主要体现完结特征,而某些可反复动词事件也可瞬时完成,容易跟达成事件混淆。

述，如例（38）。

(35) a. 她撇撇嘴说我没发现。
   b. 他挤挤眼睛，摇摇头。
(36) a. 对方指指自己的脸。
   b. 三少爷翻翻眼："不错。"
(37) a. 你朝他挥挥手。
   b. 如果你同意，就点点头。
(38) a. 总有一天会有人拍拍我的肩膀说……
   b. 人发烧时，摸摸头就是经验方法。

动词重叠的未然倾向和已然限制非常明显（李宇明，1996；朱景松，1998），其与动词情状的关联尚未引起重视。已然陈述的动词重叠体现典型的"短时少量"意义（张旺熹，2006），这实际上只是"可反复"动词重叠的特征，而留学生常以此作为动词重叠标准，造成例（31）、例（32）类偏误。

综上，重叠动词通常"可延续、可反复"，"自主可控、口语随意、合意愿"是祈使性重叠动词的要求。"可延续"重叠动词倾向于非现实祈使和陈述，"可反复"重叠动词倾向于已然现实陈述。

实践中，可以从祈使性动词重叠出发，让留学生依靠直觉体会祈使相关的可重叠动词特征，再从祈使性重叠动词出发，掌握非祈使的其他重叠动词。留学生一般不会误用不能重叠的动词，如非自主动词、趋向动词、系动词、心理动词等，由这类动词造成的偏误比例不超过10%。研究者提到的误用心理动词重叠（王茂林，2007；王雪婷，2011），其实是心理动词重叠的现实陈述偏误。例如：

(39) a. *我好想念想念您们俩，请您多多保重自己。
   b. 工作完了有空才会想想家。

(40) a. ＊学生们都怕怕那位老师，我也是其中之一。
　　 b. 让孩子怕怕人也好。

动词重叠本身习得难度大、细节复杂，留学生过度泛化的错误相对少见。受到祈使用法显著性的影响，留学生倾向于采用常见的活动动词构成动词重叠，避免了大量误用不可重叠的动词造成的偏误。

二、动词重叠的句法表现

动词重叠的句法表现同它的句类用法形成特定关联。一定句法位置的动词重叠适宜构成非现实祈使或现实/非现实两可的陈述，某些特殊句式中的动词重叠适宜配合非现实祈使或某类陈述。相对于单纯的非现实祈使句，陈述句由于现实/非现实特征表现复杂，对动词重叠的正确使用要求更多，也更容易造成习得偏误。

（一）句法功能与动词重叠句类

动词重叠通常作谓语或谓语中心，与其常见的祈使功能形成无标记组配。也就是说，在祈使句中，动词重叠主要作谓语或者谓语中心的一部分。例如：

(41) a. 梁波只得说："好吧！谈谈战争！"/孟嫂，我们谈谈吧。
　　 b. 讲讲，讲讲。/快给我们讲讲。
(42) a. 带我去见见您的宝眷。/让我见见天成。
　　 b. 戴上试试！/叫他试试，狗杂种。

动词重叠可以作主语、宾语和定语，但直觉上不如作谓语常见（刘月华，1983；李宇明，1998）。动词重叠作非谓语，与其陈述功能相对应，具有复杂的配合要求。笼统地讲，动词重叠用于非谓语陈述，需要体现非现实评价特征。动词重叠作主语通常用于评价句，如例（43）、例（44）。动词重叠作宾语，主要是作能愿动词、谓宾动词、评价动词及动词短语（如"想、肯、能、应当；打算、希望、建议、催促、值得；有机会、顾不得"等）的宾语，如例（45）、例（46）；或者作系词或介词宾语，如例（47）、例（48）。动词重叠可直接作内容定语（李宇明，1998），如例（49）a中"拍拍肩膀"是"办法"的具体内容，例（49）b中"想法"就是"见见面"。动词重叠如果作限定定语，通常先作能愿动词、谓宾动词或评价动词的宾语，再共同说明中心语的特征，如例（50）a、例（50）b。少数动词重叠可单独或带修饰状语作限定定语，表性质说明，如例（50）c、例（50）d。

(43) 装装包、开开机器是很轻松的。

(44) 玩玩可以打发时间，又可以联络感情。

(45) 再说我们冷了，饿了，在家还能烤烤火，摘把野菜。

(46) 人们都希望看看传说中的老英雄。

(47) a. 您头一件事是剃剃头，打打辫，洗洗澡，光光脸……
 b. 我们的反腐斗争绝不是摆摆姿态。

(48) a. 他这是自谦，把业余写写旧体诗说成是比打马牌下象棋略胜一筹的营生。

 b. 也常有汉子……跑到女人群里面借什么，目的也就是为了看看她。

(49) a. 要向他们讲清楚危害在哪里，这就不能对他们只用拍拍肩膀的办法。

 b. 带着与隔绝多年的同事见见面的想法，我去采访了他。

(50) a. 但不久，发现了几个可以谈谈的同学……

b. 我常在猪市大街摆步，不论午前或午后，总之是颇想走走的时候。
c. 校长满脸玩玩的模样，眯着眼问大林……
d. 大锛儿确实跟玉娥吹过那个牛，本是随便说说的枕边版本……

非现实祈使与动词重叠的谓语功能、非现实陈述与动词重叠的非谓功能形成无标记关联；反过来，非谓功能的动词重叠不能直接构成祈使句，只能间接起祈使作用，而谓语功能的动词重叠用作陈述①有复杂的条件限制。作主语或宾语的动词重叠可以通过评议暗示或强或弱的祈使意味（朱景松，1998）。例如：

（51）他常对客人说，"……进来看看也好。"
（52）你应该多想想那些孩子。

动词重叠用作陈述句谓语，要么是现实的已然陈述，要么是非现实的计划、规律、评价等陈述。已然陈述的动词重叠谓语通常限制使用"可反复"动词，表短时肢体动作，如例（53）。计划类陈述中的动词重叠可以单独作谓语或用于连谓结构的后一部分，采用第一人称主语，表达说话人或包括说话人在内的行为主体即将实施的动作行为，如例（54）a；或用作更复杂的兼语结构的第二谓语，不限主语人称，表示兼语的未然动作行为，如例（54）b。规律、评价类陈述中的动词重叠可单独作谓语，一般表常然活动或假然规律等，如例（55）、例（56）。

（53）a. 他欠欠身，刚想询问娄红，娄红立刻截回了他的话。
b. 她笑笑，连忙说你想出来闯闯也好。
（54）a. 明天咱俩去看看。

---

① "谓语功能的动词重叠用作陈述"是指动词重叠作第一层主句谓语的情况，不包括动词重叠在定语、主语、宾语等从句中作谓语的情况。

b. 马先生安排我到处走走。

(55) 她业余时间就看看书，或者偶尔看看电视。

(56) 多叫叫苦，争取同情，中央也会多给点投资。

也就是说，有标记的动词重叠句法功能主要体现为动词重叠所受的陈述限制。具体而言，陈述类动词重叠需要体现非现实性，或者选择"可反复"动词实现已然表达。

无标记的动词重叠谓语功能即祈使用法，自然具备非现实性，且清晰明确，易于掌握。留学生的祈使句动词重叠偏误主要是重叠形式问题，比如把"散步"重叠为"散步散步"，或是出现该将"谈、说、想、试"等常用单音节动词重叠却未重叠的情况。陈述句中动词重叠的句法功能复杂，配合要求多，造成大量习得偏误。以谓语功能的动词重叠陈述为例，留学生常将其作为自由的已然小量陈述，造成错句。例如：

(57) *这个问题我们讨论了讨论。

(58) *他找到以后，请她跟他们说说，"我要水"。

留学生还容易搞不清动词重叠作陈述谓语时与其他成分的配合关系，造成时态、表意重心等偏误。例（59）是通常讨论的时态偏误，例（60）为语义重心偏误。其实，前者受的是现实陈述对动词重叠谓语的限制，后者是非现实陈述对动词重叠谓语位置的制约。非现实陈述的动词重叠通常作连谓结构的第二谓语，如果作第一谓语，则表已然陈述，类似于状语。动词重叠可以用作陈述句连谓结构的第一谓语，如"想想有道理、咬咬牙说"等，只是其限制繁复，难以掌握。

(59) *他正在看看书。

(60) *然后妈妈来，她笑笑得看着我。

由于动词重叠作主语对谓语的评价说明性有要求，作定语对中心语和定语的语义及关系有要求，作宾语对谓语动词及其非现实性有要求，动词重叠非谓语功能成为留学生学习的一大难点。常见错句如：

（61）＊我散散步的时候，看到了一个外国人。

（62）＊可是我们没有别的办法，只是看看他痛苦。

留学生会系统地将动词重叠用作定语，产生像例（61）这样的偏误。他们通常不会有意识地用动词重叠作状语、主语或宾语，但在连续表述中，会出现动词重叠误用为宾语、主语、状语的情况。动词重叠陈述表达的复杂与其陈述句自身的复杂及研究教学方面的不足有关，是产生上述偏误的主要原因。加强动词重叠陈述用法的研究也是对动词重叠复杂语用的深究，可以弄清具体限制，促进教学，有针对性地减少动词重叠习得偏误。

（二）特殊语用与动词重叠句类

动词重叠语用限制较多，这些限制与祈使和陈述形成特定关联。一般认为，动词重叠具有成句功能，即在单独动词不成句的情况下，动词重叠可以成句。实际上，这是非现实祈使和动词语义的作用。因为在"把"字句、使让句或其他动词重叠为谓语中心的祈使句中，动词重叠才有成句作用。在动词重叠作主语、宾语、定语的陈述中，动词重叠不影响其成句与否。例如：

（63）a. 擦！／擦擦！把桌子擦擦！你把桌子＊擦/擦擦/擦一下。你擦/擦擦/擦一下桌子。他把桌子＊擦擦/＊擦/＊擦一下。

b. 你（我/＊他）吃吃！／你（我/＊他）做做。

c. ＊亮亮！＊房价跌跌！＊桌子歪歪！／＊蹙蹙眉！＊话话别！＊经经困难！（自拟）

d. ？我们断断案子！／？你镇镇痛！／？大家开开玩

笑！（自拟）

(64) a. 请他到屋里坐坐/坐。
b. 祖传的产业，守守/守而已。
c. 玩玩/玩可以打发时间，又可以联络感情。
d. ？他谈谈/谈学习。（自拟）
e. ？小王等等/等他。（自拟）

对比例（63）中的各例可以看出，不构成祈使句时，无论动词重叠与否，都不能成句；能构成祈使句时，动词重叠与否大都不影响成句。"把"字句中，动词重叠比动词原形更容易成句，是受到音节数量、动词语义、结果明确等的制约（陆俭明，1993；张谊生，1997；潘汜津，2006）。"V一V"比VV更能自由用于"把"字成句就是音节和结果明确的共同作用。对比例（64）中各例可知，在陈述句中，动词重叠与否都可成句或者都不成句。

上一章讨论过，动词重叠通常不能被直接否定（赵新，1993），这对祈使而言是绝对的，对陈述而言是相对的。祈使中的动词重叠都不能直接否定，如例（65）。陈述中的动词重叠可以在表评价的单句或假设复句中被直接否定，如例（66）—（68）。例（66）、例（67）是现实情况陈述。例（68）为假设情况说明，动词重叠否定通过说明情况体现对该情况的评价态度。它们都体现"应该VV"的肯定评价义。

(65) ＊别/没/不帮帮他。＊别/不/没喝喝水。
(66) 他觉得做人真难，马慕韩一点也不想想他的处境。
(67) 老楚打来一壶开水，并没擦擦或涮涮碗，给文博文满满的倒了一杯，两个极黑的手指捏着杯沿……
(68) 一天不看看牛、摸摸牛，心里就别扭。

总体上看，陈述中的动词重叠在表达非现实评价时可以被"不/没"否定，动词重叠否定需要配合非现实语境以体现其非现实性①。问题是，同为非现实表达的祈使性动词重叠，为什么不能被否定？可能的解释是，祈使和陈述中的动词重叠除"非现实"共性倾向外，还有特定的"量"的意义；动词重叠否定的"量"意义与祈使和陈述的非现实语义的配合效果不同。

动词重叠表"量"，即表达的是原形动词所表动作行为的一个部分。根据霍恩等级（Horn Scale），肯定部分和肯定全部意义不同，否定全部却涵盖否定部分的意义。理论上，作为有"量"的动作行为，动词重叠一般不能被否定。或者说，动词重叠否定相对于动词原形否定是多余的，它增加了形式却没有积极的语义贡献，所以语义上单纯"否定"动词重叠在祈使和陈述中都不合适。表达否定祈使时应该用"别V"，表现实否定陈述时应该用"不/没V"，表达非现实的否定性意愿、对象评价等陈述时用"打算/要求/同意/可以/应该不V"即可，相应的"别/不/没VV"显得"多余"。

区别在于，祈使表意单纯直接，其中的"别VV"形式只能看作对动词重叠的否定，必然多余；陈述表意多样复杂，其中某些"不/没VV"形式通过否定VV的"量"意义，帮助显现"应该VV"的非现实主观评价，不再多余。例如：

（69）我嫁人、离婚、生孩子、调工作都没问问/问我妈。

（70）不走走/走过场，他很难做到这一点。

从现实陈述角度看例（69），"没问"比"没问问"更自然。只有非现实评价时，"没问问"才成立，动词重叠用于凸显相关否定的非现实评价义；"没问问"表示一般"应该问问"而"我"特立独行"一点儿没问"。同理，例（66）、例（67）说"不想

---

① 疑问句中常见直接被否定的动词重叠，是因为疑问句也是非现实的，且常用作反问，表达"应该VV"的肯定评价意义。

想、没擦擦"意在暗示主观评价"应该想想/擦擦"。"都、也、并、就"等主观副词常修饰动词重叠否定,帮助凸显非现实评价态度。假然的动词重叠否定通过推理关联体现"应该VV"的评价义,如例(70),表示"应该走走过场"。这些动词重叠否定带来额外的非现实肯定评价义,因而比较常用。

纠正留学生的动词重叠否定偏误,可以按祈使和陈述分开进行。首先直接告诉学生动词重叠祈使不能被否定,不能说"别VV",然后在高级阶段适当地说明动词重叠否定与非现实性陈述的配合关系。

动词重叠的状语修饰语根据其表意特征会限制动词重叠表陈述或祈使。通常,带状态描写类修饰语的动词重叠表现实陈述,带方式选择类修饰语的动词重叠表非现实祈使。"尴尬地、爱抚地、不安地、伤心地、恐惧地"等修饰的动词重叠表陈述,如例(71);而"顺手、仔细、亲眼、具体、着重、稍微、好好"等修饰的动词重叠则表祈使,如例(72)。状语配合不当也会造成动词重叠偏误,如例(73)、例(74)。

(71) a. 老头尴尬地笑笑,说……
     b. 他有时会略带热情地摸摸这件破烂或者那件破烂……
(72) a. 日本人说话就过来了,你赶紧躲躲吧!
     b. 他说,"顺便也看看七姑奶奶。"
(73) 并且我母亲也在外边工作,她不让我邀请朋友到家里,而是让我好好*看看家里和我妹妹。
(74) 孩子是很好奇地*听听父母的话。

综上,受祈使非现实表意单纯和陈述兼有现实/非现实用法、表意复杂的系统差异影响,动词重叠有着不同的句法表现。上述差异考察为认识动词重叠共性特征提供了基础,也便于结合句类开展动词重叠教学。

三、动词重叠的语体倾向

动词重叠适应轻松随意的口语体，相对排斥严肃庄重的书面语体。表现在动词选择上，单音节、口语动词常用于动词重叠，双音节、书面语动词较难重叠（王永娜，2008）。如前所述，重叠动词的选择不只是动词重叠语法特征及其语体适应的问题，也是单纯非现实的祈使与现实/非现实用法复杂的陈述的句类选择问题。下面，我们采用冯胜利（2010）"交际距离"这一语体的基本属性，以"正式度"和"典雅度"说明动词重叠的祈使与口语化、陈述与书面表达相互适应；祈使语用的简单直接与直觉优势体现并强化了动词重叠的口语随意性。

陈述与祈使的语用差别与交际距离有着天然的联系。正式度代表共时的交际距离，典雅度代表历时的交际距离。从正式度来看，祈使主要是当面直接交流，交际对象相对熟悉，共时交际距离近，正式度低，其内容都是非现实的愿望要求等。即便是"严禁掉头""闲人免进"等最不直接、最正式的祈使，也有明确、直接的交际对象，针对的是现实关联的交际行为。陈述没有交际距离的限制，其交际对象可以熟悉亲近或无指定对象，其正式度可高可低。从典雅度来看，祈使是共时表达，时间距离近，典雅度低，口语性强。陈述则古往今来都可涉及，现实/非现实内容都可讨论，其时间距离可以很远，典雅度可以很高，书面语容纳力强。

祈使都是非现实的，正式度低、典雅度低，有着很强的口语随意倾向。陈述包括非现实和现实两类复杂情况，其正式度、典雅度都不限制高低，可以口语随意，也可书面庄重。根据祈使/陈述的语体倾向与动词重叠的祈使优势可知，动词重叠的口语随意性与其祈使语用相互选择适应、彼此加强。祈使性动词重叠一般用在正式度很低的日常口语当中。在正式度较高的新闻评论等书面语中，需要采用陈述性动词重叠间接体现祈使意图。例如：

(75) 建议抓抓在广东的发行，尽快建立一个信息网、发行网。

(76) 有关行家再次警告，该给空调生产热吹吹"冷空气"了。

反之，祈使类动词重叠若用于正式度较高的语体，其正式度会比口语用法高，祈使性也相应减弱。新闻标题中表呼吁的"救救孩子、治治拖拉病"等即属此类。

祈使类动词重叠一般不用"典雅庄重"动词，也不用在典雅度高的文体中。但如果说话人需要强调时间距离，或在文学作品中体现历史距离感，则可以采用典雅动词重叠以满足特定表达需要。如例（77）中，祈使性"奠奠酒"表达庄重的距离感；例（78）中，陈述性"遵遵钦命"体现话语的历史感。可见，并非动词重叠排斥书面语，而是祈使类动词重叠倾向于口语。

(77) 我说，给老头奠奠酒吧。

(78) 倘史臣们有记载不实之处，奴婢自当遵遵钦命，细心改正。

陈述类动词重叠没有正式度和典雅度的限制，口语和书面语都适用，也不限于作谓语或作非谓语，具备现实描述和非现实愿望、要求、评价、说明等表达的各种功能。例如：

(79) 优化课堂教学，实施快乐教育，减轻学生过重的课业负担，使学生在玩玩、做做、比比、练练中激发学习兴趣，提高教学质量。
（80）困倦时，可闻闻风油精、清凉油、花露水，对驱除困意、振作精神有一定帮助。
（81）我想证证原对我说的话，那天是好天，日头亮亮的，我去河里洗衣裳。
（82）当我被悲哀左右死生的时候，中国书只有一部"楚辞"，能慰慰楚楚凄凄的心。

例（79）中，4个动词重叠作介词宾语，近似于表活动类别的名词，比较正式。例（80）中动词重叠配合正式用语"困倦时"使用，足见其适应正式表达。例（81）、例（82）使用了高典雅度的动词重叠，体现文艺语体特征。

动词重叠的语体倾向与祈使/陈述的关联适应性，启发我们对动词重叠的复杂情况进行分化教学。动词重叠祈使用法单一直观，口语常用，语感显著，可以作为教学的出发点和初级要点。同时应提醒学生避免将祈使类动词重叠的语法规则泛化到陈述当中。陈述类动词重叠的教学可在中高级阶段从跟祈使语义接近的"意愿"陈述开始，逐步展开。

四、本章小结

根据对动词重叠VV式语料的实际调查，我们从重叠动词选择、句法功能和语体适应三方面证明，动词重叠在祈使和陈述语用中存在差异。这种差异是单纯的非现实祈使和复杂的现实/非现实各类陈述在动词重叠语用上的系统差异表现。重叠动词的"自主可控""口语随意"与"合意愿"性是非现实祈使语用的要求，"可延续、可反复"是其基本特征，"可延续"动词在已然现实陈述中受限，"可反复"动词在已然现实陈述中具有倾向性。动词重叠的谓语功能与非现实祈使、非谓语功能与非现实陈述形成无标记关联。成句能力、不可被否定等都不是动词重叠的根本特征,而是与非现实祈使相关的限制;陈述句中动词重叠不具备成句能力,在非现实语境中可以被否定。动词重叠对口语随意语体的倾向显著,与其祈使用法的非现实性显著单一相关,现实/非现实表达的复杂性使其陈述用法可以在一定程度上适应正式语体。

第十三章　从实际语用到动词重叠的语法意义[①]

传统上研究动词重叠的语法意义，首先考虑的重点是可重叠动词的抽象特征。可重叠动词是动词重叠研究的基础，根据可重叠动词中"可延续、可反复"的人类动作行为动词的显著性，人们通常认为动词重叠表达有界化[②]的某种"量"。争议在于，动词重叠到底表达哪种"量"，即量大量小、量增量减、主观量还是客观量、定量还是不定量、可控不可控等（吕叔湘，1944；李人鉴，1964；朱德熙，1982；刘月华，1983；朱景松，1998；李宇明，1998；陈前瑞，2001；杨平，2003；陈立民，2005）。

讨论上述争议的基础，通常认为是可重叠动词必须是具备统一特征的人类动作行为动词，体现无界的匀质持续性；且动词重叠与可重叠动词存在"量"上的可比性。实际情况当然没有这么理想，不断有研究者提到"死、杀、丢、爱、升、涨"等不

[①] 本章内容在第十八次现代汉语语法学术讨论会（澳门，2014）上讨论过，感谢与会专家特别是潘海华教授的意见建议。会议论文经修改后以《实际重叠动词与动词重叠的语法意义》为题，发表在2016年10月由商务印书馆出版的《语法研究和探索（十八）》上。

[②] 仅见张旺熹（2006）持相反看法，认为动词重叠表"无界小量"，其证据是动词重叠的口语惯常性用法占主导，惯常行为不同于已然行为，所以无法准确判断其起点和终点，因而是无界的。该研究成功注意到语境分布对动词重叠的巨大影响，却错误地把认知上的有界/无界与现实的完成/未完成等同起来。

符合可重叠动词特征要求的动词也可以重叠。多数学者将可重叠动词特征范围外的重叠现象作为少数例外，坚持原有的可重叠动词范围。即便如此，研究者对于动词原形与重叠式"量"比较的结果仍然看法不一。原因很简单，可重叠动词的内部特征并不统一，外部表现也相对复杂，更何况实际重叠动词和动词重叠的具体情况还有待考察。

以"可延续、可反复"特征动词为例。"可延续"动词是自身"无界延续"的，而"可反复"动词需要通过重叠反复才能"无界延续"。可反复动词重叠常用于已然现实语境，整体来看其"短时少量"特征明显，如例（1）。可延续动词的重叠常用于未然、假然、常然等非现实语境，常作为动词重叠的典型例证，但其"量"的意义也存在着较大争议。对于例（2），通常默认为表"短时少量"，但毛修敬（1985）、朱景松（1998）却认为看不出其动词重叠式与基式的"量"差别。受动词词义和语境的进一步影响，研究者对"量"意义的看法更难达成一致。如例（3）中的轻量副词修饰常被作为"小量轻量"的证据，也有人用增量大量副词修饰来反驳"小量轻量"观点。例（4）是对可延续动词的常然重叠，不少学者认为其表"反复增量"（李宇明，1996；钱乃荣，2000），与动词重叠的"短时少量"观对立。

（1）他点点头。我指指锅里，说。三少爷翻翻眼，"不错"。

（2）a. 我看看。

b. 你说说。

c. 我们谈谈。

（3）a. 你稍微等等。

b. 让他好好想想。

（4）他虽然每天照例上班，可是两手空闲，无事可做，只是翻翻报纸，看看广告，踱踱方步，聊聊闲天。

如果考虑实际重叠的所有动词，关于动词重叠表何种量的讨论会更加复杂。如瞬时动词重叠式与基式相比，似应该表"增量"，如例（5）；非自主可控、非合意的动词重叠自由用于陈述性语境，就没有"主控结束"和"能动性"可言，如例（6）、例（7）；表抽象活动类型的动词及其短语难有可供比较的"量"，其重叠式与基式的差别不太适用此标准，如例（8）。

（5）你醒醒。我去去就来。来来就来来。
（6）再说了，烟总归是一股烟，冒冒气而已。
（7）据说受受批斗，思想上有了震动，以后可以少犯错误。
（8）用商店的橱窗吊吊顾客胃口，也算是一点补偿吧。

也就是说，重叠动词的实际构成情况决定着对动词重叠语法"量"意义的判断。在没有弄清实际重叠动词的情况之前，根据对可重叠动词和动词重叠的直觉讨论得到的动词重叠的语法意义难免"仁者见仁"。

这一章我们根据 CCL 语料库的真实语料①考察重叠动词和动词重叠的实际情况，以证明重叠动词不是"匀质延续"的无界量，动词原形与动词重叠不具备"量"的可比性；重叠动词代表抽象的事件类别，具有类别的典型特征，动词重叠是将动词事件类别实现为"有界量化"事件的语法手段。主要证据是，"有界量化"的"实现"模式使得所有的动词事件类型都可以重叠，所有的动词重叠都体现事件的"有界量化"特征，带来"动态性"及相关语感效果；无论事件类别的典型特征是否"可延续、

---

① 为简化问题和讨论的便利，我们只讨论 CCL 语料库中的单音节动词重叠。

可反复",或者重叠后事件的"量"是瞬时、短时、长时或抽象不定。

一、实际重叠的各类动词

调查显示,实际出现的动词重叠当中包括各种情状类型的重叠动词,其中既有情状特征清晰的具体活动动词、瞬时达成动词、短时实现动词、心理状态动词,又有情状特征模糊的抽象事件动词;典型情状特征中的"延续性""终结性"等并不是决定实际重叠动词选择的关键因素。我们通过动词原形与重叠式的具体"量"特征比较,显然无法解释实际重叠动词的选择广泛性问题。

这一部分将分类说明实际重叠动词的情况,以证明重叠动词没有可供比较的"量",只有动词原形与重叠式之间的"实现"关系;代表事件类别的动词原形都有采用动词重叠实现为具体化的各种量的潜能。

在讨论各类实际重叠动词之前,需要说明两点:一是实际重叠动词是对实际重叠的动词事件中的动词的简称,即动词重叠能力的考察应以动词事件为单位(戴耀晶,1997;陈立民,2005),句法表现上,重叠动词考察需要考虑动词的宾语等情况;二是实际重叠动词事件的情状类型以该事件的典型表现为基础。

通常认为,可重叠动词都是表具体动作行为的,但从事件的角度来看,实际重叠动词有两类:一是表具体动作行为的具体事件动词,二是表抽象事件性质的抽象事件动词。具体事件动词与通常讨论的可重叠动词范围基本重合,如"走、唱、吃、买、等、做、瞧、拍"等。这类事件动词容易体现典型的具体活动方式,其情状特征便于讨论。抽象事件动词即用于表达抽象事件性质的动词,如"找茬儿、分人、丢脸、败兴、见鬼、随俗、做摆设、挂名"等中的动词。单从动词本身看，它们与具体事件动词大部分重合。但从事件角度看，它们在抽象事件中不能体现具体的动作行为，从事件典型特征角度则较难确定其情状类别。

两类动词的具体性及其相应的情状判断差别可以通过添加时体成分显现。具体事件动词可添加"着、下去、起来"等凸显其过程，如例（9）。抽象事件动词不能通过"着、下去、起来"等凸显其过程，如例（10）。

（9）走着。等着。唱下去。笑起来。（自拟）
（10）＊找着茬儿。＊分着人。＊丢脸下去。＊见鬼起来。
（自拟）

抽象事件动词与具体事件动词常常交叉，其重叠用例众多。这样看来，隶属于具体事件动词的人类动作行为动词不构成重叠动词的绝对主体，动词重叠并非全是对具体动作行为的操作。

（一）实际重叠的具体事件动词

根据［±静态］［±延续］［±终结］的情状标准，实际重叠的具体事件动词表现为各种情状类型。也就是说，具体事件动词的重叠不受该类事件典型情状特征的限制。

1.［-静态］活动事件动词

活动事件动词中，最显著的是人类动作行为动词。其中又分为两类：一类是侧重"可延续"的人类动作行为动词（如"看、说、想"等），另一类是侧重"可反复"的人类动作行为动词［如"点（头）、摇（头）、敲"等］。

"可延续"的人类动作行为动词一般没有规定终点，体现［-终结］特征，可由动词单独构成活动事件，或者带对象宾语、修饰状语、连续动作等构成复杂活动事件。例如：

(11) 走走。你想想。瞧瞧去。你试试看。

(12) 试试这个。建议她换个思路试试。试试总比不试强。

活动事件动词的重叠数量巨大，占据整个数据库单音节动词重叠的1/2强，其所用动词非常集中。"看、谈、想、说"构成的重叠例证，占据［-静态］［-终结］类具体事件动词重叠的3/5，其中"看"的重叠超过11000例。在数据库检索语料前25000例"可延续"活动事件重叠中，共有13个动词，依次是"看、谈、想、说、听、笑、试、问、走、望、瞧、摸、讲"。

"可反复"的人类动作行为动词是表示人类肢体表情等的事件动词。它们的内部并非匀质，通常有一个边界清楚的常规活动周期，体现［+延续］［+终结］性。如"挥（手）"通常是"手来回晃动一次"为一个动作周期，"瞟"是"目光看出去又收回来"为一次。"可反复"的人类动作行为既有［+终结］的可能，也有［+延续］的倾向，这是它们与"可延续"动作行为相似却又不同的地方。例如：

(13) 你用手拍拍他的肩膀，弹弹他的钢盔，他都不恼。

(14) 小余耸耸肩膀说："他？怪物！"

"可反复"的人类动作行为动词数量众多，超过120个。常见的有"按、捏、舔、挪、捅、掂、拽、挠、瞟、缩、掐、碰、指、扯、拉、揉、跺、翻/白/眨/挤/眯（眼）、握/拱/摊/拍/招/抬/扬/抖/甩/晃（手）、挑/皱（眉）、抹/扁/瘪/歪（嘴）、弯/直（腰）、正（衣襟）、紧（腰带）"等。此类动词的实际重叠数量较大，接近5100例，主要出现在描写语境中。"可反复"的人类动作行为动词分布比较集中，最常见的"点（头）、摇（头）、拍（手/肩）、指"4个动词的实际用例超过4000例。这就是我们前面分析已然动词重叠和现实/非现实动词重叠时讨论过的短时肢体动词。

此外，实际重叠的［-静态］活动事件动词还包括表动物、自然界等的非人类动作动词。它们数量很少，主要用于描写性现实陈述句，有的体现"可延续"性，有的侧重"可反复"性。例如：

（15）那只黑鸟在死蛇身边迈着方步踱来踱去，而且还用嘴喙去啄啄死蛇。
（16）白灯笼映着刘全两口子的身影，那影儿小小、晃晃，摇摇曳曳，看上去就像鬼魂一样。

2．［-静态］瞬时事件动词

瞬时事件动词体现［-延续］［+终结］性，最典型的是"死、杀"。瞬时事件动词不能加"着"表动作延续，带动量结构时只表示瞬时事件完成后经历的时间，这与马庆株（2004）讨论的"非持续动词"特征相当。按照这一标准，实际重叠的瞬时事件动词有"去、来、到、散（开）、停、提（到）、醒、见、变、进、出、灭、开（口）"等。它们带持续动量，通常表示瞬时事件完成后状态的持续，如例（17）、例（18）。

（17）你们先开着，我去去就来。
（18）没分量，顶多也就上上晚间新闻。

瞬时事件的瞬时性其实是有差异的，并不都像"死"那样完全"瞬时"。某些瞬时事件的结果实现相对复杂，可能有短暂的内部过程。如"下楼、下决心、碰头、照面、换人、翻个儿、过目、见血、上新闻、睁眼、闭眼、结婚、回头"等。例如：

（19）老天爷啊，你睁睁眼吧！
（20）就那么回事吧，结结看，不成就离。

瞬时事件动词的重叠用例不如活动事件动词多，这与两类动词的整体数量比有关。可以肯定的是，瞬时事件动词是一个实际重叠的动词类别，而非个别现象。

3．[-静态] 实现事件动词

实现事件动词多数是体现 [+终结] 特征的活动事件动词。活动动词带上结果补语、数量短语等可能隐含结果/目标导向、暗示事件的内在终结点，从而将活动事件转化为实现事件，活动事件动词重叠就变成了实现事件动词的重叠。如例（21），通过结果宾语的判断义体现终结特征，例（22）经由语境说明"是否发烧"为"摸头"的终结点。有的活动事件本身就有结果导向，自带内在终结性，如例（23）、例（24）。

(21) 你就把她的血拿来查查，看看她的 BRCA1 是哪一种型。
(22) 好比你想了解一个人是否发烧时，摸摸头就是经验方法。
(23) 牛大姐拽出南希脖子上的金项链掂掂，"呵，二两多呢。"
(24) 马树昆让会计把那些存款单拿来交给她说："点点看，够不够数。"

仔细考察语境中所有的活动事件动词重叠，会发现其中存在大量具有 [+终结] 倾向的例证。相比之下，动补结构的 [+终结] 事件动词重叠（如"吃吃饱、看看清楚"等）并不特殊。

4．[+静态] 状态延续事件动词

表示状态延续的 [+静态] [+延续] [-终结] 动词用于重叠

的最少，只有"爱、活"等相对常用①。例如：

（25）人无它好，又无它能，就只有爱爱书吧。
（26）躲开"星"们，活活看。

总之，各类具体事件动词都可以重叠，它们会有动词常用性、动态性、动词类别数量差异等带来的重叠动词和动词重叠的数量差别，没有受动词事件类型的终结性、延续性等带来的可否重叠的理论限制。

（二）实际重叠的抽象事件动词

抽象事件是通过某种抽象的活动性质划定的一类事件，通常表现为固定或半固定的熟语结构。抽象事件动词就是这类熟语结构中的动词。它们多数也是具体事件动词，只不过在抽象短语中不再体现原有的具体活动意义，而侧重表达抽象的活动性质类型。从性质表达的角度看，抽象事件动词不体现具体活动特征，不适合讨论其"延续性""终结性"等情状表现。

在语境作用下，抽象事件动词才能实现为具有某种抽象性质的具体活动，表现出一定的情状倾向，如例（27）—(32)。抽象事件关联的具体活动、抽象事件动词语义等，都会影响和制约抽象事件的抽象程度及其情状表现。像"叙旧、怀旧、享福、扯淡、打牙祭、做样子、坐冷板凳、坐镇、帮腔、唱反调、打气"等通常关联持续性活动事件，体现［-静态］［+延续］［-终结］性，如例（27）、例（28）。比如"叙旧、扯淡、帮腔"是目的不同的"说话"，而"打牙祭"则是指"偶尔吃一顿较丰盛的饭菜"，这些都是持续动态的活动。"开戒、动

---

① 网络上有状态性的"恩爱恩爱"重叠，"人家恩爱恩爱"，意为"秀恩爱"或者做体现"恩爱"的事。另外，"在"有"V—V"重叠，如"妈妈在一在场所能给予的那点安慰"，其实用"在在场"也很自然。

手、上当、碰壁、翻身、换季、丢脸、见血、出世"等关联的具体活动由语境决定，但动词本身的瞬时性会使其具备[-静态][-延续][+终结]特征，如例（29）、例（30）。"尽兴、兑现、打基础、摸良心、看情况、瞧风头、试身手、出点子"等关联的具体活动在语境中各不相同，但其活动的结果导向清楚，体现出[-静态][+延续][+终结]的实现特征，如例（31）、例（32）。

(27) 搞现代化也无妨偶尔怀怀旧。

(28) 谈恋爱还能劳劳神，燃烧燃烧脂肪。

(29) 于是就想弄个当让老方上上。

(30) 赵京伟顿时在烟灰缸里捻灭了手里的半支烟，似乎想以此熄熄心头的火。

(31) 那好呀，你就给我们兑兑现吧。

(32) 谁家想抱儿子，人家儿也过得去的，就给牵牵线儿，搭个桥。

更多的抽象事件，其性质表达、规定事件类型的特征突出，即使在语境中也不易确定其情状类型。如"长脸、开恩、讲义气、讲排场、讲怜悯、败兴、摆谱、分心、分人、讲横、上劲儿、煞风景、走过场、用心、借光、造反、挑衅、说嘴、损人、赏脸、凝神、压胆儿"等，在语境中会有不同的活动情状表现，或者不能联系具体活动，情状不显。如例（33）中的"高高手"是表示较抽象的"不计较"，例（34）则是表示非常具体的"放我过去"，前者接近"状态延续"，后者像是"目标实现"。例（35）、例（36）的"分人、挪气性"很难确定其具体活动，不便讨论其终结或延续特征。

(33) 他们年轻人有什么言差语错，还得请你高高手，担待着些。

(34) 请队长高高手,叫我过去吧,将来到俺们大乡里,我补付。

(35) 五爷说,别把钱不当钱,也得分分人。

(36) 闷闷就好了,得先挪挪它的气性。

有时候,单个动词、形容词甚至介词,受到本身语义和语境影响也能用作抽象事件动词,体现为具有抽象性质的事件类型。具体动词"给"在例(37)中表示抽象活动"给爱"。形容词"难、羞、损、顺、松、饱、静"等在带宾语后发展为体现相应形容词性质的抽象事件,如例(38)、例(39)。介词"为"重叠后表示具备"为自己"性质的抽象事件,如例(40)。

(37) 你把你的爱多给给你的家里,你的老婆,你的孩子,家里的老人吧!

(38) 我现在给你们出个难题,难难你们。

(39) 法国人鬼得很,口试克你一顿,显得有学问,当众羞羞你,学位终归照给。

(40) 还不如为为你自己。

显然,抽象事件动词本身不具备考量"延续性""终结性"等量性特征的基础。即便根据常规活动关联和语境表现考虑,抽象事件动词的情状特征也不能将其固定为"无界延续"的活动类型。抽象事件动词的抽象性质表达特征充分说明了动词原形与重叠式的"实现"关系。

总之,各类动词都有实际重叠,作为事件类别的任意情状特征的动词都有实现为动词重叠的潜能。动词重叠的操作基础是无所谓具体过程的抽象事件类别,而非具体活动"无界延续"的过程量。

二、实际重叠动词的"有界量化"实现

动词重叠作用于各类动词,将其从抽象的事件类别实现为某种具体活动。动词重叠的语法意义就存在于这一"实现"共性当中,包括抽象事件类别转化为具体活动事件的实现共性,和抽象事件类别实现为具体活动事件的意义共性。

从"实现共性"角度看,动词重叠改变了重叠动词作为事件类别的抽象名词性①,将其确定为动词性的活动事件。这是动词重叠的基本语法意义,也是各类动词皆可重叠的理论基础。从"意义共性"角度看,实际出现的各类动词重叠都表示某种活动片段,体现[-静态][+延续][+终结]性。也就是说,重叠后的动词事件都有终结点,并具备"有界终结"带来的时间性和活动量。我们将动词重叠对实际重叠动词的这一操作结果称为"有界量化"。

调查显示,实际动词重叠"有界量化"得到的"量"有大有小,或固定或变化,或模糊或精确,或具体或抽象。动词重叠的语法意义不是"短时少量""长时增量"或者"不定量"当中的任何一种,而是表"量"本身。不同动词的"有界量化"的实现,虽然在对象、方式、具体结果上有差异,但最终表达"有界量"的特征是不变的。

[-静态][+延续][-终结]的具体活动动词重叠"有界量化"的是相关活动的常规过程,表示一个或大或小的活动动量。例如"看看、走走、想想、吃吃、笑笑、唱唱;下下(雨)、升升、降降"等在各种语境中都是表示持续一定时段的"看、走、

---

① 沈家煊(2010)认为汉语动词属名词次类,即抽象的未进入交际的动词其实代表的是动作行为的类别。从实际重叠动词角度看,这种看法是合理的。

想、吃、笑、唱；下、升、降"等，但同一个动词重叠所表示的具体"量"可能有所不同。例如：

（41）我看看。看看也是好的。李芒不解地看看他。看看，你多么不理解我啊！

（42）雨季已经来了，三天两头地下着。停停，下下；下下，停停。

［-静态］［+延续］［+终结］的人类肢体表情动词重叠"有界量化"的是肢体表情动作的周期性过程，其结果是肢体表情动作的一个片段。这一活动片段或是一个周期性动作，或是少量反复的几个周期性动作，主要看肢体表情动作类别的常规表现方式。某些肢体表情动作通常不反复，像"耸肩、缩手、拱手、白眼、挤眼、皱眉、探头、伸舌头"等，其重叠实现为一个周期量，如例（43）、例（44）。某些肢体表情动作通常会少量反复，像"摆手、摇头、咬牙、扯、敲、捏、握、揉、拍、指、掐"等，其重叠便实现为少数几个活动周期构成的片段，如例（45）、例（46）。

（43）左宗棠拱拱手说……

（44）她忽然困惑地皱皱眉。

（45）她感激地点点头。

（46）李小兰敲敲柜台："同志，买盘磁带。"

［-静态］［+延续］［+终结］的具体实现动词重叠"有界量化"的是有终结可能的动词事件过程，其结果还是一个有界活动片段。有无结果/目的等内在终结性都不影响相应的动词事件类别重叠实现为具体的活动片段，如例（47）、例（48）。

（47）你就想想如何老实坦白交待（代）罪行才是出路。

（48）你必须让老连给你量量血压。

[-静态][-延续][+终结]的具体瞬时动词重叠"有界量化"的是瞬时事件的内部过程或者相关周边过程,其结果是一个瞬时、短时或者时量不定的活动片段。瞬时动词的语义类型和出现语境等影响和制约着其"有界量化"的具体对象、方式和"量"的结果。表意具体简单的瞬时动词重叠通常"有界量化"为瞬时达成后结果状态的延续片段,如"醒、去、来、上、下、进、出、到、开头、闭眼、睁眼"等。"下下楼"是说"下楼后在楼下待会儿","醒醒"是说维持一段"醒"的状态。例如:

(49) 周炳心烦意乱,再也呆不下去,就下下楼。

(50) 南孙醒醒,南孙醒醒。

表意相对复杂的瞬时动词,其动词重叠的"有界量化"会凸显其内部过程,将其实现为一个过程复杂的活动片段,如"结婚、下决心、换人、杀人、死、变、灭火、改行、过目"等。例(51)中,"过过目"突出看过之后的决定过程;"死"是最典型的瞬时动词,而"你以为死那么容易啊?你去死死看"则表示寻死的活动片段。例(52)中"换换老袁"强调撤换之前复杂的组织程序。

(51) 大小事他都要过过目,有时还动动手。

(52) 原以为要换换老袁,单位没有搞好,他是正职,应该负主要责任。

另外,语境中对各类瞬时动词重叠的理解并不完全固定。如例(52)中"换换老袁"也可能指从老袁下岗到再回原岗位的状态维持的片段。简单瞬时动词重叠也可能将其内部过程变得复杂,如例(53)。表状态维持或内部过程凸显的瞬时动词重叠还可能同时表示少量反复的活动延续片段,如例(54)。

(53) 你把你的爱多给给你的家里,你的老婆,你的孩子,家里的老人吧!
(54) 进进书店,就有遭祸的可能……

瞬时动词重叠后不再体现瞬时的典型特征,"有界量化"使其趋近于活动事件并保留其原来的有界特征,其表"量"特征具体体现为瞬时片段、复杂化的瞬时片段,或瞬时达成前的准备过程及达成后的状态维持片段。

此外,[+静态][+延续][-终结]的状态延续动词的"有界量化"是将状态实现为维持状态的相关活动,并划定一个活动片段。像"爱爱家人""活活自己的人生"等都是表示维持特定状态的相关活动片段。

抽象事件动词重叠,"有界量化"的是体现抽象性质的某种活动,其实现结果是具有特定抽象性质的活动片段。即便抽象事件类型众多,复杂程度不等,抽象事件动词重叠"有界量化"的现实活动及其活动片段存在具体性、确定性差异,它们仍然可以理解为动量或大或小、或确定或模糊的有界活动片段。

有的抽象事件与现实活动具有较稳定的关联,如"做做梦"就是"想不切实际的事情",而"帮腔"就是"帮着说话"等,其活动事件具体性强,活动片段比较明确。类似的还有"倒苦水、享福、叙旧、示威、拍马屁、坐镇、发脾气、见世面、换口味、下馆子、敲边鼓、唱反调、说嘴、托关系"等。例如:

(55) 地不够种,在家呆着没事儿干,还不如出来到处走走,见见世面。
(56) 刚开始,有的工人还常回来串串门,叙叙旧,日子一长,来往一天天少下去。

更多的抽象事件没有特别固定的现实活动关联,或者关联的现实活动复杂抽象或缺乏外在的表现形式,其重叠后"有界量化"的活动片段确定性、具体性都不强。如例(57)中"抒抒情"是干活间隙时的某种"偷闲"的活动片段,具体是什么活动还要看上下文。例(58)中"逗逗本领、遮遮耳目"大概是"寻二诸葛"后决定的具备上述性质的未来活动片段,具体做什么以及相关动量并不清楚。例(59)中"造造反"涉及的内容复杂,"出出气"关联的活动多样,这里仍然是较笼统地指具有上述性质的某种活动片段,包括"抢房子"。例(60)中"鼓鼓勇气"没有外在的活动表现,但可以确定为某种"鼓勇气"活动的一个片段。类似的抽象事件动词重叠还有"看风头、洗耻辱、顾颜面、摸底、泄气、减负、革命、造反、刹歪风、挖病根、挫锐气、鼓勇气、长见识、稳神、静心、上当、应景、丢脸、受惊、臊皮、杀心、报仇、把关、务虚、壮胆、见钱、冲喜、趁日子、避风头、开先例、摆威风、出风头、压邪气"等。

(57) 没累,这点活算什么?咱不是给自个儿干么,忙里偷闲抒抒情。

(58) 三仙姑去寻二诸葛,一来为的是逗逗斗气的本领,二来为的是遮遮外人的耳目。

(59) 就是因为挤得透不出气来了,才出来造造反,出出气,有房子不抢才怪呐!

(60) 老白鼓鼓勇气,向玫瑰店里的同仁告了别。

综上,动词重叠是将重叠动词事件类别实现为动词性事件实例的一种语法手段,其语法意义为"有界量化"。动词重叠"有界量化"将所有动词事件类别都实现为有界化的活动片段,体现动量的存在性,不论该事件类别抽象还是具体,有无过程延续或者内在终结,也不论其动量是瞬时、短时还是时量无从确定。

三、动词重叠"有界量化"的语感效应

动词重叠的"有界量化"把类似抽象名词的动词事件类别

实现为相对具体的动词事件，使其占据一定的时间流，体现固化的动量特征。受动词重叠固化的动量不能再修改，因而不能再受数量修饰。动量的存在和固化保证了相关动词事件的活动动态性，从动量到动态是动词重叠作为有界量化手段的特殊功能。或者说，动词重叠的语法意义是单纯的"有界量化"，旨在凸显动态性。

汉语动词之所以需要重叠体现单纯的有界量化来凸显其动态性，是因为汉语动词词性不突出，也没有类似英语不定式的简单动态化方式。动词重叠通过有界量化既赋予动词事件单纯的动态性，又不添加其他附带语义。这种"单纯"的动态效果表现在典型的语境分布上，就是动词重叠主要出现在动态性不显著的非现实语境中，表达愿望要求或评价说明等不太进入时间流的内容。其句法表现是，动词重叠或单独作谓语，或用于联系性动词"来、去、到"，表计划打算、愿望要求的助动词或动词"要、想、可以、得、愿意、需要、打算、命令、主张、同意、请求"，以及表致使的"邀请、约定、劝、呼吁、让、叫、使"等之后。这些结构具有未来指向意义，相关活动尚未发生。动词重叠还常用于非谓语位置，作主语或宾语，用于评价说明。这些结构体现泛时评价性，表达抽象事理。与现实已然的动词事件相比，非现实的动词事件起点和终点不好判断（张旺熹，2006），动量不实在，动态性不如具体现实事件突出。一个反面的例证是，在动量具体、动态显著的已然环境中，动词重叠往往是受限制的。例（61）是留学生根据"短时少量"使用动词重叠时最常见的错句。

(61) ＊a. 我昨天逛逛我们学校。

＊b. 他那天下午两点钟看看书。（自拟）

动词重叠通过动量固化体现单纯"动态性"的主要表现是，

动量与动态的相互凸显以及动词原形与重叠式的替换差异。动量与动态的相互凸显，最重要的证据就是前面讨论的动词重叠能改变、凸显或者延长相关动词事件的内在过程，从而将任意［静态］［延续］［终结］［抽象］特征的动词实现为动量固化的活动片段，表现出比抽象事件类别更为显著的动态性。比如，活动动词最易量化，其动态易凸显，其动词重叠也最常见。动量不突出的瞬时动词需要通过强调、延长或者重塑瞬时事件相关过程来获得动量凸显和动态效果，其动词重叠表意复杂、依赖性强。凸显抽象状态或者事件性质类型的状态动词重叠或抽象事件动词重叠，则必须由抽象性质状态量化为体现该性质状态的活动片段，实现其动态性。

动词重叠还能选择量化多义动词的特定义项，从而凸显其易量化、更动态的特性。如例（62）a中的"走走"表示动量动态显著的"连续移动"义，而非"瞬时"动量动态不显的"离开"义；例（62）b"试试"通常表"过程延续"动态更强的"尝试"义，而非"试体温"那样的动量短少、动态不显的一次性动作。

（62）a. 我们走走。
　　　b. 让我试试。

在以动态活动片段代表特定动词事件类别时，动词重叠式与动词原形往往可以相互替换，其替换的差异存在于两者表达事件类别的方式之中。动词重叠类似于采用抽样方法表达事件类别，而动词原形则是采用抽象定义方法表达事件类别。两者的差异只在于动词重叠所表动词事件更具动态性。例如：

（63）看看可以，说话算话。
（64）怎么不找地方躲躲雨呢？
（65）饿了就从包袱里掏出些锅饼吃吃。

(66) 他以为自己最拿手的还是跑跑路，用脑子的事只好让给李四爷了。

这种"抽样"与"定义"的动态性差别还可以从动词重叠式与其他结构的并列使用中看出来。动词重叠常常与表量结构并列，以抽样方式表示事件类别，如例（67）。动词重叠也常与动词原形结构并列，从中能感觉到动词重叠的动量存在和动态突出，如例（68）。

(67) 这样的话，要不就是风平浪静，要不至多就是喊上几声，扔扔石头而已。
(68) ……可敬，在于徐虎是一位普通职工，干的是维修民居、电线电灯和捅捅马桶的普通工作。

动词重叠"有界量化"带来的动态性常常引发"短时少量"和"轻松随意"之感。这一方面是人类活动动词在数量和语感上的显著性决定的，另一方面是动态与静态的对比性结果。人类活动动词在整个汉语动词中具有明显的数量优势。更重要的是，受人类中心主义和祈使愿望性动词重叠的突出性影响，人类活动动词重叠同时具有显著的语感优势。当我们把有界量化的祈使愿望性动词重叠与"可延续可反复"的抽象人类活动相比时，会不自觉地将具体活动的有限性与抽象类别的无限性相比，"有限"相对于"无限"自然会产生"短时少量"之感。另外，作为类别的动词事件是抽象静态的，作为实例的动词重叠是具体动态的，静态事物相对于动态事物显得永恒持久，动态性的动词重叠自然会有"短时少量"的效果。静态抽象特征同时还会引起严肃庄重之感，所以，动态性的动词重叠比表抽象静态类别的动词原形更"轻松随意"，正如名词性强的表达更书面、更正式一样。像"阿Q的革命"比"阿Q革命"听起来更正式，"谈谈X"比"谈X"更轻松随意。同理，动词重叠更常用动词性更强的单音节日常动词，而非双音节书面动词；严肃庄重的"革命、遵守"等用作动词重叠，其严肃性也会随着动态性的提高而减弱。

四、本章小结

本章从实际语用方面总结论证了动词重叠的语法意义。主要证据是实际重叠动词不受情状类型限制的普遍适用性，和实际动词重叠对重叠动词事件量性特征的"有界量化"操作结果，即从抽象动作事件类型实现为具体事件动量片段，并从有界量化角度有效地解释了动词重叠"动态轻松、短时少量"的语感效应。综上可知，动词重叠是适用于所有动词事件类别的一种"实现"用例，其语法意义是单纯的"有界量化"，体现重叠事件区别于非重叠事件的动态性，并常伴随"短时少量""轻松随意"之感。

结　语

　　本书研究的最大特点是从动词重叠实际语用的历时和共时数据中，发现和描写动词重叠出现在各个历史时段、应用于各种语境、作各类句法成分、体现各种语用功能的具体情况。主要目的是应对动词重叠丰富复杂的语法语用表现，以便在纷繁复杂的现象和"仁者见仁"的争论中，寻找一条相对客观、可操作的讨论路径。

　　语料调查和统计的结果向我们展示了一个详细的动词重叠整体面貌。我们发现，无论在哪个时代，动词重叠中都存在VV、"V一V"以及相近"一"量结构的复杂情况，动词重叠的内部是有分歧和差异的。早期动词重叠中比较难区分重复动量的"V一V"和动词重叠的"V一V"，也比较难确定哪些VV属于"V一V"的省略。元代动词重叠当中，VV和"V一V"的时间依赖性不同，VV明显倾向于非现实表达，也产生了一些独特的泛时用法，这是"V一V"不具备的。基于动量明显性与时间分布的差异，我们认为动词重叠最可能拥有延续VV和动量"V一V"两种共同来源。延续VV发展为非现实动词重叠，依赖其语境向非现实情态转移。动量"V一V"发展为动词重叠，需要动量语义虚化。明清时期，动词VV、"V一V"的数量变化主要还是受表达内容的影响，两者的形成和发展特征等具有较大的相似性，这都说明动词重叠应该是延续VV和动量"V一V"的融合发展。受来源影响，"V一V"总是比VV显得更具体、动量显著、能够单独应用于"把"字句,而 VV 则比"V 一 V"更抽象、更随意,适用于话语标记表达,不适宜单独构成"把"字句。

　　动词重叠中至少存在主要用于现实已然描述的 VV、"V 一 V"和用于非现实表达的 VV、"V 一 V"两大类别。表现在动词选择和语境限制上,现实已然的动词重叠绝对倾向于短时肢体动作动词,即"可反复"动词,非现实动词重叠常用各类动作动词、抽象动作动词等,即"可延续"动词。现实已然表达如果采用非短时肢体动词,则即使有复杂的配合条件也不一定能够成立。非现实表达可以使用短时肢体动词,进一步说明现实描述的动词重叠可以确定为动量"V 一 V"来源的动词重叠,它们不受时间因素的制约。另外,现实已然的动词重叠还能比较自由地采用双音节词、书面语词、古语词等,非现实动词重叠更倾向于应用单音节日常口语词。表现形式上,动词重叠的现实表达只有已然短时动作描述,而非现实动词重叠存在于祈使、愿望、评价等各种表达当中;动词重叠的现实表达只能在主句谓语中使用,而非现实表达则可以用作主语、宾语、定语、状语甚至补语。

　　非现实类动词重叠是动词重叠的典型代表。非现实动词重叠常用于十几种常见的句式,搭配体现动词重叠在主语、宾语、定语、状语等句法位置上的具体面貌,表达出统一的评价性非现实意义。简单祈使句是最常见的动词重叠非现实表达,"要、想、希望、打算;应该、能够"等引入的动词重叠宾语是次常见的动词重叠非现实表达,它们都体现肯定评价,并多带有"好的/应该做的/希望做的就要去做"的祈使作用。动词重叠用作非同位定语或者说支配中心语的定语,需要定语本身体现非现实性,所以常先用作"要、想;应该"等的评价宾语,再作支配定语。动词重叠作主语,作系词宾语或类系词宾语,通常用于评价非现实表达,是对动词重叠所代表的活动的直接价值评判。非现实性要求使得动词重叠一般不能被直接否定，只能在假设、疑问或者评价陈述等非现实表达中才能被否定。非现实性的不同要求也带来祈使和陈述句中动词重叠的限制不同，造成陈述句中动词重叠的习得困难。祈使句是动词重叠最常见、最直接的非现实表达，其句法简单，表意清晰，显得整个动词重叠都带有口语、轻松、随意的语感。陈述句中的非现实表达，不像祈使句中的非现实表达形式那么简单直接，需要复杂的句法、情态等配合，因而容易误用，也容易带来书面严肃的语感。

另外，祈使句非现实的语感优势也使得可重叠动词的特征被误判为"口语、自主可控、合意愿"等。实际上，非现实祈使和陈述中的重叠动词，包括书面语、口语中的可控性不限的各种情状特征的动作行为动词，也包括情状特征不易判断的抽象动作行为动词。也就是说，实际重叠动词没有语体限制、人类可控限制，最重要的是没有情状限制。任何动词在理论上都可以重叠，但确实存在日常动作行为动词高频使用带来的"可延续"性动词重叠占优势的感觉。动词重叠不是对"可延续"动作行为的片段化操作，而是对抽象动作行为类型的简单的有界量化，即将抽象的动词 type 变成相对具体的 token 的语法作用。动词重叠的有界量化让抽象的动作行为具体可感，具有一定的现实表现特征和行为边界，直接带来动词重叠的动量感和动态感，随之而来的是口语、随意、轻松感。

"简单"的有界量化是我们对动词重叠"增量减量、大量小量"等量性特征争论的回答。动词重叠重在把抽象"类"变成具体"量"的"有界量化"，不注重从具体的大量或无限量中截取一段小量的"短时少量"操作。

参考文献

陈立民. 论动词重叠的语法意义[J]. 中国语文, 2005 (2): 110-122+191.

陈前瑞. 动词重叠的情状特征及其体的地位[J]. 语言教学与研究, 2001 (4): 48-56.

崔应贤. 唐宋元时期的"看看"[J]. 河南师范大学学报: 哲学社会科学版, 2010 (5): 226-229.

戴耀晶. 汉语否定句的语义确定性[J]. 世界汉语教学, 2004 (1): 20-27+2.

戴耀晶. 现代汉语短时体的语义分析[J]. 语文研究, 1993 (2): 51-56+50.

戴耀晶. 现代汉语时体系统研究[M]. 杭州: 浙江教育出版社, 1997.

丁声树. 现代汉语语法讲话[M]. 北京: 商务印书馆, 1961.

董为光. 汉语重叠式概说[J]. 语言研究, 2011 (2): 41-47.

范方莲. 试论所谓"动词重叠"[J]. 中国语文, 1964 (4): 264-278.

冯胜利. 论语体的机制及其语法属性[J]. 中国语文, 2010 (5): 400-412+479.

高频. "一下"的语法化研究[J]. 甘肃社会科学, 2008 (4): 58-61.

高增霞. 心理动程体"VV"[J]. 语文学刊, 1999 (3): 34-37.

龚千炎. 汉语的时相、时制、时态[M]. 北京：商务印书馆，1995.

管锡华.《红楼梦》重叠动词的考察[J]. 古汉语研究，1993（1）：62-68.

郭锐. 过程和非过程——汉语谓词性成分的两种外在时间类型[J]. 中国语文，1997（3）：162-175.

郭锐. 汉语动词的过程结构[J]. 中国语文，1993（6）：410-419.

贺卫国."VV/V—V+结果补语"格式源流考察[J]. 河池学院学报：哲学社会科学版，2005，25（6）：99-103.

贺卫国."VV着"格式的初步考察[J]. 语言教学与研究，2007（6）：23-29.

贺卫国. 动词重叠能否与数量补语同现？[J]. 汉语学报，2006（2）：76-77.

洪波. 含[+属性]义动词和属性句[J]. 语文研究，1996（3）：14-20.

胡孝斌. 试论动词重叠"VV"式与动词"V一下"式的差异[J]. 汉语学习，1997（2）：18-21.

华玉明，马庆株. 重音式和轻声式动词重叠的功能差异及其理据[J]. 语文研究，2007（4）：23-28.

华玉明. 对动词重叠形式词性的思考[J]. 汉语学报，2008（1）：79-81.

华玉明. 主观意愿和动词重叠及其语法行为[J]. 语文研究，2010（4）：41-45.

黄伯荣. 动词分类和研究文献目录总览[M]. 北京：高等教育出版社，1998.

蒋绍愚. 近代汉语研究概况[M]. 北京：北京大学出版社，1994.

金桂桃. 宋元明清动量词研究[M]. 武汉：武汉大学出版社，2007.

李大忠. 外国人学汉语语法偏误分析[M]. 北京：北京语言文化大学出版社，1996.

李敏. 现代汉语非现实范畴的句法实现[D]. 上海：华东师范大学，2006.

李珊. 动词重叠式研究[M]. 北京：语文出版社，2003.

李珊. 双音动词重叠式 ABAB 功能初探[J]. 语文研究. 1993（3）：22-31.

李文浩. 动词重叠式的源流[M]//徐杰，姚双云. 动词与宾语问题研究. 武汉：华中师范大学出版社，2009：149-160.

李宇凤. 反问的回应类型与否定意义[J]. 中国语文，2010（2）：114-123+191.

李宇明. 动词重叠的若干句法问题[J]. 中国语文，1998（2）：83-92.

李宇明. 论词语重叠的意义[J]. 世界汉语教学，1996（1）：11-20.

李运龙. 语义、结构、语境影响和制约着动词的重叠[J]. 湖北大学学报：哲学社会科学版，1993（2）：46-51.

刘丹青. 原生重叠和次生重叠：重叠式历时来源的多样性[J]. 方言，2012（1）：1-11.

刘世儒. 魏晋南北朝量词研究[M]. 北京：中华书局，1965.

刘月华. 动量词"下"与动词重叠比较[J]. 汉语学习，1984（1）：1-8.

卢福波，吴莹. 请求句中"V""V一下"与"VV"的语用差异[J]. 语言教学与研究，2005（4）：40-45.

陆俭明. 八十年代中国语法研究[M]. 北京：商务印书馆，1993.

吕滇雯. 日本留学生汉语偏误分析之（一）：动词重叠[J]. 汉语学习，2000（5）：60-64.

吕叔湘. 中国文法要略[M]. 北京：商务印书馆，1944.

马庆株. 时量宾语和动词的类[M]//马庆株. 忧乐斋文存：马庆株自选集. 天津：南开大学出版社，2004.

马庆株. 自主动词和非自主动词[J]. 中国语言学报, 1988（3）：157-180.

毛修敬. 动词重叠的语法性质 语法意义和造句功能[J]. 语文研究, 1985（2）：34-41.

明星. VV式在现实句与非现实句中的不对称性[J]. 常州工学院学报：社会科学版, 2013（3）：69-72.

潘国英. 论VV式动词重叠的源流和形成[J]. 古汉语研究, 2008（3）：66-71.

潘汜津. "把+N+Vv"成句条件浅析[J]. 暨南大学华文学院学报, 2006（1）：50-54.

潘允中. 汉语语法史概要[M]. 郑州：中州书画社, 1982.

钱乃荣. 现代汉语的反复体[J]. 语言教学与研究, 2000（4）：1-9.

山添秀子. 单音节动词重叠的语用分析[M]//汪国胜, 谢晓明. 汉语重叠问题. 武汉：华中师范大学出版社, 2009：157-175.

邵敬敏, 吴吟. 动词重叠的核心意义、派生意义和格式意义[M]//汪国胜, 谢晓明. 汉语重叠问题. 武汉：华中师范大学出版社, 2009：176-192.

邵敬敏. 汉语语法的立体研究[M]. 北京：商务印书馆, 2000.

沈家煊. "有界"与"无界"[J]. 中国语文, 1995（5）：367-380.

沈家煊. 不对称和标记论[M]. 南昌：江西教育出版社, 1999.

沈家煊. 英汉否定词的分合和名动的分合[J]. 中国语文, 2010（5）：387-399+479.

石毓智. 汉语方言中动词重叠的语法意义和功能的差别[J]. 汉语学报, 2007（4）：59-63+96.

石毓智. 肯定和否定的对称与不对称[M]. 北京：北京语言文化大学出版社, 2001.

石毓智. 论现代汉语的"体"范畴[J]. 中国社会科学, 1992

（6）：183-201.

石毓智. 试论汉语的句法重叠[J]. 语言研究，1996（2）：1-12.

太田辰夫. 中国语历史文法[M]. 北京：北京大学出版社，2003.

唐韵.《元曲选》宾白动词重叠式中宾语的位置及"儿"尾的问题——兼与《老乞大》《朴通事》《水浒全传》等比较[J]. 乐山师范学院学报，2001（3）：46-49+56.

唐韵.《元曲选》中动词重叠的格式、语法意义及表达功能[J]. 四川师范大学学报：社会科学版，2001（4）：32-37.

王光全. 动词做定语的几个问题[J]. 北华大学学报：社会科学版，1993（2）：24-26.

王红梅. 动词重叠研究的方言视角[J]. 方言，2009（2）：140-144.

王红梅. 汉语方言"VVX"式动词重叠的分布与特点[J]. 上海大学学报：社会科学版，2007，14（3）：48-52.

王红梅. 汉语方言表持续的动词重叠[J]. 语言研究，2005，25（3）：50-53.

王建军. 动词重叠与语义、结构及语境的关系[J]. 徐州师范学院学报，1988（3）：15-19.

王洁明. 从"有界""无界"考察上海方言的动词重叠[J]. 语文学刊，2008（22）：139-140.

王力. 中国现代语法[M]. 北京：商务印书馆，1985.

王茂林. 留学生动词重叠式使用情况浅析[J]. 语言教学与研究，2007（4）：71-77.

王琴，汪芳启. 元杂剧动词重叠短时体探讨[J]. 中国社会科学院研究生院学报，2009（6）：101-106.

王绍新. 课余丛稿[M]. 北京：北京语言文化大学出版社，2000.

王贤钏，张积家. 形容词、动词重叠对语义认知的影响[J]. 语言教学与研究，2009（4）：48-54.

王晓凌. 非现实语义研究[M]. 上海:学林出版社, 2009.

王雪婷. 对外汉语教学中的动词重叠研究[D]. 杭州:浙江大学, 2011.

王锳. 唐诗中的动词重叠[J]. 中国语文, 1996 (3):233-234+240.

王永娜. 谈韵律、语体对汉语表短时体的动词重叠的制约[J]. 语言科学, 2008 (6):636-646.

吴福祥. 尝试态助词"看"的历史考察[J]. 语言研究, 1995 (2):161-166.

吴燕萍. 动词郑重色彩对重叠的制约[J]. 南开语言学刊, 2006 (2):124-129+168.

吴振国. 汉语动词重叠的时间特征[M]//汪国胜, 谢晓明. 汉语重叠问题. 武汉:华中师范大学出版社, 2009:218-230.

萧国政, 李汛. 试论V一V和VV的差异[J]. 华中师范大学学报:哲学社会科学版, 1988 (6):117-123.

邢福义. 说"V一V"[J]. 中国语文, 2000 (5):420-432+479.

徐晶凝. 现代汉语话语情态研究[M]. 北京:昆仑出版社, 2008.

徐连祥. 动词重叠式VV与V一V的语用差别[J]. 中国语文, 2002 (2):118-122.

徐阳春. 汉语动词重叠式的语用考察[J]. 南昌大学学报:人文社会科学版, 2007 (6):135-137.

徐正考. 双音节动词重叠形式探源[J]. 烟台师范学院学报:哲学社会科学版, 1996 (3):49-51.

杨国文. "动词+结果补语"和"动词重叠式"的非时态性质[J]. 当代语言学, 2011 (3):217-225+285.

杨平. 动词重叠式的基本意义[J]. 语言教学与研究, 2003 (5):8-16.

叶步青. 汉语动词重叠的语义研究[M]//汪国胜, 谢晓明. 汉语重叠问题. 武汉：华中师范大学出版社, 2009: 292-300.

殷晓明. 试论《元曲选》中的动词重叠[J]. 古汉语研究, 2005 (4): 63-68.

于江. 动词重叠研究概述[J]. 汉语学习, 2001 (1): 35-39.

于江. 双音节动词重叠的早期表现形式[J]. 上海大学学报：社会科学版, 2008 (1): 131-135.

于康. 命题内成分与命题外成分——以汉语助动词为例[J]. 世界汉语教学, 1996 (1): 27-34.

曾常年. 动词重叠式中动词的语义虚化与发音轻化[J]. 北京大学学报：哲学社会科学版, 2001 (S1): 161-166.

张爱民, 杜娟. 动词重叠与句类的语用制约[J]. 徐州师范大学学报, 2005 (1): 63-66.

张伯江. 汉语连动式的及物性解释[M]//中国语文杂志社. 语法研究和探索（九）. 北京：商务印书馆, 2000: 129-141.

张赪. 现代汉语"V一V"式和"VV"的来源[J]. 语言教学与研究, 2000 (4): 10-17.

张静. 论汉语动词的重迭形式[J]. 郑州大学学报：哲学社会科学版, 1979 (3): 15-24.

张美兰. 近代汉语语言研究[M]. 天津：天津教育出版社, 2001.

张美兰. 论《五灯会元》中同形动量词[J]. 南京师大学报：社会科学版, 1996 (1): 109-113.

张敏. 从类型学和认知语法的角度看汉语重叠现象[J]. 国外语言学, 1997 (2): 37-45.

张涛. 表少量VV式的来源[J]. 济宁学院学报, 2010 (5): 46-52.

张旺熹. 汉语句法重叠的无界性[M]//中国语文杂志社. 语法研究和探索（十三）. 北京：商务印书馆, 2006: 146-162.

张先亮. 试论重叠式动词的语法功能[J]. 语言研究, 1994 (1):

21-29.

张晓涛. 动词重叠的语义条件考察[J]. 学术交流, 2005（7）: 143-145.

张雪平. 非现实句和现实句的句法差异[J]. 语言教学与研究, 2009（6）: 25-32.

张雪平. 现代汉语非现实句的语义系统[J]. 世界汉语教学, 2012（4）: 449-462.

张谊生. "把+N+Vv" 祈使句的成句因素[J]. 汉语学习, 1997（1）: 13-16.

赵怀印. 霍邱方言中的一种动词重叠句[J]. 方言, 1995（3）: 211-215.

赵克诚. 近代汉语语法[M]. 西安: 陕西师范大学出版社, 1987.

赵新. 动词重叠在使用中的制约因素[J]. 语言研究, 1993（2）: 92-97.

郑良伟. 时体、动量和动词重叠[J]. 世界汉语教学, 1988（2）: 73-80.

朱德熙. 语法讲义[M]. 北京: 商务印书馆, 1982.

朱景松. 动词重叠式的语法意义[J]. 中国语文, 1998（5）: 378-386.

ALONZO WILLIAMS. On Verb-Reduplication as a Means of Expressing Completed Action[J]. Transactions of the American Philological Association (1869-1896), 1875（6）: 54-68.

COMRIE B. Aspect[M]. Cambridge: Cambridge University Press, 1976.

COMRIE B. Tense[M]. Cambridge: Cambridge University Press, 1985.

PALMER F R. Mood and Modality[M]. 2nd ed. Cambridge: Cambridge University Press, 2001.

SMITH C. A Theory of Aspectual Choice[J]. Language, 1983, 59 (3): 479-501.

SMITHC S. The Parameter of Aspect[M]. Dordrecht: Kluwer Academic Publishers, 1991.

VENDLER Z. Verbs and Times [J]. The Philosophical Review, 1957, 66 (2): 143-160.